Vorläufige Kontenpfändung in Europa

Schriften zum internationalen Privat- und Verfahrensrecht

Herausgegeben von Rainer Hausmann,
Astrid Stadler und Michael Stürner

Band 22

PETER LANG

Nico Ritz

Vorläufige Kontenpfändung in Europa

PETER LANG

Bibliografische Information der Deutschen Nationalbibliothek
Die Deutsche Nationalbibliothek verzeichnet diese Publikation in der Deutschen Nationalbibliografie; detaillierte bibliografische Daten sind im Internet über http://dnb.d-nb.de abrufbar.

Zugl.: Diss., Universität Konstanz, 2013

D 352
ISSN 1862-099X
ISBN 978-3-631-64820-9 (Print)
E-ISBN 978-3-653-03711-1 (E-PDF)
E-ISBN 978-3-631-71120-0 (EPUB)
E-ISBN 978-3-631-71121-7 (MOBI)
DOI 10.3726/b15456

Peter Lang – Berlin · Bern · Bruxelles · New York · Oxford · Warszawa · Wien

Diese Publikation wurde begutachtet.

www.peterlang.com

Vorwort

Die vorliegende Arbeit wurde im Sommersemester 2013 vom Fachbereich Rechtswissenschaften der Universität Konstanz als Dissertation angenommen. Das Manuskript wurde im Frühjahr 2013 abgeschlossen. Nach der mündlichen Prüfung im Sommer 2013 sollte eine Aktualisierung der Arbeit im Rahmen der Veröffentlichung erfolgen. Dabei stellte sich allerdings schnell heraus, dass es nicht mit einer einfachen Überarbeitung getan ist: Denn nichts ist beständiger als der Wandel – speziell in diesem Bereich des europäischen Zivilverfahrensrechts. Vor diesem Hintergrund konnten zahlreiche Veränderungen der Rechtslage, die seither beschlossen und umgesetzt wurden, berücksichtigt werden. Die verwendete Literatur wurde noch einmal weitgehend auf den Stand 2017 aktualisiert.

Danken möchte ich all den Menschen, die mich bei der Arbeit an dieser Dissertation unterstützt haben, ganz gleich, ob durch ihre Anregungen, Ratschläge und Kritik oder einfach durch ihren Zuspruch und ihre Aufmerksamkeit. Folgende Personen möchte ich besonders hervorheben:

Frau Prof. Dr. Astrid Stadler hat mich nicht nur fachlich bei dieser Arbeit betreut: Ihren wertvollen Anregungen, ihrem stetigen Zuspruch und ihrer Geduld – gerade in den Zeiten meiner beruflichen Veränderungen – verdanke ich, dass diese Arbeit zu einem guten Abschluss gelangen konnte. Die Zusammenarbeit mit ihr wird mir immer in bester Erinnerung bleiben. Dafür und für die inspirierenden Jahre als wissenschaftlicher Mitarbeiter an ihrem Lehrstuhl möchte ich herzlich danken.

Gleichsam gilt mein großer Dank Herrn Prof. Dr. Michael Stürner für die rasche Erstellung des Zweitgutachtens.

Ebenfalls danken möchte ich Herrn Prof. Dr. Rudolf Rengier und Herrn Prof. Dr. Oliver Fehrenbacher, die sich – gemeinsam mit Frau Prof. Dr. Stadler – bereit erklärt hatten, die mündliche Prüfung zu übernehmen.

Meiner Frau Elke gilt mein Dank vor allem für die unendliche Geduld während der langwierigen Arbeiten und das stetige Motivieren in schwierigeren Phasen.

Größten Dank schulde ich schließlich meinen Eltern Ursula und Wolfgang Ritz – ganz allgemein für die langjährige ideelle und finanzielle Unterstützung während des Studiums und der Ausbildung – und sehr konkret für die große Hilfe beim Finalisieren dieser Arbeit.

Nico Ritz

Inhaltsverzeichnis

Abkürzungsverzeichnis

a. A.	anderer Auffassung
ABl.	Amtsblatt
Abs.	Absatz
AEA	Attachment of Earnings Act (England)
AG	Amtsgericht
All E.R.	All England Law Report
allg. M.	allgemeine Meinung
Art.	Artikel
Artt.	Artikel (Plural)
ASVG	Allgemeines Sozialversicherungsgesetz (Österreich)
B/L/A/H	Baumbach/Lauterbach/Albers/Hartmann, Kommentar zur Zivilprozessordnung
BAG	Bundesarbeitsgericht
BB	Betriebsberater (Zeitschrift)
BewVO	Bewertungsverordnung
BGB	Bürgerliches Gesetzbuch
BGBl.	Bundesgesetzblatt
BGE	Entscheidungen des Schweizerischen Bundesgerichts
BGH	Bundesgerichtshof
BKR	Zeitschrift für Bank- und Kapitalmarktrecht
BRAK	Bundesrechtsanwaltskammer
BRD	Bundesrepublik Deutschland
BTDr.	Bundestags-Drucksache
bulg.	bulgarisch
BVerfGE	Entscheidungen des Bundesverfassungsgerichts
bzw.	beziehungsweise
C. trav.	Code du travail (französisches Arbeitsgesetzbuch)
C. A.	Court of Appeal (England)
CJJA	Civil jurisdiction and judgments act (englisches Ausführungsgesetz zum EuGVÜ)
cpc	Codice di Procedura Civile (Italienische Zivilprozessordnung)
CPK	Civilinio proceso kodeksas (Zivilprozessgesetzbuch der Litauischen Republik)
CPR	Civil Procedure Rules (England)
CSES	Centre for Strategy & Evaluation Services, London

D.	Recueil Dalloz Sirez (französische Zeitschrift)
d. h.	das heißt
ders.	derselbe
DGVZ	Deutsche Gerichtsvollzieherzeitung
dies.	dieselbe(n)
Dr.	Doktor
DRB	Deutscher Richterbund
DStR	Deutsches Steuerrecht (Zeitschrift)
DZWiR	Deutsche Zeitung für Wirtschaft- und Insolvenzrecht
E	Entwurf
e. V.	eingetragener Verein
ECFR	European Council on Foreign Relations
EG	Europäische Gemeinschaft
EGMR	Europäischer Gerichtshof für Menschenrechte
EGUntVO	Verordnung EG Nr. 4/2009 des Rates vom 18.12.2008 über die Zuständigkeit, das anwendbare Recht, die Anerkennung und Vollstreckung von Entscheidungen und die Zusammenarbeit in Unterhaltssachen
Einl.	Einleitung
EMRK	Europäische Menschenrechtskonvention
endg.	endgültig
EO	Executionsordnung (Zwangsvollstreckungsrecht Österreich)
EU	Europäische Union
EuEheVO	Verordnung EG Nr. 2201/2003 des Rates vom 27.11.2003 über die Zuständigkeit und die Anerkennung und Vollstreckung von Entscheidungen in Ehesachen und in Verfahren betreffend die elterliche Verantwortung und zur Aufhebung der Verordnung EG Nr. 1347/2000 (Brüssel IIa-Verordnung)
EuGH	Europäischer Gerichtshof
EuGVO	Verordnung EG Nr. 44/2001 des Rates vom 22.12.2000 über die gerichtliche Zuständigkeit und die Anerkennung und Vollstreckung von Entscheidungen in Zivil- und Handelssachen (Brüssel I-Verordnung)
EugVÜ	Übereinkommen über die gerichtliche Zuständigkeit und die Vollstreckung gerichtlicher Entscheidungen in Zivil- und Handelssachen vom 27. September 1968

EuGVVO	Verordnung EG Nr. 44/2001 des Rates vom 22.12.2000 über die gerichtliche Zuständigkeit und die Anerkennung und Vollstreckung von Entscheidungen in Zivil- und Handelssachen (Brüssel I-Verordnung)
EuInsVO	Verordnung EG Nr. 1346/2000 des Rates vom 29.05.2000 über Insolvenzverfahren
EuKPfVO	Verordnung EU Nr. 655/2014 des Europäischen Parlaments und des Rates vom 15.05.2014 zur Einführung eines Verfahrens für einen Europäischen Beschluss zur vorläufigen Kontenpfändung im Hinblick auf die Erleichterung der grenzüberschreitenden Eintreibung von Forderungen in Zivil- und Handelssachen
EuMahnVO	Verordnung EG Nr. 1896/2006 des Europäischen Parlaments und des Rates vom 12. 12.2006 zur Einführung eines Europäischen Mahnverfahrens
EUR	Euro
EuVTVO	Verordnung EG Nr. 805/2004 des Europäischen Parlaments und des Rates vom 21.04.2004 zur Einführung eines europäischen Vollstreckungstitels für unbestrittene Forderungen
EuZPR	Europäisches Zivilprozess- und Kollisionsrecht
EuZVO	Verordnung EG Nr. 1348/2000 des Rates vom 29.05.2000 über die Zustellung gerichtlicher und außergerichtlicher Schriftstücke in Zivil- und Handelssachen in den Mitgliedstaaten
EuZVO	Verordnung EG Nr. 1393/2007 des Europäischen Parlaments und des Rates vom 13.11.2007 über die Zustellung gerichtlicher und außergerichtlicher Schriftstücke in Zivil- und Handelssachen in den Mitgliedstaaten
EuZW	Europäische Zeitschrift für Wirtschaftsrecht
f.	folgende
FamRZ	Zeitschrift für das gesamte Familienrecht
ff.	fortfolgende
Fn.	Fußnote
FS	Festschrift
GBP	Pfund Sterling (englische Währung)
GG	Grundgesetz
GmbH	Gesellschaft mit beschränkter Haftung
GPR	Zeitschrift für Gemeinschaftsprivatrecht
h. M.	herrschende Meinung
Hrsg.	Herausgeber

HTÜ	Haager Trust Übereinkommen
HUFL	ungarische Währung
i. S. d.	im Sinne des/der
i. V. m.	in Verbindung mit
InsBüro	Zeitschrift für das Insolvenzbüro
InsO	Insolvenzordnung
IPRax	Praxis des Internationalen Zivil- und Verfahrensrechts (Zeitschrift)
ital.	italienisch
JURA	Juristische Ausbildung
JurBüro	Das Juristische Büro (Zeitschrift)
JZ	JuristenZeitung
Kap.	Kapitel
KKZ	Kommunale-Kassen-Zeitschrift
KOM	Dokumentenerkennung der Kommission der EG
L.M.C.L.Q.	Lloyd's Maritime and Commercial Law Quarterly
LG	Landgericht
Lit.	Literatur
LQR	Law Quarterly Review
Ltd.	Limited (Rechtsform)
LugÜ	Übereinkommen über die gerichtliche Zuständigkeit und die Anerkennung und Vollstreckung von Entscheidungen in Zivil- und Handelssachen (Lugano-Übereinkommen)
m. w. N.	mit weiteren Nachweisen
MahnV	Mahnverordnung
MDR	Monatsschrift für Deutsches Recht
MK	Münchner Kommentar
MLR	Monthly Law Report
n. F.	neue Fassung
NJ	Neue Justiz, Zeitschrift für Rechtsentwicklung und Rechtsprechung
NJW	Neue Juristische Wochenschrift (Zeitschrift)
Nr./No.	Nummer
NZI	Neue Zeitschrift – Recht der Insolvenz und Sanierung
ÖJZ	Österreichische Juristen-Zeitung
OLG	Oberlandesgericht
OLGR	OLGReport (Schnelldienst zur Zivilrechtsprechung der Oberlandesgerichte)

poln.	polnisch
Prof.	Professor
Q. B.	The Law Reports, Queen's Bench Devision
R.V.	Burgerlijle Rechtsvordering (Niederlande)
RabelsZ	Rabels Zeitschrift für ausländisches und internationales Privatrecht
RIS	Rechtsinformationssystem des Bundes
RIW	Recht der Internationalen Wirtschaft (Zeitschrift)
Rn.	Randnummer
Rpfleger	Der Deutsche Rechtspfleger (Zeitschrift)
Rpl	Retsplejelov (dänisches Rechtspflegegesetz)
Rs.	Rechtssache
Rspr.	Rechtsprechung
rum.	rumänisch
S.	Satz
S.	Seite
S.A.	Société Anonyme (Rechtsform der Aktiengesellschaft in verschiedenen französischsprachigen Ländern)
SGB	Sozialgesetzbuch
Slg.	Amtliche Sammlung der Rechtsprechung des EuGH
sog.	sogenannt
St.	Saint
StGB	Strafgesetzbuch
StVG	Straßenverkehrsordnung
u. a.	unter anderem
u.	ungarisch
UK	United Kingdom
v.	versus
vgl.	vergleiche
VO	Verordnung
Vorbem.	Vorbemerkung
VuR	Verbraucher und Recht (Zeitschrift)
vzbv	Verbraucherzentrale Bundesverband
WLR	The Weekly Law Reports
WRP	Wettbewerb in Recht und Praxis (Zeitschrift)
ZBB	Zeitschrift für Bankrecht und Bankwirtschaft
ZEuP	Zeitschrift für Europäisches Privatrecht
ZInsO	Zeitschrift für das gesamte Insolvenzrecht

ZIP	Zeitschrift für Wirtschaftsrecht
ZPGB	(bulgarisches) Zivilprozessgesetzbuch
ZPO	Zivilprozeßordnung
ZRP	Zeitschrift für Rechtspolitik
ZVGB	(polnisches) Zivilverfahrensgesetzbuch
ZZP	Zeitschrift für Zivilprozess
ZZPInt	Zeitschrift für Zivilprozess International

§ 1 Einführung

A. Entstehungsgeschichte der Verordnung (EU) Nr. 655/2014

Am 18. Januar 2017 ist die Verordnung (EU) Nr. 655/2014 des Europäischen Parlaments und des Rates vom 15. Mai 2014 zur Einführung eines Verfahrens für einen Europäischen Beschluss zur vorläufigen Kontenpfändung im Hinblick auf die Erleichterung der grenzüberschreitenden Eintreibung von Forderungen in Zivil- und Handelssachen[1] in Kraft getreten.[2]

I. Das Bedürfnis nach einem europäischen Vollstreckungsrecht

1. Vorgaben des Europäischen Rates

In einer Mitteilung aus dem Jahre 1998 stellte die Kommission gegenüber dem Europäischen Parlament heraus, dass die Eintreibung von Forderungen in einem anderen Mitgliedstaat erhebliche Schwierigkeiten bereite.[3] Im Jahr 2000 verabschiedete der Europäische Rat ein Maßnahmenprogramm zur Umsetzung des Grundsatzes der gegenseitigen Anerkennung gerichtlicher Entscheidungen in Zivil- und Handelssachen.[4] Darin ist unter anderem ausdrücklich die Verbesserung der Beschlagnahme von Bankguthaben, etwa durch ein europäisches System zur europaweiten Beschlagnahme von Bankguthaben, vorgesehen.[5] Eines der zentralen Ziele ist jedoch die schrittweise Abschaffung des Exequaturverfahrens und damit einhergehend die unmittelbare Vollstreckbarkeit von Gerichtsentscheidungen aus einem Mitgliedstaat in allen weiteren Staaten der Union.[6] Im Rahmen des Haager Programms zur Stärkung von Freiheit, Sicherheit und Recht in der Europäischen Union betonte der Rat noch einmal: Er messe „der ständigen Fortentwicklung der justiziellen Zusammenarbeit in Zivilsachen und der Vollendung des im Jahre 2000 angenommenen Programms

---

1 ABl. EU 2014 L 189/159; künftig auch „EuKPfVO“ oder „Kontenpfändungsverordnung“ genannt.

2 Vgl. Art. 54 EuKPfVO (lediglich Art. 50, der den Mitgliedsstaaten Informationspflichten auferlegt, gilt bereits seit dem 18. Juli 2016).

3 ABl. 1998/C33/03.

4 ABl. 2001/C12/01.

5 ABl. 2001/C12/05.

6 ABl. 2001/C12/05.

zur gegenseitigen Anerkennung große Bedeutung bei".[7] Insbesondere dürften die Grenzen zwischen den europäischen Ländern kein Hindernis mehr (u. a.) für die Vollstreckung gerichtlicher Entscheidungen in Zivilsachen sein.[8]

Anknüpfend an das Maßnahmenprogramm zur Umsetzung des Grundsatzes der gegenseitigen Anerkennung gerichtlicher Entscheidungen in Zivil- und Handelssachen[9] wurde im Jahr 2002 im Auftrag der EG-Kommission unter der Leitung von *Burkhard Hess* eine vergleichende Studie (künftig: *Hess-Studie*)[10] durchgeführt, die die Vollstreckungsrechte der (damals 15) Mitgliedstaaten untersuchte. Eine weitere Studie, zu den Auswirkungen der verschiedenen Optionen, ein europäisches Verfahren zur vorläufigen Kontenpfändung umzusetzen, wurde im Jahre 2011 veröffentlicht.[11]

Das Stockholmer Programm unterstreicht die Bedeutung Europas als „Raum des Rechts und der Justiz".[12] Daher seien Verfahren einzurichten, die den Menschen ermöglichen, ihre Rechte überall in der EU geltend zu machen.[13]

Einen weiteren maßgeblichen Schritt bildet die Reform der EuGVVO. Dazu hatte die Kommission am 14.12.2010 einen ersten Verordnungsentwurf vorgelegt,[14] der schließlich am 12.12.2012 im Erlass – einer gegenüber dem Entwurf deutlich modifizierten – Neufassung der Verordnung über die gerichtliche Zuständigkeit und die Anerkennung und Vollstreckung von Entscheidungen in Zivil- und Handelssachen[15] mündete.

2. Das Recht auf effektive Vollstreckung

Der Bedeutung effektiver Vollstreckung für das reibungslose Funktionieren der Wirtschaftsgemeinschaft steht spiegelbildlich das subjektive Interesse des Einzelnen gegenüber, effektiven Rechtsschutz zu erlangen. Dieser zählt

---

7 ABl. 2005/C53/13.

8 ABl. 2005/C53/13.

9 ABl. 2001/C12/01.

10 *Hess,* Study JAI/A3/2002/02 – General Report.

11 CSES, Final Report – Impact Assesment on a Draft Legislative Proposal on the Attachment of Bank Accounts, 2011.

12 ABl. 2010/C115/4.

13 ABl. 2010/C115/4.

14 KOM (2010) 748 endg.

15 Verordnung (EU) Nr. 1215/2012 des Europäischen Parlaments und des Rates vom 12.12.2012 über die gerichtliche Zuständigkeit und die Anerkennung und Vollstreckung von Entscheidungen in Zivil- und Handelssachen (Neufassung), ABl. 2012/L351/1.

wiederum zu den zentralen Vorgaben des europäischen Primärrechts für das Verfahrensrecht der Gemeinschaft und ihrer Mitgliedstaaten.[16] Dieses „Recht auf ein Gericht“[17] leitet sich unmittelbar aus der Europäischen Menschenrechtskonvention ab und ist dort in Art. 6 EMRK verankert. Art. 6 Abs. 1 EMRK garantiert das Recht, dass über einen Anspruch binnen „angemessener Frist“ verhandelt wird. Bei der Berechnung dieser Frist stellt der Europäische Gerichtshof für Menschenrechte auf den Zeitpunkt der endgültigen Befriedigung des Beschwerdeführers ab, wenn die gerichtliche Entscheidung nicht oder erst zu einem späteren Zeitpunkt durchgesetzt wird.[18] Der Gerichtshof bezieht mithin das Zwangsvollstreckungsverfahren zugunsten des Vollstreckungsgläubigers in den Schutzbereich des Art. 6 Abs. 1 EMRK mit ein. In seinem Urteil vom 19. März 1997 hatte er in der Rechtssache Hornsby gegen Griechenland erstmals ausdrücklich betont, dass die aus Art. 6 EMRK folgenden Rechte illusorisch seien, wenn es die innerstaatliche Rechtsordnung eines Vertragsstaates zuließe, dass eine rechtskräftige, verbindliche gerichtliche Entscheidung zum Nachteil einer Partei unausgeführt bliebe.[19] Weiter hält der Gerichtshof fest:

> „Die Vollstreckung eines Urteils jeglichen Gerichts muss (…) als ein integraler Bestandteil des ‚Verfahrens‘ (*trial*) für die Zwecke des Art. 6 angesehen werden.“[20]

Der EGMR leitet aus dem Gebot angemessener Verfahrensdauer eine Pflicht des Staates ab, seine Gerichtsbarkeit so zu organisieren, dass ein Verfahren binnen angemessener Frist abgeschlossen werden kann.[21]

3. *Die Situation in den Mitgliedstaaten*

Im Rahmen der vorliegenden Arbeit wurde zwar auf eine umfassende rechtsvergleichende Studie verzichtet und im Wesentlichen auf den Erkenntnissen der Hess-Studie[22] aufgebaut. Es wurde jedoch exemplarisch die Situation in einzelnen Mitgliedstaaten beleuchtet, um einen genaueren Eindruck zu

---

16 *Heinze*, EuR 2008, 654, 656.

17 EGMR, Urteil v. 27.08.1991 – Nr. 32/1990/223/285–287 *(Philis v. Griechenland)*, ÖJZ 1991, 22.

18 Meyer-Ladewig/EMRK, Art. 6 Rn. 72.

19 EGMR, Urteil v. 19.03.1997, Nr. 107/1995/613/701, ÖJZ 1998, 236, 237.

20 EGMR, Urteil v. 19.03.1997, Nr. 107/1995/613/701, ÖJZ 1998, 236, 237.

21 *Grote/Marauhn*, EMRK/GG, Kap. 14 Rn. 108; EGMR (IV. Sektion), Urteil v. 27.07.2000 – 33379/96 *(Klein/Deutschland)*, 3. Leitsatz, NJW 2001, 213.

22 *Hess*, Study JAI/A3/2002/02 – General Report.

gewinnen. Dabei wurde der Fokus insbesondere auf die osteuropäischen Staaten Litauen, Polen und Ungarn gerichtet. Dabei zeigte sich schnell, dass eine rechtsvergleichende Untersuchung, die wissenschaftlichen Ansprüchen genügt, tatsächlich kaum möglich ist, da Gesetze – geschweige denn gerichtliche Entscheidungen und einschlägige Literatur – in deutscher oder englischer Sprache kaum verfügbar sind. So basieren die Erkenntnisse im Wesentlichen auf Interviews mit Wissenschaftlern und Praktikern, die vor Ort geführt wurden. Sie belegen exemplarisch die tatsächlichen Schwierigkeiten im Umgang mit Kontenpfändungen:

So wird aus Ungarn berichtet, dass der Zugriff auf Bankkonten mitunter durch die kontoführende Bank erschwert würde, die ihren Pflichten bei der Kontopfändung oft nur schleppend nachkäme.[23] In Rumänien wird dagegen das System der Gerichtsvollzieher als großes Problem der Vollstreckung angesehen: Neben einer zu geringen Anzahl zur Verfügung stehender Gerichtsvollzieher liegt eine weitere Schwachstelle in der ungünstigen Gebührenstruktur und der daraus resultierenden, oft am eigenen Profit orientierten Bearbeitung von Vollstreckungen durch die Gerichtsvollzieher.[24] Die hohe Anzahl laufender, nicht abgeschlossener Vollstreckungsverfahren aus der Vergangenheit stellt eine hohe Belastung für die bulgarische Justiz dar. Weiterhin führen Ausbildungsdefizite der Verantwortlichen, häufig auftretende Liquiditätsprobleme der Schuldner sowie eine fehlende höchstrichterliche Kontrolle über die Handlungen zu erheblichen Schwächen im Bereich der Vollstreckung.[25] Aber auch in Deutschland bestanden in der Vergangenheit durchaus erhebliche Defizite im Bereich der Sachaufklärung in der Zwangsvollstreckung, insbesondere deshalb, weil die Initiativlast vollständig dem Gläubiger oblag, der sich in der Praxis daher häufig der Mitwirkung privater Anbieter bedienen musste, um eine Effektuierung der Vollstreckung zu erreichen.[26] Im Rahmen der im Wesentlichen zum 01.01.2013 in Kraft getretenen Neuregelungen im Bereich der Ermittlung pfändbaren Vermögens sind insoweit jedoch deutliche Verbesserungen erzielt worden.[27]

Letztlich kann zwar die mitunter fehlende Effektivität des Vollstreckungswesens innerhalb einzelner Mitgliedstaaten kein tragendes Argument für die Schaffung einer europaweiten Regelung sein. Denn die bestehenden Rechtsakte

---

23 *Küpper, forost Arbeitspapier, Nr. 28* (2005), S. 89.
24 *Bormann*, forost Arbeitspapier, Nr. 39 (2007), S. 56.
25 *Ivanova*, forost Arbeitspapier, Nr. 33 (2005), S. 56–58.
26 Vgl. *Hess/Vollkommer*, FS Vollkommer, S. 349, 351 f.
27 Ausführlich dazu unten S. 15 ff.

basieren – jedenfalls im Erkenntnisverfahren – gerade auf der Annahme einer prinzipiellen Gleichwertigkeit des Rechtsschutzes in allen Mitgliedstaaten.[28] Allerdings kann trotz dieser – durchaus zu hinterfragenden – Gleichwertigkeit eine Anpassung der Vollstreckungsrechte zu Verbesserungen führen.

II. Die Kontenpfändungsverordnung

1. Frühere Regelungsentwürfe zur vorläufigen Kontenpfändung

Ein Verfahren zur vorläufigen Kontenpfändung sollte bereits mit der am 1. Januar 2009 in Kraft getretenen Unterhaltsverordnung[29] in das europäische Zivilverfahrensrecht integriert werden. Dazu ist es letztlich nicht gekommen. Der Entwurf vom 15.12.2005 enthielt jedoch einen konkreten Formulierungsvorschlag – wohl um erste rechtspolitische Reaktionen in den Mitgliedstaaten zu testen. Art. 35 des Verordnungsvorschlags lautete:

„Anordnung einer vorübergehenden Kontensperrung:

1. Ein Unterhaltsberechtigter kann bei dem Gericht eines Mitgliedstaats, das in der Hauptsache entschieden hat, eine an eine Bank in einem anderen Mitgliedstaat gerichtete Anordnung zur vorübergehenden Sperrung eines Bankkontos beantragen, dessen Inhaber der Unterhaltspflichtige ist. Für den Antrag und die Anordnung der vorübergehenden Kontensperrung sind Formblätter nach dem Muster in Anlage IV dieser Verordnung zu verwenden.
2. Das Gericht entscheidet binnen acht Tagen über den Antrag des Unterhaltsberechtigten, ohne den Unterhaltspflichtigen davon zu unterrichten und ohne ihm rechtliches Gehör zu gewähren. Es ordnet die vorübergehende Kontensperrung an, wenn der Antrag des Unterhaltsberechtigten nach dem Dafürhalten des Gerichts nicht offenkundig unbegründet ist und ernsthaft mit der Nichterfüllung seitens des Unterhaltspflichtigen zu rechnen ist.
3. Die Anordnung einer vorübergehenden Kontensperrung
   a. wird der Bank, bei der der Unterhaltspflichtige ein Girokonto hat, vom Gericht per Einschreiben mit Rückschein übermittelt,
   b. hat zur Folge, dass mit der Zustellung jede Kontobewegung untersagt ist, durch die die Zahlung der in der Anordnung vermerkten Summe durch den Unterhaltspflichtigen unmöglich würde.

---

28 *Kodek*, S. 354; kritisch zu diesem „Vertrauensdogma“: vgl. etwa *Mankowski*, Interdisziplinäre Studien zur Komparatistik und zum Kollisionsrecht, S. 34 f.; *Stadler*, IPRax 2004, 2, 8; *dies.*, RIW 2004, 801, 803.

29 Verordnung (EG) Nr. 4/2009 des Rates vom 18.12.2008 über die Zuständigkeit, das anwendbare Recht, die Anerkennung und Vollstreckung von Entscheidungen und die Zusammenarbeit in Unterhaltssachen.

4. Unterhaltsberechtigter und Unterhaltspflichtiger werden vom Gericht per Einschreiben mit Rückschein von der Anordnung einer vorübergehenden Kontensperrung in Kenntnis gesetzt, sobald die in Absatz 3 Buchstabe b beschriebene Wirkung eingetreten ist.
5. Der Unterhaltspflichtige kann beim Gericht, das die vorübergehende Sperrung des Bankkontos angeordnet hat, die Aufhebung dieser Anordnung beantragen. Das Gericht muss binnen acht Tagen über den Antrag befinden und kann dem Antrag des Unterhaltspflichtigen gegebenenfalls vorbehaltlich einer Sicherheitsleistung stattgeben.
6. Die Anordnung einer vorübergehenden Kontensperrung wird wirkungslos, sobald das Gericht ihre Aufhebung angeordnet hat oder wenn es nicht innerhalb von acht Tagen über den Antrag befunden hat, spätestens jedoch, sobald eine Entscheidung in der Hauptsache ergangen ist. Die Anordnung einer vorübergehenden Kontensperrung kann auf Antrag des Unterhaltsberechtigten durch die Anordnung monatlicher Pfändungen gemäß Artikel 34 ersetzt werden, sobald eine Entscheidung in der Sache ergangen ist.
7. Das Gericht stellt der Bank den Aufhebungsbeschluss per Einschreiben mit Rückschein zu."[30]

Der Entwurf basierte auf dem Vorbild der englischen *freezing injunction*.[31] In der Literatur hat er nur einzelne Stellungnahmen hervorgerufen. Dies mag daran liegen, dass der Verordnungsentwurf insgesamt auf derart breiten Widerstand gestoßen ist, dass wenig Raum für Detaildiskussionen bestand.[32] Bedenken wurden insbesondere im Hinblick auf die Reaktionsmöglichkeiten des Unterhaltsschuldners geäußert, da dieser sich wegen einer möglichen Aufhebung oder Beschränkung der Kontensperrung gemäß Art. 35 Abs. 5 des Verordnungsentwurfes an das Gericht wenden müsste, das die Maßnahme angeordnet hat.[33]

---

30 Art. 35 VO-Vorschlag KOM (2005) 649 endgültig.

31 *Gottwald*, FS Lindacher, S. 13, 24; Zur englischen *freezing injunction* (früher auch als *mareva injunction* bezeichnet) vgl. etwa: *von Bernstorff*, RIW 1983, 160; *von Bernstorff/Reinecker*, Zivilgerichtsbarkeit, Zwangsvollstreckung und Konkurs in europäischen Ländern – Teil 1: England, Frankreich und Schweiz; *Dohmann/Briggs*, "Worldwide Mareva" Injunction and the enforcement of foreign judgements in England; *Grunert*, Die „world-wide" Mareva Injunction – Eine Zwischenbilanz; *Heinze*, IPRax 2007, 343; *Müller*, Die worldwide Mareva injunction – Entwicklung, internationale Zuständigkeit und Vollstreckung in Deutschland; *Ough//Flensley*, The Mareva injunction and Anton Piller Order; *Schlosser*, IPRax 2006, 300; *ders.* RIW 2001, 81; *White*, Freezing Injunctions – A procedural overview and practical guide.

32 Vgl. nur Rauscher/*Andrae*, Europäisches Zivilprozess- und Kollisionsrecht, Einl. EG-UntVO (3. Auflage), Rn. 12.

33 *Gottwald*, FS Lindacher, S. 13, 25.

Es sei hingegen vor dem Hintergrund adäquaten Schuldnerschutzes deutlich praktischer, wenn das Gericht an dessen gewöhnlichem Aufenthaltsort über den Schutzantrag entscheiden könnte.[34] Ähnliche Kritik brachte der Deutsche Bundesrat zum Ausdruck: Der Regelungsentwurf sei nicht geeignet, aufzulösen, inwieweit überhaupt Pfändungsschutzvorschriften zu beachten seien.[35] Außerdem müsse bei Vollstreckungsmaßnahmen zwingend der Grundsatz der Territorialität gewahrt bleiben.[36]

In dem tatsächlich verabschiedeten Verordnungstext findet sich weder die dargestellte, noch eine vergleichbare Vorschrift wieder. Im Rahmen des neuen, genuin europäischen Verfahrens zur vorläufigen Kontenpfändung könnte der Entwurf jedoch möglicherweise als Vorbild, jedenfalls aber zumindest als Vergleichsobjekt herangezogen werden.[37] Bemerkenswert erscheint bereits ein Blick auf den Regelungsumfang: Begnügte sich der Vorschlag zur Regelung der vorläufigen Kontenpfändung innerhalb der Unterhaltsverordnung mit nur einem Artikel, bringt es die nun verabschiedete Kontenpfändungsverordnung auf immerhin derer 54. Dies mag ein Indiz dafür sein, dass der damalige Entwurf noch nicht ausgereift war.

2. *Vom Grünbuch zur Verordnung*

Auf Basis der im Rahmen der Hess-Studie gewonnenen Erkenntnisse und der im Rahmen der Studie vorgeschlagenen Maßnahmen legte die Kommission am 24.10.2006 ein Grünbuch vor, um damit einen Diskussionsprozess in Gang zu setzen, ob ein europäisches Verfahren zur vorläufigen Kontenpfändung sinnvoll erscheint und wie es konkret ausgestaltet werden könnte. Gleichzeitig wurde angekündigt, dass in der Folgezeit ein weiteres Grünbuch herausgegeben werde, das die – ebenfalls im Rahmen der *Hess-Studie* erarbeiteten – Problembereiche im Zusammenhang mit der Transparenz des Schuldnervermögens aufgreifen sollte.

Das Grünbuch selbst enthielt noch kein vorformuliertes Regelungsmodell für eine vorläufige Kontenpfändung. Stattdessen war es – wie es der Natur eines Grünbuches entspricht – ergebnisoffen als Fragenkatalog formuliert, wenngleich die Zielrichtung, ein eigenständiges, europäisches Verfahren zu entwickeln, das schon in einem frühen Stadium, nämlich schon vor Klageerhebung in der

34 *Gottwald*, FS Lindacher, S. 13, 25.
35 BR-Drucks. 30/06, S. 14.
36 BR-Drucks. 30/06, S. 14.
37 *Hess*, FS Kropholler, S. 795, 799.

Hauptsache, eine vorläufige Kontenpfändung ermöglichen soll, bereits deutlich wurde.[38] Die Fragen unterteilten sich in mehrere Komplexe, die sich bereits an der potentiellen Verfahrensgestaltung orientieren. Nach den vorangestellten Fragen zur generellen Notwendigkeit einer europäischen Regelung zur vorläufigen Kontenpfändung folgten detaillierte, verfahrenstechnische Fragen zu den Voraussetzungen für einen Antrag und den Ausspruch einer vorläufigen Kontenpfändung. Darüber hinaus wurde um dezidierte Stellungnahme zur Zuständigkeit, zum Pfändungsumfang und zu einer möglichen Aufwandsentschädigung für die Banken gebeten. Schuldnerschutzbestimmungen sollten ebenso erörtert werden, wie der Umgang mit Gemeinschafts- und Treuhandkonten.

Insgesamt konnten auf das Grünbuch 67 Stellungnahmen aus den Mitgliedsstaaten und von anderen interessierten Kreisen verzeichnet werden.[39] Die überwiegende Zahl der Stellungnahmen sprach sich für die Einführung einer europäischen Regelung zur vorläufigen Pfändung von Bankguthaben aus.[40] Als Grund hierfür wurde die aufgrund der gegenwärtigen Rechtslage zum Teil bestehende Unkenntnis des Gläubigers hinsichtlich der in dem anderen Mitgliedstaat geltenden Verfahrensvorschriften zur Arrestierung eines Kontos benannt.[41] Des Weiteren würde durch eine europäische Regelung vermieden, dass der Schuldner vor der Pfändung seines Kontos Vermögen auf ausländische Bankkonten verschiebe, um sie dem Zugriff des Gläubigers zu entziehen.[42]

Die Möglichkeit der grenzüberschreitenden, vorläufigen Kontenpfändung aufgrund eines solchen Rechtsinstitutes wurde jedoch vereinzelt auch kritisch gesehen.[43] Gegen eine derartige Regelung spreche zunächst, dass die vorläufigen

38 Vgl. SEK (2006) 1341.

39 Europäische Union: Summary of replies to the Green Paper, S. 1.

40 Council of Bars and Law Societies of Europe, Attachment of Bank Accounts, Frage 1; The Law Society (UK), Attachment of Bank Accounts, Frage 1; Republik Österreich, Stellungnahme zur vorläufigen Kontenpfändung, Frage 1; Civil Justice Council, Attachment of Bank Accounts, Einführung; DRB, Stellungnahme zur vorläufigen Kontenpfändung, Frage 1; Europäische Bausparkassenvereinigung, Stellungnahme zur vorläufigen Kontenpfändung, Einleitung; Max-Planck-Working-Group, Attachment of Bank Accounts, S. 2; Regierung der BRD, Stellungnahme zur vorläufigen Kontenpfändung, S. 1, Zentraler Kreditausschuss, Stellungnahme zur vorläufigen Kontenpfändung, S. 2.

41 Bundesverband Deutscher Inkasso-Unternehmen e.V., Stellungnahme zur vorläufigen Kontenpfändung, Frage 1.

42 Europäisches Parlament, Stellungnahme zur vorläufigen Kontenpfändung, S. 1; Regierung der BRD, Stellungnahme zur vorläufigen Kontenpfändung, S. 1.

43 Fédération Bancaire Francaise, Attachment of Bank Accounts, Frage 1; Europäischer Wirtschafts- und Sozialausschuss, Stellungnahme zur vorläufigen Kontenpfändung,

Sicherungsmaßnahmen bereits in einem sehr frühen Stadium „zu einer wirtschaftlichen Vernichtung des (vermeintlichen) Schuldners" führen könnten.[44] Zudem führe eine europäische Regelung zu einem erhöhten Verwaltungsaufwand für die Banken und erschwere das Rangverhältnis zwischen in- und ausländischen Gläubigern.[45] Anderen ging der Vorschlag der Kommission nicht weitreichend genug: Der Anwendungsbereich der Regelung könne auf andere Vermögenswerte des Schuldners erweitert werden. Im Übrigen könne die jetzige Zielsetzung auch durch punktuelle Änderungen der bestehenden EuGVVO erreicht werden.[46]

Trotz aller Kritik an den Plänen zur Einführung eines europäischen Verfahrens zur vorläufigen Kontenpfändung hat die Kommission am 25.07.2011 einen ersten Vorschlag für eine Verordnung zur Einführung eines Europäischen Beschlusses zur vorläufigen Kontenpfändung im Hinblick auf die Erleichterung der grenzüberschreitenden Eintreibung von Forderungen in Zivil- und Handelssachen[47] vorgelegt.

Schließlich wurde die EuKPfVO am 15.05.2014 erlassen. Gemäß ihres Art. 54 gilt sie seit dem 18.01.2017 mit Ausnahme des Art. 50, der bereits seit dem 18.07.2016 gilt.

3. *Die Umsetzung der Kontenpfändungsverordnung in Deutschland*

Der Deutsche Bundestag hat am 22. September 2016 das Gesetz zur Durchführung der Verordnung (EU) Nr. 655/2014 sowie zur Änderung sonstiger zivilprozessualer, grundbuchrechtlicher und vermögensrechtlicher Vorschriften und zur Änderung der Justizbeitreibungsordnung[48] beschlossen, das in seinen weit überwiegenden Teilen ebenfalls am 18. Januar 2017 in Kraft getreten ist. Durch dieses Gesetz wird die Durchführung der EuKPfVO im Wesentlichen in der Zivilprozessordnung geregelt. Dort wird dem Buch 8 ein neuer Abschnitt

---

S. 2; Deutscher Anwaltverein, Stellungnahme zur vorläufigen Kontenpfändung, S. 2; vzbv, Stellungnahme zur vorläufigen Kontenpfändung, S. 3.

44 Deutscher Anwaltverein, Stellungnahme zur vorläufigen Kontenpfändung, S. 2.

45 Fédération Bancaire Francaise, Attachment of Bank Accounts, Frage 1.

46 Europäischer Wirtschafts- und Sozialausschuss, Stellungnahme zur vorläufigen Kontenpfändung, S. 2; vzbv, Stellungnahme zur vorläufigen Kontenpfändung, S. 3.

47 KOM (2011) 445 endgültig.

48 Bundesgesetzblatt Teil I 2016 Nr. 55 25.11.2016 S. 2591; künftig auch „EuKoPfVODG" genannt.

6 („Grenzüberschreitende vorläufige Kontenpfändung“) mit entsprechenden Durchführungsvorschriften hinzugefügt, der aus den §§ 946–959 ZPO besteht.

B. EU-Kompetenz für das Zwangsvollstreckungsrecht

Betrachtet man eine Harmonisierung des Zwangsvollstreckungsrechtes – jedenfalls in einzelnen Bereichen – als wünschenswert, so schließt sich die Frage an, ob und inwieweit die Europäische Union insoweit zur Rechtssetzung befugt ist.

Die maßgeblichen Kompetenznormen lassen sich dem Vertrag über die Europäische Union (EUV) und dem Vertrag über die Arbeitsweise der Europäischen Union (AEUV) in der Fassung nach dem Vertrag von Lissabon[49] entnehmen. Nach der Ablehnung des Verfassungsvertrages[50] durch Frankreich und die Niederlande durch ihr Referendum im Jahr 2005[51] und die darauf folgende zweijährige „Reflexionsphase“ wurde am 13.12.2007 der Vertrag von Lissabon unterzeichnet. Dieser zunächst als „Reformvertrag“ bezeichnete Vertrag soll den Vertrag über die Europäische Union (EUV) und den Vertrag zur Gründung der Europäischen Gemeinschaft (EGV), der in Vertrag über die Arbeitsweise der Europäischen Union (AEUV) umbenannt wurde, ändern.[52] Der Vertrag von Lissabon musste als völkerrechtlicher Vertrag zunächst in allen Mitgliedstaaten ratifiziert werden.[53] Da die Ratifizierung in Irland aufgrund eines negativen Referendums der irischen Bevölkerung in die Länge gezogen wurde, konnte der Vertrag von Lissabon erst zum 01.12.2009 in Kraft treten.[54]

I. Art. 81 Abs. 2 AEUV als Ermächtigungsgrundlage

Als konkrete Ermächtigungsgrundlage für die Union, auf dem Gebiet des Zwangsvollstreckungsrechts gesetzgeberisch tätig zu werden, kommt Art. 81 Abs. 2 AEUV in Betracht.[55] Darauf beruft sich auch die Kommission, sowohl im Rahmen des Verordnungsentwurfs vom 25.07.2011[56] als auch in den Erwägungsgründen der schlussendlich verabschiedeten Verordnung[57].

---

49 ABl. EU 2007 C 306/1 ff.
50 Vertrag über eine Verfassung für Europa, ABl. EU 2004 C 310/1 ff.
51 Vgl. nur *Nowak*, S. 65.
52 Streinz/Ohler/Herrmann, S. 17.
53 *Nowak*, S. 67; Streinz/Ohler/Herrmann, S. 27.
54 *Nowak*, S. 68 ff.
55 Vgl. *Weber*, RabelZ, Band 75, Heft 3 (2011), 619, 623.
56 KOM(2011) 445 endg., S. 11 (3. 2. Rechtsgrundlage).
57 Vgl. Erwägungsgrund 2.

Art. 81 AEUV regelt die justizielle Zusammenarbeit in Zivilsachen, ist also auf die Zusammenarbeit von Justizverwaltungen und Gerichten in den Mitgliedstaaten gerichtet.[58] Primärrechtliche Vorgänger waren ex-Art. 65 EGV und ex-Art. K. 1 Nr. 6 EUV.[59] Im Wesentlichen beziehen sich die Aufgaben und Befugnisse der EU auf das internationale Privatrecht sowie das Internationale Zivilverfahrensrecht.[60] Ziel der Regelung ist die Anpassung der Verfahrensregeln der einzelnen Mitgliedsländer sowie die Vereinfachung der Rechtsdurchsetzung in diesen Ländern. Kernstück der Vorschrift ist der Grundsatz der gegenseitigen Anerkennung von gerichtlichen und außergerichtlichen Entscheidungen. Verdeutlicht werde dies dadurch, dass die gegenseitige Anerkennung zusätzlich zur Aufzählung in Art. 81 Abs. 2 a) AEUV in Abs. 1 Satz 1 der zuvor genannten Vorschrift genannt wird.[61] Von der Regelung ausgeschlossen ist die Vereinheitlichung des materiellen Zivilrechts.[62]

Die Einordnung der Regelungskompetenz betreffend einzelner unionsrechtlicher Maßnahmen im Bereich des Zwangsvollstreckungsrechts erfolgt nicht eindeutig innerhalb des Art. 81. Abs. 2 AEUV, zum Teil wird sie unter Buchstabe a), der sich auf Maßnahmen bezieht, welche die gegenseitige Anerkennung und die Vollstreckung gerichtlicher und außergerichtlicher Entscheidungen zwischen den Mitgliedstaaten regeln, zum Teil unter Buchstabe b), der die EU-Kompetenz im Bereich der grenzüberschreitenden Zustellung gerichtlicher und außergerichtlicher Schriftstücke benennt, und zum Teil unter Buchstabe c), der Regelungen über die Vereinbarkeit der in den Mitgliedstaaten geltenden Kollisionsnormen und Vorschriften zur Vermeidung von Kompetenzkonflikten gestattet, vorgenommen. In der Begründung des genannten Kommissionsvorschlages werden neben dem Buchstaben a) noch die Buchstaben e) – effektiver Zugang zum Recht – und f), der Maßnahmen zur Beseitigung von Hindernissen für die reibungslose Abwicklung von Zivilverfahren, erforderlichenfalls durch Förderung der Vereinbarkeit der in den Mitgliedstaaten geltenden zivilrechtlichen Verfahrensvorschriften betrifft, als maßgeblich bezeichnet.[63]

Bei Art. 81 Abs. 2 AEUV handelt es sich gemäß Art. 4 Abs. 2 j) AEUV um eine geteilte Zuständigkeit.[64] Dies bedeutet gemäß Art. 2 Abs. 2 Satz 1 AEUV, dass

58 Geiger/Khan/Kotzur/*Kotzur*, Art. 81 Rn. 1.
59 *Wagner*, IPRax 2007, 290.
60 Lenz/Borchardt/*Hoppe*, Art. 81 Rn. 1.
61 Geiger/Khan/Kotzur/*Kotzur*, Art. 81 Rn. 7.
62 Geiger/Khan/Kotzur/*Kotzur*, Art. 81 Rn. 4; Lenz/Borchardt/*Hoppe*, Art. 81 Rn. 2.
63 KOM (2011) 445 endg., S. 11 (3. 2. Rechtsgrundlage).
64 Vgl. zur Einordnung: Nowak, S. 121, 255 f.

sowohl die EU als auch die Mitgliedstaaten gesetzgeberisch tätig werden und verbindliche Rechtsakte erlassen dürfen. Dementsprechend ist für jeden Gesetzgebungsakt zu prüfen, ob das Subsidiaritätsprinzip und der Verhältnismäßigkeitsgrundsatz gewahrt wurden.

II. Subsidiaritätsprinzip

Das Subsidiaritätsprinzip besagt gemäß Art. 5 Abs. 3 EUV letztlich, dass die Union in den Bereichen, die nicht ihrer ausschließlichen Zuständigkeit unterfallen, nur tätig werden darf, wenn die Ziele der geplanten Maßnahme wegen ihres Umfangs oder ihrer Wirkungen auf Unionsebene besser verwirklicht werden können als durch die einzelnen Mitgliedstaaten.[65] Für die vorläufige Kontenpfändung stellt dieses Prinzip damit letztlich keine echte Hürde dar: Denn es ist per se praktikabler, diese supranationale Sicherungsmaßnahme auf EU-Ebene zu regeln, als in den einzelnen Mitgliedstaaten. Ähnlich formuliert es auch die Europäische Kommission in der Begründung zu ihrem Verordnungsvorschlag: So sei es zwar theoretisch denkbar, aber eben höchst unwahrscheinlich, dass sich die Mitgliedstaaten abstimmen und ihre Rechtsvorschriften über die vorläufige Pfändung von Bankkonten angleichen, womit sich ein Tätigwerden der EU erübrigen würde.[66] Dieses Argument lässt sich letztlich auch dem Einwand von *Stamm*, dass sich die Ziele des (damaligen) Verordnungsentwurfs bereits allein anhand der nationalen Vollstreckungsordnungen realisieren ließen,[67] entgegenhalten.

III. Verhältnismäßigkeitsgrundsatz

Der Verhältnismäßigkeitsgrundsatz ist in Art. 5 Abs. 4 EUV ausdrücklich normiert: Danach dürfen „die Maßnahmen der Union inhaltlich wie formal nicht über das zur Erreichung der Ziele der Verträge erforderliche Maß" hinausgehen. Dies bezieht sich nach Art. 296 Abs. 1 AEUV auch auf die Wahl des Rechtsaktes. Es stellt sich mithin die Frage, ob eine Richtlinie nicht ebenso geeignet wäre, die vorläufige Kontenpfändung zu regeln, wie eine Verordnung. Die Ausführungen im Rahmen des Verordnungsvorschlags sind insoweit sehr knapp gehalten: Es wird lediglich darauf verwiesen, dass die Kernelemente des Vorschlags mehr Nutzen brächten als Kosten verursachten und die vorgeschlagene

---

65 Nowak, S. 118, Rn. 64.
66 KOM (2011) 445 endgültig, S. 11 (3.3. Subsidiarität und Verhältnismäßigkeit).
67 Stamm, IPRax 2014, 124, 127 f.

Maßnahme verhältnismäßig sei.[68] Die Wahl des Rechtsaktes wird hingegen nicht näher begründet.

Tatsächlich ist das geplante Verfahren zur vorläufigen Kontenpfändung in erster Linie davon geprägt, Zuständigkeiten zu definieren und das jeweils anwendbare Recht zu bestimmen. Dementsprechend hätte auch eine Richtlinie den Mitgliedstaaten an den wesentlichen Stellen keinerlei Umsetzungsspielraum gelassen. Denn sowohl die Zuständigkeit als auch das anzuwendende Recht müssen zwingend einheitlich bestimmt werden. Andernfalls entstünden Kompetenz- bzw. Regelungslücken, die den Sinn und Zweck der Maßnahme konterkarieren würden.

Im Ergebnis ist daher das europäische Verfahren zur vorläufigen Kontenpfändung von der Zuständigkeitskompetenz der Union umfasst.

C. Parallele Reformvorhaben der Europäischen Union

Die Europäische Kontenpfändungsverordnung steht im zeitlichen und inhaltlichen Zusammenhang zu weiteren Reformvorhaben der Europäischen Union im Bereich des Zivilprozessrechts und hier speziell auch im Bereich des Zwangsvollstreckungsrechts.

I. Die Reform der EuGVVO

Hier ist zum einen die bereits angesprochene Reform der EuGVVO zu nennen: Am 12.12.2012 haben das Europäische Parlament und der Rat der Europäischen Union eine Neufassung der EuGVVO erlassen, nachdem am 14.12.2010 die Kommission einen ersten Verordnungsentwurf vorgelegt hatte, dem wiederum ein Konsultationsprozess, angestoßen durch das Grünbuch zur Überprüfung der EuGVVO,[69] vorausgegangen war. Mit diesem Grünbuch beabsichtigte die Europäische Kommission, einen breit angelegten Dialog über eine mögliche Verbesserung der Verordnung einzuleiten.[70] Das Grünbuch ergänzte insoweit den Bericht der Kommission über die Anwendung der EuGVVO.[71]

68 KOM (2011) 445 endgültig, S. 11 (3.3. Subsidiarität und Verhältnismäßigkeit).

69 Grünbuch vom 21.04.2009, Überprüfung der Verordnung (EG) Nr. 44/2001 des Rates über die gerichtliche Zuständigkeit und die Anerkennung und Vollstreckung von Entscheidungen in Zivil- und Handelssachen, KOM (2009) 175 endgültig.

70 KOM (2009) 175 endgültig, S. 1.

71 Bericht der Kommission an das Europäische Parlament, den Rat und den Europäischen Wirtschafts- und Sozialausschuss über die Anwendung der Verordnung (EG) Nr. 44/2001 des Rates über die gerichtliche Zuständigkeit und die Anerkennung und

Im Zusammenhang mit der Europäischen Kontenpfändungsverordnung sind insbesondere zwei Aspekte der Reform hervorzuheben: die Abschaffung des Exequaturverfahrens und (fehlende) Verbesserungen im Bereich des einstweiligen Rechtsschutzes.

1. Abschaffung des Exequaturverfahrens

Ein klares Ziel der Reformbemühungen war die Verfahrensbeschleunigung und insofern führte der Weg im Rahmen der EuGVVO-Novellierung unweigerlich zu einer weiteren Reduzierung der zweitstaatlichen Kontrolle.[72]

Laut Kommissionsbericht dauerte das Exequaturverfahren in den Mitgliedsstaaten durchschnittlich sieben Tage bis vier Monate.[73] In Deutschland und Österreich sei von einer ein- bis zweiwöchigen, in Frankreich oder Spanien von einer durchschnittlich einmonatigen Dauer des Verfahrens auszugehen.[74] Insgesamt seien 90–100 % der Anträge auf Vollstreckbarerklärung erfolgreich, während nur etwa 1–5 % der Entscheidungen angefochten würde.[75] Vor diesem Hintergrund erscheine das Exequaturverfahren als unnötig kosten- und zeitaufwendig.[76] Als roter Faden zog sich durch die Stellungnahmen zu dem der Reform vorausgehenden Grünbuch daher weniger eine Diskussion über ein noch immer bestehendes Erfordernis des Vollstreckbarerklärungsverfahrens als solches, sondern die Frage, welche verfahrensrechtlichen Garantien dem Beklagten in diesem Zusammenhang erhalten werden müssten. Insbesondere eine völlige Abschaffung des *ordre public*-Vorbehaltes erschien wegen der erheblichen Unterschiede in den nationalen Prozessrechten problematisch.[77] Allerdings erschöpft

---

Vollstreckung von Entscheidungen in Zivil- und Handelssachen, KOM (2009) 174 endgültig, vom 21.04.2009.

72 ABl. 2012/L351/4; ABl. 2010/C115/15; KOM (2010) 171 endgültig, S. 20; *Beaumont/Johnston*, IPRax 2010, 105, 107 f.

73 KOM (2009) 174 endgültig, S. 4 (3.1.).

74 *Hess/Bittmann*, IPRax 2007, 277, 278.

75 KOM (2009) 174 endgültig, S. 4 (3.1.).

76 Deutscher Anwaltverein, Stellungnahme zu Entscheidungen in Zivil- und Handelssachen, S. 3; *Hess*, Stellungnahme zum Grünbuch KOM (2009) 175 endg., S. 3.

77 DRB, Stellungnahme zu Entscheidungen in Zivil- und Handelssachen, Frage 1; Deutscher Anwaltverein, Stellungnahme zu Entscheidungen in Zivil- und Handelssachen, S. 3; Österreichische Notariatskammer, Stellungnahme zu Entscheidungen in Zivil- und Handelssachen, Frage 1; *Hess*, Stellungnahme zum Grünbuch KOM (2009) 175 endg., S. 3, Auch die sich für das Exequaturverfahren aussprechenden Stellungnahmen fordern für den Fall des Abschaffens ausreichende Garantien für einen effizienten Rechtsschutz des Beklagten, so etwa der Deutsche Bundesrat, Stellungnahme zu

sich der Erfolg von Rechtsbehelfen aufgrund des *ordre public*-Vorbehaltes eben im Wesentlichen auch auf die Wahrung der Verfahrensrechte des Beklagten.[78] Die Unterschiede im Bereich des materiellen Zivil- und Handelsrechts sind hingegen nicht fundamentaler Natur.[79] Der (materiell-rechtliche) *ordre public*-Vorbehalt führt deshalb nur in Ausnahmefällen zu einer Ablehnung der Vollstreckbarerklärung.[80] Anders stellt sich die Situation hinsichtlich des Rechts auf ein faires Verfahren dar: Der Verstoß gegen den prozessualen *ordre public* bildet praktisch den wichtigsten Anerkennungs-Versagungsgrund.[81]

Hess schlug daher vor, ein vereinfachtes, europäisches Kontrollverfahren in den Vollstreckungsstaaten vorzusehen, das eine nur noch deutlich eingeschränkte Prüfungskompetenz vorsieht: Demnach sollte überprüft werden können, ob die zu vollstreckende Entscheidung mit einem Urteil im Zweitstaat zu vereinbaren ist, das in Einklang mit den Rechtshängigkeitsregeln der Artt. 27 und 30 EuGVVO erlassen wurde und ob ein offensichtlicher Verstoß gegen den *ordre public* vorliegt.[82] Letztere Prüfung setze allerdings voraus, dass der Schuldner sich gegen das anzuerkennende Urteil nicht mehr wehren kann, weil alle Rechtsmittel ausgeschöpft sind oder ein solches nicht vorgesehen ist.[83] Im Übrigen könne auf Basis der Formulare im Anhang zur EuGVVO, die nach dem Modell der EuVTVO ausgebaut werden sollten, jedenfalls für Geldforderungen eine automatische Vollstreckung ohne vorheriges Anerkennungsverfahren erfolgen.[84]

Mit Blick auf den Europäischen Vollstreckungstitel könnte man zusammenfassend formulieren, dass durch die Bestätigung als Europäischer Vollstreckungstitel, dem erststaatlichen Titel für unbestrittene Geldforderungen die unionsweite Vollstreckbarkeit (mit Ausnahme Dänemarks) qua Gemeinschaftsrecht verliehen werde.[85] Doch die EuVTVO sah sich bei ihrer Einführung einer kontroversen Diskussion über den Verzicht auf ein Exequaturverfahren und damit einhergehend den Verzicht auf eine *Ordre-public*-Kontrolle, basierend

---

Entscheidungen in Zivil- und Handelssachen, Frage 1 und die Wirtschaftskammer Österreich, Stellungnahme zu Entscheidungen in Zivil- und Handelssachen, Seite 1.

78 KOM (2009) 174 endgültig, S. 4 (3. 1.).

79 *Hess*, in: Study JLS/C4/2005/03, Rn. 559.

80 KOM (2009) 174 endgültig, S. 4 (3.1.).

81 *Domej*, ecolex 2011, 124.

82 *Hess*, Stellungnahme zum Grünbuch KOM (2009) 175 endg., S. 4.

83 *Hess*, Stellungnahme zum Grünbuch KOM (2009) 175 endg., S. 4.

84 *Hess/Bittmann*, IPRax 2007, 277, 280 f.; *Hess*, Stellungnahme zum Grünbuch KOM (2009) 175 endg., S. 4.

85 *Geimer*, FS Georgiades, S. 490, 494.

auf der Prämisse des uneingeschränkten Vertrauens in die Rechtspflege der Mitgliedsstaaten, ausgesetzt.[86] Bedenken bestanden insbesondere im Hinblick auf die unterschiedlichen Rechts- und Wertungssysteme.[87] Dabei ging es nicht um Zweifel an der Rechtsstaatlichkeit der Verfahren in den einzelnen Mitgliedsstaaten, sondern primär um die veränderte Prozesssituation, die sich aus der großen räumlichen Entfernung und den auftretenden sprachlichen Barrieren ergibt; hinzu kommt, dass mit der Osterweiterung der Gemeinschaft nicht nur die Sprachenvielfalt innerhalb der Gemeinschaft weiter steigt, sondern auch für die neuen Mitgliedsstaaten zunächst Schwierigkeiten im Umgang mit dem komplexen europäischen Verfahrensrecht bestehen dürften.[88]

Diese Bedenken dürften wenige Jahre nach Inkrafttreten der Verordnung kaum ausgeräumt sein. Dennoch sah bereits der im Dezember 2010 vorgelegte Verordnungsentwurf in den Artt. 45, 46 EuGVVO-E eine eingeschränkte Überprüfbarkeit der Entscheidungen, die vollstreckt werden sollen, vor: Während Art. 45 EuGVVO-E die Möglichkeit regeln sollte, sich einer Entscheidung zu erwehren, die ergangen ist, ohne dass zuvor eine Rechtschutzmöglichkeit bestand, sollte Art. 46 EuGVVO-E sicherstellen, dass bei einem Verstoß gegen das Recht auf ein faires Verfahren ein Antrag auf Überprüfung der zu vollstreckenden Entscheidung gestellt werden kann. Mithin soll der materiell-rechtliche *ordre public*-Vorbehalt abgeschafft werden, der prozessuale hingegen nicht.[89]

Im Ergebnis spiegelt sich dieser Ansatz auch in der schließlich erlassenen Neufassung vom 12.12.2012 – dort in den Artt. 45 ff. – wider, die sich von dem Entwurf vom 14.12.2010 insoweit in erster Linie im Bereich der Zuständigkeit unterscheidet.

2. Verbesserungen im Bereich einstweiliger Maßnahmen

Im Bereich des vorläufigen Rechtsschutzes sah die Kommission möglichen Handlungsbedarf aufgrund dessen unterschiedlicher prozessualer Ausgestaltung in den Mitgliedsstaaten, weil dies die gemeinschaftsweite Anerkennung und Vollstreckung einstweiliger Maßnahmen erschwere.[90]

---

86 Statt vieler: *Gerling*, S. 39; krit. insbesondere: *Stadler*, IPRax 2004, 2 ff.; *dies.* RIW 2004, 801 ff.; die Neufassung der EuGVVO stützt sich ausdrücklich auf dieses Argument, vgl. Erwägungsgrund 26, ABl. 2012/L351/4.

87 *Gerling*, S. 39.

88 *Stadler*, IPRax 2004, 2, 7. Die sprachlichen Bedenken haben sich jedoch seit Reform der EuZVO (VO (EG) 1393/2007) relativiert.

89 Vgl. *Hess*, IPRax 2011, 125, 128.

90 KOM (2009) 174 endgültig, S. 9 (3.6.).

Darüber hinaus bestünde möglicher Verbesserungsbedarf im Hinblick auf *ex parte*-Entscheidungen: In Folge der Entscheidung des Europäischen Gerichtshofes in Sachen *Denilauler* sei unklar, ob solche Maßnahmen aufgrund der EuGVVO anerkannt und vollstreckt werden können, die ohne vorherige Anhörung, aber mit Einräumung einer Anfechtungsmöglichkeit des Antragsgegners ergangen seien.[91] Mit Art. 2 lit. a EuGVVO-E (a. E.) sollte diese Streitfrage abschließend zugunsten der Anerkennungsfähigkeit aufgelöst werden: „*Dazu gehören auch Maßnahmen, die angeordnet wurden, ohne dass der Schuldner vorgeladen wurde, und deren Vollstreckung ohne vorherige Zustellung des Vollstreckungsbescheids erfolgen soll, sofern der Schuldner die Möglichkeit hat, die Maßnahme anschließend nach dem Recht des Ursprungsmitgliedstaats anzufechten.*" Von diesem Ziel ist in der am 12.12.2012 tatsächlichen erlassenen Neufassung der EuGVVO nicht viel übrig geblieben. Denn der zuvor zitierte Satz wurde durch nahezu Gegenteiliges ersetzt: „*Hierzu gehören keine einstweiligen Maßnahmen, die von einem solchen Gericht angeordnet wurden, ohne dass der Beklagte vorgeladen wurde, es sei denn, die Entscheidung, welche die Maßnahme enthält, wird ihm vor der Vollstreckung zugestellt.*"

Weiterer Handlungsbedarf wurde im Bereich der Zuständigkeit, und hier insbesondere hinsichtlich der Konkretisierung oder der Einschränkung des durch den Europäischen Gerichtshof in den Entscheidungen *van Uden* und *Mietz* aufgestellten Erfordernisses einer „realen Verknüpfung" zwischen dem Gegenstand der beantragten einstweiligen Maßnahme und der gebietsbezogenen Zuständigkeit des angerufenen Gerichts, festgestellt.[92] Hier ergibt sich eine Einschränkung der Titelfreizügigkeit: So sollen Entscheidungen von in der Hauptsache unzuständigen Gerichten auf der Grundlage des Art. 35 EuGVVO (vormals Art. 31 EuGVVO) nicht mehr grenzüberschreitend vollstreckbar sein.[93]

II. Das Grünbuch zur Transparenz des Schuldnervermögens

Ein zweites Reformvorhaben galt der Identifikation potentiell pfändbarer Vermögenswerte eines Schuldners: Hierzu hat die Kommission mit dem Grünbuch zur Transparenz des Schuldnervermögens einen Diskussionsprozess zur Erleichterung der grenzüberschreitenden Vollstreckung gerichtlicher Entscheidungen

---

91 KOM (2009) 174 endgültig, S. 9 (3.6.).

92 KOM (2009) 174 endgültig, S. 9 (3.6.).

93 *Domej*, ecolex 2011, 124, 126, unter Berufung auf Art. 2 lit. a EuGVVO-E, der ausdrücklich vorsah, dass es sich um eine Anordnung eines in der Hauptsache zuständigen Gerichtes handeln muss sowie den Erwägungsgrund 25 zum VO-Entwurf.

in Gang gesetzt, indem insbesondere für den Gläubiger der EU-weite Zugang zu Auskünften über das Schuldnervermögen erweitert werden soll.[94] Zu diesem Zweck ist ein Handbuch mit praktischen Hinweisen zur Zwangsvollstreckung vorgesehen, das im Internet zur Verfügung gestellt wird.[95] Des Weiteren soll der Zugang der Vollstreckungsbehörden zu sämtlichen nationalen Registern (Handelsregister, Melderegister, Sozialversicherungs- und Steuerregister) in den anderen Mitgliedstaaten ermöglicht und der Informationsaustausch zwischen den mitgliedsstaatlichen Vollstreckungsbehörden verbessert werden.[96] Zudem soll eine europäische Vollstreckungserklärung eingeführt werden, in der der Schuldner Auskunft über sein gesamtes in der Europäischen Union befindliches Vermögen zu erteilen hat.[97] Insgesamt galt dieses Grünbuch daher als weitaus weniger ambitioniert als das Grünbuch zur vorläufigen Kontenpfändung.[98]

1. Die unterschiedliche Ausgangslage in den Mitgliedstaaten

Die Ermittlung des schuldnerischen Vermögens ist in den einzelnen Mitgliedstaaten höchst unterschiedlich ausgestaltet. Teilweise bestehen für den Gläubiger oder das Vollstreckungsorgan weitreichende Möglichkeiten, pfändbare Vermögenswerte, durch den Zugriff auf öffentliche Register, zu ermitteln. Entsprechende Regelungen existieren etwa in Belgien[99], Estland[100], Frankreich[101],

94 KOM (2008) 128 endgültig, S. 3.
95 KOM (2008) 128 endgültig, S. 5 f.
96 KOM (2008) 128 endgültig, S. 6 ff.
97 KOM (2008) 128 endgültig, S. 13 f.
98 *Freitag/Leible*, BB 2009, 2, 6; *Hess*, FS Kropholler, S. 795.
99 *Haut*, InsBüro 2010, 100, 101.
100 Interview mit *Prof. Dr. Vytautas Nekrosius*, Vilnius, 18.04.2008.
101 *Baur/Stürner/Bruns*, Zwangsvollstreckungsrecht, Rn. 59.19: „Bleiben Vollstreckungsversuche des *huissier de justice* erfolglos, kann der Gläubiger beim Oberstaatsanwalt des Tribunal Grande Instance (*Procureur de la République*) die Mitteilung der Angaben zur Anschrift des Schuldners, dessen Arbeitgeber und Banken, bei denen der Schuldner ein Konto unterhält, beantragen, Art. L. 39–41, Art. D. 54. Dieser unternimmt die notwendigen Ermittlungen zur Auffindung von Konten, Wohnsitz oder Arbeitgeber des Schuldners. Gem. Art. L. 40 kommt dem *Procureur de la République* die Befugnis zu, bei staatlichen Stellen, Unternehmen und Banken Nachforschungen anzustellen.“; *Holzapfl*, S. 112; *Mauch*, S. 133; vgl. auch *Kennett*, S. 102 f.

Luxemburg[102], den Niederlanden[103], Österreich[104], Portugal[105], Rumänien[106], Schweden[107] und Spanien[108].[109] Darüber hinaus gibt es in den meisten Mitgliedstaaten eine Schuldnererklärung, wodurch der Schuldner verpflichtet wird, seine Vermögenswerte offen zu legen.[110]

a. Deutschland

Am 18.06.2009 hat der Deutsche Bundestag das Gesetz zur Reform der Sachaufklärung in der Zwangsvollstreckung verabschiedet. Das Gesetz[111] wurde am 29.07.2009 verkündet und gilt grundsätzlich seit dem 1. August 2009. Die zentralen Gesetzesneuerungen sind allerdings erst am 1. Januar 2013 in Kraft getreten[112], da mit ihnen weitreichende organisatorische und technische Änderungen bei den Landesgerichten einhergehen, die zunächst der Umsetzung bedurften. Mit diesem Gesetz wurde die seit 1879 bestehende Struktur des Zwangsvollstreckungsrechts grundlegend verändert.[113]

aa. Vermögenserklärung des Schuldners zu Beginn des Vollstreckungsverfahrens

Während vor der Novellierung eine Erklärung des Schuldners über seine Vermögensverhältnisse erst nach fruchtloser Vollstreckung erfolgen konnte (§ 807 Abs. 1 ZPO a. F.),[114] wurde mit dem Reformgesetz die Möglichkeit geschaffen, eine Vermögenserklärung des Schuldners bereits zu Beginn des Vollstreckungsverfahrens

---

102 *Haut*, InsBüro 2010, 100, 101.
103 *Kennett*, S. 101 f.; *Haut*, InsBüro 2010, 100, 101.
104 *Baur/Stürner/Bruns*, Zwangsvollstreckungsrecht, Rn. 59.146.
105 *Haut*, InsBüro 2010, 100, 101.
106 Europäisches Justizielles Netz – Vollstreckung von Gerichtsentscheidungen – Rumänien, 3.2.
107 *Kennett*, S. 101.
108 Europäisches Justizielles Netz – Vollstreckung von Gerichtsentscheidungen – Spanien, 3.1.
109 Zum Ganzen: *Hess*, NJW 2004, 2350, 2351.
110 Rauscher/*Wiedemann*, Europäisches Zivilprozess- und Kollisionsrecht, EU-KPfVO, Art. 14 Rn. 2.
111 BGBl. 2009 I, S. 2258.
112 Vgl. Art. 6 S. 2 des Gesetzes vom 29.07.2009.
113 *Fischer*, DGVZ 2010, 113,114; *Hess*, JZ 2009, 662, 664.
114 Ein Überblick über die daran geübte Kritik findet sich bei *Gaul*, ZZP 108 (1995), 3, 41.

zu verlangen (§ 802c ZPO).[115] Diese Vermögensauskunft kann der Vollstreckungsgläubiger vor Einleitung der jeweiligen Vollstreckungsmaßnahme direkt vom Vollstreckungsschuldner einfordern, was die Informationsbeschaffung des Gläubigers erheblich verbessert. Sofern der Vollstreckungsschuldner dieser Auskunftspflicht nicht nachkommt oder diese aller Voraussicht nach unergiebig sein wird, stehen dem Gerichtsvollzieher künftig weitreichende Auskunftsrechte gegenüber Dritten zur Verfügung.

Diese Voranstellung der Vermögensauskunft stieß aus rechtsstaatlicher Sicht auf Bedenken, wenn man bedenkt, dass die Neuregelung ermöglicht, eine sofortige Vermögensauskunft zu erzwingen: Beantragt der Vollstreckungsgläubiger als erste Maßnahme die Vermögensauskunft und kommt der Schuldner dem nicht nach, so drohen ihm Haft bis zu sechs Monaten (vgl. § 913 ZPO a. F. und § 802j ZPO). Das Bundesverfassungsgericht[116] hat die Verfassungsmäßigkeit der Erzwingungshaft zur Abgabe der eidesstattlichen Versicherung (§ 901 ZPO a. F.) bejaht, weil der Schuldner durch Abgabe der eidesstattlichen Versicherung die Zwangsmaßnahmen sofort abwenden könne. Gleiches muss dementsprechend auch für die Erzwingung der Vermögensauskunft zu Beginn des Vollstreckungsverfahrens gelten.[117] Die Neuregelung ist damit verfassungsgemäß.

bb. Auskunftsrechte des Gerichtsvollziehers

Der Gerichtsvollzieher wird zum zentralen Organ der Zwangsvollstreckung: Neben der Zuständigkeit für die Abnahme der schuldnerischen Vermögenserklärung werden dem Gerichtsvollzieher durch das Reformgesetz umfassende Informationsbefugnisse eingeräumt.[118] Hervorzuheben ist in diesem Zusammenhang der Zugriff auf die Daten der Sozialversicherungsträger, des Bundeszentralamts für Steuern und des Kraftfahrzeugbundesamtes.[119] Der Gerichtsvollzieher

---

115 *Schilken*, Rpfleger 2006, 629, 630. Ähnlich verhält es sich im englischen Recht. Danach kann der Gläubiger den Schuldner bereits vor Beginn der Vollstreckung zur gerichtlichen Vernehmung über sein Vermögen laden lassen, vgl. *Baur/Stürner/Bruns*, Zwangsvollstreckungsrecht, Rn. 59.47.

116 BVerfGE 61, 126 ff.

117 So auch *Fischer*, DGVZ 2010, 113, 120.

118 *Fischer*, DGVZ 2010, 113, 115; *Schilken*, RPfleger 2006, 629, 633; *Hess*, JZ 2009, 662, 664.

119 Vgl. § 802l Abs. 1 Nr. 1–3 ZPO. Der Zugriff auf Daten der Sozialversicherungsträger (Nr. 1) soll nach dem Willen des Gesetzgebers die Ermittlung des Arbeitgebers des Schuldners und damit eine Lohnpfändung ermöglichen, vgl. BTDr. 16/10069, S. 32. Über das Bundeszentralamt für Steuern (Nr. 2) soll der Gerichtsvollzieher die

ist berechtigt, von diesen Stellen Informationen einzuholen, wenn der Schuldner seiner Verpflichtung zur Abgabe einer Vermögenserklärung nicht nachkommt oder bei der Vollstreckung in die darin bezeichneten Vermögenswerte nicht mit einer Befriedigung der Gläubiger zu rechnen ist. Mit dieser Einschränkung wollte der Gesetzgeber dem Recht des Schuldners auf informationelle Selbstbestimmung (Art. 2 Abs. 1 i. V. m. Art. 1 Abs. 1 GG) Rechnung tragen.[120] Denn die mit den Drittauskünften einhergehenden Gefahren sind nicht zu unterschätzen. So kann sich eine an den Arbeitgeber des Vollstreckungsschuldners gerichtete Anfrage mitunter negativ auf das Beschäftigungsverhältnis auswirken.[121]

Gemäß § 802l Abs. 2 ZPO hat der Gerichtsvollzieher Daten, die für die Zwecke der Vollstreckung nicht erforderlich sind, unverzüglich zu löschen. Zudem ist die Löschung zu protokollieren. Mit diesem, auf Veranlassung des Rechtsausschusses in seiner Beschlussempfehlung vom 17.06.2009 eingebrachten Absatz 2 soll den Grundsätzen des Datenschutzes Rechnung getragen werden.[122] Als Beispiel wird der Fall genannt, dass der Gerichtsvollzieher im Rahmen der Anfrage beim Bundeszentralamt für Steuern gemäß § 802l Abs. 1 Nr. 2 ZPO Daten über bereits gelöschte Konten des Schuldners erhält. Der Gerichtsvollzieher darf diese Daten weder verwerten noch an den Schuldner weiterleiten; er muss sie unverzüglich löschen.

Für die Informationsgewinnung durch den Gerichtsvollzieher bestand bis zum 26.11.2016[123] die Einschränkung, dass die Auskunft der genannten Stellen gemäß § 802l Abs. 1 S. 2 ZPO a. F. nur dann angefordert werden durfte, wenn die zu vollstreckende Hauptforderung mindestens EUR 500,00 betrug.[124] In der

---

Möglichkeit erhalten, Konten und Depots des Schuldners zu ermitteln, um deren Pfändung zu ermöglichen, vgl. BTDr. 16/10069, S. 32 f. Schließlich sollen mit der Einführung des § 802l Abs. 1 Nr. 3 ZPO n. F. die bislang schon für die Vollstreckung öffentlich-rechtlicher Ansprüche zugänglichen Daten (§ 39 Abs. 3 S. 1 Nr. 1 lit. a StVG) auch für die Vollstreckung aufgrund privatrechtlicher Titel nutzbar gemacht werden, vgl. BTDr. 16/10069, S. 33.

120 BTDr. 16/10069, S. 31.

121 Vgl. auch *Fischer*, DGVZ 2010, 113, 115.

122 BTDr. 16/13432, S. 45.

123 § 802l Abs. 1 S. 2 ZPO wurde durch das Gesetz zur Durchführung der VO (EU) Nr. 655/2014 sowie zur Änderung sonstiger zivilprozessualer, grundbuchrechtlicher und vermögensrechtlicher Vorschriften und zur Änderung der Justizbeitreibungsordnung vom 21.11.2016 (BGBl. I S. 2591) neu gefasst.

124 Anders schon bis dahin für die Abgabe der Vermögensauskunft nach Pfändungsversuch, vgl. (noch zur alten Rechtslage) LG Düsseldorf, JurBüro 1997, 324; Musielak/*Lackmann*, ZPO, § 807 Rn. 7.

Literatur wurde diese Einschränkung teilweise deutlich kritisiert.[125] Innerhalb des Regierungsentwurfs wurde dieses Erfordernis damit begründet, dass unterhalb dieses Schwellenwertes das Interesse des Schuldners am Schutz seiner Daten das Interesse des Gläubigers an der Vollstreckung seiner Geldforderung überwiege.[126] Zu überzeugen vermochte diese Begründung nicht. Mit den gleichen Argumenten hätte sich eine deutlich eingeschränkte Offenbarungspflicht des Schuldners im Rahmen der Abgabe der Vermögenserklärung vertreten lassen.

Außerdem hätte man vor diesem Hintergrund auch die Zulässigkeit der Zwangsvollstreckung bei „Bagatell-Forderungen" infrage stellen können. Dogmatischer Anknüpfungspunkt für diese Diskussion war die Frage nach dem Rechtsschutzbedürfnis des Gläubigers. Dies ist nach herrschender Meinung auch dann nicht zu verneinen, wenn der Gläubiger nur wegen einer Minimalforderung die Zwangsvollstreckung beantragt.[127] Insbesondere Vollstreckungsgläubiger kleinerer Forderungen, wie zum Beispiel Handwerker oder Kleingewerbetreibende, wären ansonsten benachteiligt.[128]

Letztlich führte diese Regelung des § 802l Abs. 1 S. 2 ZPO a. F. auch im europäischen Kontext zu einem Kuriosum: Während mit der Einführung der Bagatell-VO[129] die prozessuale Durchsetzung „geringfügiger"[130] Forderungen im grenzüberschreitenden Bereich deutlich vereinfacht wurde, erschwerte der deutsche Gesetzgeber die spätere Durchsetzung dieser Ansprüche durch Einführung von Mindestwerten: Denn einerseits wurde die Durchsetzung eines in einem anderen Mitgliedstaat titulierten Anspruchs (bis € 2.000,00) erleichtert, andererseits war die Sachaufklärung nach deutschem Recht nur eingeschränkt möglich, wenn der Anspruch € 500,00 nicht überstieg.

---

125 Insoweit kritisch: *Fischer*, DGVZ 2010, 113, 115; *Schilken*, RPfleger 2006, 629, 637; *Hess/Vollkommer*, FS Vollkommer, S. 349, 355 f.

126 BTDr. 16/10069, S. 33.

127 *Brox/Walker*, Zwangsvollstreckungsrecht, Rn. 28; MK-ZPO/*Heßler*, § 753 Rn. 51; Musielak/*Lackmann*, ZPO, § 753 Rn. 13; *Baur/Stürner/Bruns*, Zwangsvollstreckungsrecht, Rn. 2.6.

128 Vgl. auch *Fischer*, DGVZ 2010, 113, 116.

129 Die Bagatell-VO (Verordnung (EG) Nr. 861/2007 des Europäischen Parlaments und des Rates vom 11. Juli 2007 zur Einführung eines europäischen Verfahrens für geringfügige Forderungen) ist gemäß ihrem Art. 29 mit Wirkung zum 1. August 2007 in Kraft getreten. Mit ihr entsteht erstmals ein – wenn auch für dem Wert nach begrenzte Streitigkeiten – einheitliches europäisches Verfahren, vgl. ausführlich dazu: *Mayer/Lindemann/Haibach*.

130 Der Schwellenwert, bis zu dem eine Forderung „geringfügig" i. S. d. Bagatell-VO ist, beträgt € 2.000,00.

Aus diesen Gründen war es nachvollziehbar, dass der Gesetzgeber – nach nur kurzer Geltungsdauer – den § 802l Abs. 1 S. 2 ZPO modifizierte und die starre Regelung mit Wertuntergrenze durch eine dem Verhältnismäßigkeitsgrundsatz folgende Prüfung der Erforderlichkeit ersetzt hat.

cc. Zentrales Schuldnerverzeichnis

Ein weiteres Anliegen der Sachaufklärungsnovelle war die Modernisierung des Schuldnerverzeichnisses.[131] Dieses soll zukünftig als landesweites Zentralregister geführt werden, auf das gemäß § 882h Abs. 2 ZPO per Internet über eine länderübergreifende Abfrage zugegriffen werden kann. Um die Vollstreckungsgerichte – und damit insbesondere die Vollstreckungsrichter und Rechtspfleger – von ihrer bisherigen Aufgabe, das Schuldnerverzeichnis zu verwalten, zu entlasten, bestimmt § 882h Abs. 1 Satz 1 ZPO, dass diese Aufgabe zukünftig in jedem Bundesland von einem zentralen Vollstreckungsgericht übernommen wird. Voraussetzung einer Eintragung in das Schuldnerverzeichnis ist nunmehr nach § 882c Abs. 1 ZPO, dass der Schuldner seiner Auskunftspflicht nicht oder nicht ausreichend nachkommt oder die Zwangsvollstreckung erfolglos verlaufen ist. Die Abgabe einer eidesstattlichen Versicherung nach § 807 ZPO a. F. oder die Haftanordnung nach § 901 ZPO a. F. sind insoweit nicht mehr maßgeblich. Einschränkend ist allerdings zu beachten, dass die in dem Schuldnerverzeichnis gespeicherten Daten gemäß § 882f S. 2 ZPO nur zu dem Zweck verwendet werden dürfen, zu dem sie eingeholt wurden.

dd. Exkurs: Keine Kompetenzverlagerung für die Forderungspfändung

Entgegen vorangegangenen Erwägungen ist es nicht Gegenstand der Sachaufklärungsnovelle, die Forderungspfändung (§§ 828 ff. ZPO) auf den Gerichtsvollzieher zu übertragen. Grund dafür könnte die nicht mehr zeitgemäße Ausbildung des Gerichtsvollziehers sein, die bisher nicht akademisch ausgestaltet ist und daher den wachsenden Berufsanforderungen nicht gerecht wird. Eine hochschulmäßige Gerichtsvollzieherausbildung, die ihren Schwerpunkt auf das Verfahrensrecht setzt, könnte Rechtspolitik und Rechtspraxis dazu bewegen, den Kompetenzrahmen des Gerichtsvollziehers zu erweitern und dieser Berufsgruppe auch das durchaus komplexe Aufgabenfeld der Forderungspfändung zu übertragen.[132]

---

131 Vgl. auch *Fischer*, DGVZ 2010, 113, 117.

132 Vgl. auch *Fischer*, DGVZ 2010, 113, 122.

ee. Zusammenfassung

Zusammenfassend ist zu konstatieren, dass mit der Neuregelung und den damit eingeführten Auskunftsbefugnissen des Gerichtsvollziehers eine deutliche Effektuierung der Zwangsvollstreckung einhergeht.[133] Nicht zu überzeugen vermag hingegen das Stufenverhältnis zwischen der Selbstauskunft des Schuldners und der Informationsgewinnung bei den in § 802l ZPO bezeichneten Stellen: Der Schutz des Rechts des Schuldners auf informationelle Selbstbestimmung muss in diesem Verfahrensstadium hinter dem berechtigten Interesse des Gläubigers an einer effektiven Vollstreckung zurückbleiben. Dem redlichen Schuldner bleibt die Möglichkeit, die Zwangsvollstreckung gänzlich abzuwenden, indem er freiwillig bezahlt oder, sofern er dazu wirtschaftlich nicht in der Lage ist, im Dialog mit dem Gläubiger eine Ratenzahlungsvereinbarung zu treffen. Einem unredlichen Schuldner wird durch das Stufenverhältnis hingegen eine zusätzliche Zeitspanne (von wenigstens zwei Wochen) gewährt, während der er Vermögen beiseiteschaffen kann. Gerade dies gilt es jedoch zu verhindern.

Deshalb hätte der Gesetzgeber gut daran getan, die Auskunftsbefugnisse des Gerichtsvollziehers zeitlich parallel zur Vermögenserklärung des Schuldners zuzulassen.

b. Litauen

Zentrales Organ der litauischen Zwangsvollstreckung ist seit der Reform des Vollstreckungsrechts der Gerichtsvollzieher.[134] Ihm stehen weitreichende Befugnisse zur Ermittlung des schuldnerischen Vermögens zur Verfügung: In Litauen werden gemäß Art. 689 Abs. 1 lit. CPK sämtliche inländische Banken durch den Gerichtsvollzieher zur Auskunftserteilung aufgefordert, ob und falls ja, in welcher Höhe der Schuldner dort ein Bankguthaben unterhält.[135] Darüber hinaus haben die Gerichtsvollzieher Zugriff auf sämtliche Daten, die bei dem *Teisinės*

133 Im Ergebnis ebenso: *Hess/Vollkommer,* FS Vollkommer, S. 349, 354.

134 Interview mit *Prof. Dr. Vytautas Nekrosius, Vilnius,* 15.04.2008; Die Gerichtsvollzieher in Litauen sind privatrechtlich organisiert und auf eigene Rechnung tätig. Art. 4 Abs. 1 des litauischen Gerichtsvollziehergesetzes sieht vor, dass jeder Gerichtsvollzieher ein rechtswissenschaftliches Studium abgeschlossen haben muss. Vgl. auch Nekrosius/Vebraile in: Kengyel/Harsági, S. 133 ff.

135 Interview mit *Prof. Dr. Vytautas Nekrosius, Vilnius, 15.04.2008*; Europäisches Justizielles Netz – Vollstreckung von Gerichtsentscheidungen – Litauen, 3.2.

informaujos centrus, einem seit 2008 dem Justizministerium angegliederten zentralen Registerzentrum, verwaltet werden.[136]

c. Polen

Nach polnischem Verfahrensrecht obliegt es zunächst dem Gläubiger, die zu pfändenden Vermögensmassen zu bezeichnen.[137] Allerdings hat er seit Einführung des Art. 797 ZVGB[138] die Möglichkeit, den Gerichtsvollzieher[139] damit zu beauftragen, nach Vermögen des Schuldners zu suchen. Voraussetzung dafür ist das Vorliegen einer vollstreckbaren Ausfertigung.[140] Die Vollstreckung selbst muss er hingegen weder zuvor eingeleitet haben, noch gleichzeitig mit der Beauftragung beantragen. Zudem wurden im Rahmen der Reform des Zwangsvollstreckungsrechts im Jahre 2005 die Möglichkeiten des Gerichtsvollziehers, Informationen von Dritten zu erlangen, deutlich erweitert: So müssen gemäß Art. 2 Abs. 5 des Gesetzes über die Gerichtsvollzieher und Vollstreckung die Organe der öffentlichen Verwaltung, die Rentenversicherungsträger, die Steuerbehörden, die Banken und genossenschaftlichen Geldinstitute auf schriftliches Verlangen des Gerichtsvollziehers diesem die für die Zwangsvollstreckung notwendigen Informationen erteilen.[141] Die Auskunftspflicht der Banken wird in Art. 105 Abs. 1 S. 2 des Bankengesetzes konkretisiert und eine ausdrückliche Verpflichtung der Kreditinstitute zur Auskunftserteilung gegenüber dem Gerichtsvollzieher statuiert. Kommen die Banken dieser Pflicht nicht nach, haften

---

136 Interview mit der Geschäftsführerin der litauischen Gerichtsvollzieherkammer, *Frau Asta Astrauskienė*, Vilnius, 16.04.2008.

137 Vgl. Art. 761 Abs. 2 poln. ZVGB.

138 Diese Vorschrift wurde erst im Rahmen einer umfassenden Neugestaltung des Zwangsvollstreckungsrechts im Jahr 2005 eingeführt, vgl. Interview mit *Prof. Dr. Karol Weitz*, Warschau.

139 Der Gerichtsvollzieher ist im polnischen Recht das zentrale Vollstreckungsorgan, vgl. *Lubiński*, DGVZ 2003, 50, 51 ff. Gemäß Art. 10 Abs. 1 S. 6 des Gesetzes über die Gerichtsvollzieher und die Vollstreckung müssen Gerichtsvollzieher Volljuristen sein, vgl. auch *Lubiński*, DGVZ 2000, 145, 146. Seit dem 1. Januar 2002 sind die Gerichtsvollzieher in Polen privatrechtlich und auf eigene Rechnung (vergleichbar den Notaren) tätig. Problematisch ist, dass bislang in ganz Polen lediglich ca. 600 Gerichtsvollzieher zugelassen sind, vgl. Interview mit *Prof. Dr. Karol Weitz*, Warschau, 24.07.2008.

140 Europäisches Justizielles Netz – Vollstreckung von Gerichtsentscheidungen – Polen, 2.1.

141 Interview mit *Prof. Dr. Karol Weitz*, Warschau, 24.07.2008; vgl. auch: *Weitz* in: Kengyel/Harsági, S. 181, 187 (Fn. 15).

sie dem Gläubiger gegenüber zivilrechtlich für daraus entstandene Schäden.[142] In Anbetracht dessen, dass der Gerichtsvollzieher umfassenden Zugriff auf die Daten des Schuldners nehmen kann, wird in der polnischen Rechtswissenschaft eine lebhafte Diskussion darüber geführt, wie die Belange des Datenschutzes stärker Berücksichtigung finden könnten.[143]

Eine Vermögensoffenbarung durch den Schuldner selbst ist gemäß Art. 913 ZVGB nur als letztes Mittel zulässig: Sie setzt voraus, dass die Pfändung erfolglos verlief (Art. 913 Abs. 1 ZVGB) oder dass der Gläubiger glaubhaft macht, keine volle Befriedigung aus dem ihm bekannten Vermögen des Schuldners zu erlangen (Art. 913 Abs. 2 ZVGB).[144]

d. Ungarn

Das ungarische Recht sieht in § 6 Abs. 3 uZVGB vor, dass sowohl Gericht als auch Gerichtsvollzieher von der Steuerbehörde die Angabe des Bankkontos des Schuldners verlangen können, sofern ein vorheriger *Promptinkassoauftrag* nicht zur Befriedigung des Gläubigers führte.[145] Darüber hinaus ermöglicht das ungarische Zwangsvollstreckungsrecht dem Gerichtsvollzieher durch § 47 ZVGB, bei Behörden und anderen Institutionen Informationen über das Schuldnervermögen anzufordern. So sind u. a. die Finanzbehörden und Grundbuchämter zur Auskunft verpflichtet; Banken müssen die ihnen über den Schuldner vorliegenden Informationen offenlegen.[146] Eine Selbstauskunft bzw. eine Vermögenserklärung des Schuldners ist nach ungarischem Recht hingegen nicht vorgesehen.[147]

142 Europäisches Justizielles Netz – Vollstreckung von Gerichtsentscheidungen – Polen, 3.2.

143 Interview mit *Prof. Dr. Karol Weitz*, Warschau, 24.07.2008.

144 Interview mit *Prof. Dr. Karol Weitz*, Warschau, 24.07.2008.

145 *Kengyel*, in Storme: Procedural Laws in Europe, S. 113, 115.

146 Europäisches Justizielles Netz – Vollstreckung von Gerichtsentscheidungen – Ungarn, 3.2; Harsági/Heredi/Kiraly/Kengyel in: Kengyel/Harsági, S. 239, 245.

147 Interview mit *Prof. Dr. Miklós Kengyel*, Budapest, 25.09.2008; Ähnlich verhält es sich im spanischen Recht. Auch hier ist die Aufdeckung der Vermögenslage durch den Schuldner selbst grundsätzlich nicht vorgesehen, vgl. *Baur/Stürner/Bruns*, Zwangsvollstreckungsrecht, Rn. 59.84.

2. *Reaktionen auf das Grünbuch*

Das Grünbuch hat im Rahmen des Konsultationsprozesses grundsätzlich weitgehende Zustimmung erfahren.[148] Allerdings wurden auch kritische Stimmen laut, die insbesondere im Hinblick auf den Datenschutz teilweise erhebliche Bedenken anmeldeten. Insbesondere der erleichtere Zugang zum Sozialversicherungs- und Steuerregister sowie die Abgabe einer europäischen Vollstreckungserklärung würden zu einer erheblichen Missbrauchsgefahr und damit zu einer nicht hinnehmbaren Absenkung des Datenschutzniveaus führen.[149] So sei es zum Beispiel möglich, anhand der im Sozialversicherungs- und Steuerregister enthaltenen Informationen ein genaues Bürgerprofil zu erstellen.[150] Die Abgabe einer Vermögenserklärung könne zu verheerenden Folgen für die Bonität des Schuldners führen, wenn er aufgrund dieser Erklärung als nicht mehr leistungsfähig eingestuft würde.[151] Zudem bestünde die Gefahr, dass Nicht-Zugriffsberechtigte oder drittinteressierte Behörden die Daten zu anderen Zwecken verwenden. Im Hinblick auf die Einhaltung der datenschutzrechtlichen Vorschriften weise das Grünbuch noch Lücken auf. Von der Einführung der europäischen Vollstreckungserklärung solle daher nach Ansicht Einzelner ganz abgesehen werden.[152]

3. *Ausblick für eine europäische Regelung zur höheren Transparenz des Schuldnervermögens*

Zum gegenwärtigen Zeitpunkt scheinen baldige, signifikante Fortschritte im Bereich der Transparenz des Schuldnervermögens auf europäischer Ebene zweifelhaft. Dies liegt insbesondere an den unterschiedlichen Strukturen des Vollstreckungsbetriebs in den Mitgliedstaaten, die einen wechselseitigen Zugriff auf vorhandene oder noch zu errichtende öffentliche Register ausschließen.[153]

---

148 Bundesverband Deutscher Inkasso-Unternehmen e. V., Stellungnahme zur Transparenz des Schuldnervermögens, Frage 1, Deutscher Anwaltverein, Stellungnahme zur Transparenz des Schuldnervermögens, Frage 1; DRB, Stellungnahmen zur Transparenz des Schuldnervermögens, Frage 1.

149 Bundesrat, Stellungnahme zur Transparenz des Schuldnervermögens, Ziffer 5; Europäischer Wirtschafts- und Sozialausschuss – Stellungnahme zur Transparenz des Schuldnervermögens, Ziffer 5.5; Dyckmans, S. 2.

150 vzbv – Stellungnahme zur Transparenz des Schuldnervermögens, S. 6.

151 vzbv – Stellungnahme zur Transparenz des Schuldnervermögens, S. 9.

152 vzbv – Stellungnahme zur Transparenz des Schuldnervermögens, S. 10.

153 *Hess*, NJW 2004, 2350 (Fn. 40); vgl. auch: *Harsági* in Kengyel/Harsági, S. 369, 372.

Ob die von *Hess* propagierte Europäische Schuldnererklärung, die der Schuldner zu Beginn der Vollstreckung leisten müsste,[154] den gewünschten Erfolg einer Effektuierung der Zwangsvollstreckung ermöglicht, darf bezweifelt werden.[155] Denn die Gefahr, dass der Schuldner Vermögenswerte verheimlicht und die Schuldnererklärung als Warnung vor der bevorstehenden Vollstreckung, unter Umständen gar als Ansporn, Vermögenswerte beiseitezuschaffen, versteht, ist – trotz aller drohenden Sanktionen – nicht von der Hand zu weisen. Deutlich effektiver wäre der Aufbau grenzüberschreitend zugänglicher Register. Dabei handelt es sich jedoch um ein langfristiges Ziel,[156] das in seiner Grundstruktur mit dem Aufbau der elektronischen Handelsregister vergleichbar sein dürfte. Im Ergebnis erscheint es allerdings fragwürdig, ob und inwieweit der „gläserne Vollstreckungsschuldner" tatsächlich anzustreben ist. Es ist insbesondere kritisch zu hinterfragen, ob derartige Zentralregister überhaupt auf Basis einer europarechtlichen Regelung errichtet werden dürften. Die besseren Argumente sprechen sicherlich dagegen. In jedem Fall setzt die Europäische Richtlinie über den Datenschutz[157] ihm enge Grenzen.

Noch im Rahmen des Aktionsplans zur Umsetzung des Stockholmer Programms wurde ein konkreter Regelungsvorschlag für das Jahr 2013 avisiert.[158] Tatsächlich umgesetzt wurde ein solches Verfahren jedoch bis heute nicht. Dies dürfte insbesondere darauf zurückzuführen sein, dass zentrales Element des Vorschlags eine einheitliche Europäische Vermögenserklärung sein sollte, deren Erfolg maßgeblich von flankierenden Sanktionsmöglichkeiten (etwa Zwangsgeld, Zwangshaft oder strafrechtliche Konsequenzen) abhängig wäre, für die eine entsprechende Regelungskompetenz der Europäischen Union fehlt.[159]

Die Kontenpfändungsverordnung enthält lediglich in Art. 14 EuKPfVO eine Regelung, die Möglichkeiten vorsieht, Teile des schuldnerischen Vermögens – nämlich Bankkonten – aufzuspüren. Von einer echten Stärkung der Sachaufklärung im Zwangsvollstreckungsverfahren kann insoweit allerdings kaum gesprochen werden.

---

154 *Hess*, Study JAI/A3/02/2002 – General Report, S. 54 ff.

155 A. A. *Bruns*, ZEuP 2010, 809, 826 f.

156 Im Ergebnis ebenso: *Harsági* in Kengyel/Harsági, S. 369, 370.

157 Richtlinie 95/46/EG des Europäischen Parlaments und des Rates vom 24.10.1995 zum Schutz natürlicher Personen bei der Verarbeitung personenbezogener Daten und zum freien Datenverkehr, Amtsblatt Nr. L 281 vom 23.11.1995 S. 31–50.

158 KOM (2010) 171 endgültig, S. 26; vgl. auch *Hau*, GPR 2010, 246, 250.

159 Rauscher/*Wiedemann*, Europäisches Zivilprozess- und Kollisionsrecht, EU-KPfVO, Art. 14 Rn. 3.

III. Die Richtlinie über die Vergleichbarkeit von Zahlungskontoentgelten, den Wechsel von Zahlungskonten und den Zugang zu Zahlungskonten mit grundlegenden Funktionen

Mit der Richtlinie über die Vergleichbarkeit von Zahlungskontoentgelten, den Wechsel von Zahlungskonten und den Zugang zu Zahlungskonten mit grundlegenden Funktionen vom 23.07.2014[160] haben das Europäische Parlament und der Rat der Europäischen Union neben verschiedenen Regelungen zur Transparenz im Bankdienstleistungssektor im Interesse der Verbraucher den Mitgliedsstaaten insbesondere auferlegt, einen Rechtsanspruch auf ein Girokonto mit grundlegenden Funktionen zu schaffen.

Hervorzuheben ist in diesem Zusammenhang Erwägungsgrund 44, wonach *„Verbrauchern (...) der Zugang zu einer Reihe grundlegender Zahlungsdienste garantiert werden (sollte). Die mit einem Zahlungskonto mit grundlegenden Funktionen verbundenen Dienste sollten die Möglichkeit der Einzahlung von Geldbeträgen und der Abhebung von Bargeld vorsehen. Die Verbraucher sollten wesentliche Zahlungsvorgänge wie den Erhalt von Löhnen bzw. Gehältern oder sonstigen Leistungen, die Bezahlung von Rechnungen oder Steuern sowie den Erwerb von Waren und Dienstleistungen, unter anderem im Wege von Lastschriften, Überweisungen oder mit einer Zahlungskarte, abwickeln können."* Die entsprechenden Regelungen zu diesem Konten*zugang* finden sich im vierten Kapitel, in den Artt. 15–20 der Richtlinie.

An dieser Stelle erstaunt es, dass zwar der *Zugang*, nicht aber der dauerhafte (Funktions-)*Erhalt* des Zahlungskontos mit grundlegender Funktion – in Form von Schuldnerschutzvorschriften – geregelt wurde.

D. Zielsetzung dieser Arbeit

Die Idee zu dieser Arbeit entstand nach der Veröffentlichung des Grünbuchs. Insofern wurden auch die wesentlichen Untersuchungen noch vor Veröffentlichung des Kommissionsvorschlages und vor der Reform der EuGVVO angestellt. In der Folgezeit wurde diese Arbeit dann immer wieder modifiziert und auf die verabschiedeten bzw. in Kraft getretenen Verordnungen angepasst.

Die Hess-Studie widmete sich den zum Zeitpunkt ihrer Fertigstellung fünfzehn Mitgliedstaaten. Seither ist die Europäische Union erheblich gewachsen. In einer ersten Phase der großen Osterweiterung traten mit Wirkung zum 01.05.2004 zehn Staaten, namentlich Estland, Lettland, Litauen, Malta, Polen,

---

160 Vgl. ABl. EU 2014 L 257/215.

Slowakei, Slowenien, Tschechien, Ungarn und Zypern, der Union bei. Mit den zum 01.01.2007 hinzugekommenen Ländern Bulgarien und Rumänien sowie dem in 2013 beigetretenen Kroatien wurde die heute 28 Mitgliedstaaten zählende Europäische Union vorerst komplettiert. Weitere Beitrittskandidaten, wie etwa Serbien oder Montenegro, könnten mittelfristig folgen.

Vor diesem Hintergrund konnten einerseits die Ergebnisse der Hess-Studie in diese Arbeit einfließen. Andererseits wurde – exemplarisch für die zehn „neuen" Mitgliedstaaten – das Zwangsvollstreckungsrecht Litauens, Polens und Ungarns durch eigene Recherchen untersucht. Dabei wurde deutlich, dass der Zugriff auf Gesetzestexte und einschlägige Literatur für einen ausländischen Betrachter nur schwerlich möglich ist, da offizielle Übersetzungen kaum existieren, geschweige denn zugänglich sind.

Auch der von der Europäischen Kommission veröffentlichte Justizatlas hilft insoweit kaum weiter. Zwar enthält er in einer Vielzahl an Sprachen unter der Rubrik „Vollstreckung von Gerichtsurteilen" für die überwiegende Zahl der Mitgliedstaaten Informationen zum jeweils nationalen Vollstreckungsrecht,[161] und in der Regel finden sich auch Informationen dazu, was nach nationalem Verständnis unter Vollstreckung in Zivil- und Handelssachen zu verstehen ist, welche Voraussetzungen für die Vollstreckung erforderlich sind, zu Gegenstand und Art der Vollstreckungsmaßnahmen sowie zu der Frage, welche Rechtsmittel möglich sind. Den Dokumenten sind allerdings in der Regel keine Angaben zur örtlichen Zuständigkeit zu entnehmen.[162] Lediglich die funktionale Zuständigkeit im Bereich der Vollstreckung allgemein wird in der überwiegenden Zahl der Dokumente dargestellt.[163] Darüber hinaus bleibt für den Gläubiger – sofern überhaupt Ausführungen zur Forderungspfändung enthalten sind – bei der Lektüre des Justizatlas unklar, wie er die Forderungspfändung betreiben soll:[164] Die funktionale Zuständigkeit für Forderungspfändungen geht aus den einzelnen Länderdokumenten in der Regel nicht hervor. Die einschlägigen nationalen Gesetze sind in den Länderdokumenten nicht enthalten, lediglich vereinzelt finden sich Verweise auf Gesetzestexte, dann aber zumeist nur auf die Gebührenordnung der Gerichtsvollzieher[165]. Ebenfalls nur rudimentär beschrieben sind in den

161 Keine Informationen bzw. nur Informationen in der Landessprache finden sich für die Mitgliedstaaten Zypern, Luxemburg, Bulgarien und Estland.

162 Eindeutig lediglich Ungarn, Schweden, Spanien.

163 So in den Länderdokumenten Finnland, Schweden.

164 So zum Beispiel im Länderdokument Niederlande, Schweden, Spanien, Belgien, England und Wales, Rumänien.

165 So z. B. in Belgien.

einzelnen Länderdokumenten die jeweils nationalen Möglichkeiten zum Auffinden des Schuldnervermögens. Einige Länderdokumente beschränken sich dabei auf die Auskunftspflichten von Banken[166], andere behandeln die Auskunftspflicht von privaten und öffentlichen Personen allgemein[167].

Daher resultieren wesentliche Erkenntnisse aus Reisen in die Mitgliedstaaten und vor Ort geführten Interviews. Einem ähnlichen Ansatz folgt die im Jahr 2011 veröffentlichte Studie der CSES,[168] die ebenfalls berücksichtigt wurde.

Damit wird bereits an dieser Stelle ein wesentliches Problem des Gläubigers deutlich, der seine Forderungen in einem anderen Mitgliedstaat beitreiben will: Sprachbarrieren und fehlender Zugang zum nationalen Recht verhindern eine effektive Rechtsdurchsetzung.[169]

Mit dieser Arbeit werden deshalb letztlich zweierlei Ziele verfolgt: Einerseits soll die Rechtslage zur vorläufigen Kontenpfändung in den Mitgliedstaaten beleuchtet werden, um Gemeinsamkeiten und Unterschiede herauszuarbeiten.

Andererseits sollen bestehende und geplante Regelungen auf europäischer Ebene analysiert werden, um die nun in Kraft getretene Kontenpfändungsverordnung zu bewerten, aber auch die Möglichkeiten zur Effektuierung der grenzüberschreitenden vorläufigen Kontenpfändung zu eruieren. Als Alternativüberlegung wurde – anders als dem Ansatz der Kommission zu folgen – untersucht, ob und falls ja in welcher Form sich ein europäisches Verfahren zur vorläufigen Kontenpfändung in das bestehende Regelungsgefüge der EuGVVO einfügen könnte. Daran schließen sich Überlegungen an, welche neuen Regelungen sinnvoll und erforderlich sind, um ein solches Verfahren bestmöglich zu gestalten.

Bislang basierten die Bestrebungen, ein europäisches Verfahren zur vorläufigen Kontenpfändung zu schaffen, primär auf dem Gedanken, der effizienteren Vollstreckung. Mit dieser Arbeit wird das Ziel verfolgt, auf Basis der bestehenden Regelungen innerhalb der EuGVVO zum einstweiligen Rechtsschutz und zur Anerkennung solcher Maßnahmen, die Idee eines europäischen Verfahrens zur vorläufigen Kontenpfändung aufzugreifen und systematisch einzuordnen. Besondere Schwerpunkte wurden dabei auf die Frage der Zuständigkeit und die Maßnahmen zum Schutze des Schuldners gelegt.

166 England und Wales, Griechenland.

167 So zum Beispiel Litauen, Ungarn, Schweden, Spanien, Slowenien.

168 CSES, Final Report – Impact Assesment on a Draft Legislative Proposal on the Attachment of Bank Accounts, 2011.

169 Vgl. die ähnliche Einschätzung von *Bruns*, ZEuP, 2010, 809, 822 f.

Ein europäisches Verfahren zur vorläufigen Kontenpfändung muss grundsätzlich einem Ziel untergeordnet sein – der Sicherung der Vollstreckungsmöglichkeit des Gläubigers bzw. der Gläubiger. Daraus leiten sich zwei Prämissen für die weiteren Untersuchungen ab:

- **Prämisse 1: Es soll verhindert werden, dass der Schuldner sein Vermögen dem rechtmäßigen Vollstreckungszugriff entzieht, indem er es beiseiteschafft.**
- **Prämisse 2: Die Sicherung des Gläubigers muss so ausgestaltet sein, dass seine Rechtsposition effektiv gesichert ist.**

Ein Schuldner, der über hinreichende liquide Mittel verfügt, und rechtskräftig zur Zahlung verurteilt wurde, bezahlt im Regelfall diese Verbindlichkeit. Ein Schuldner, der nicht über die liquiden Mittel verfügt, um eine titulierte Forderung eines Gläubigers zu erfüllen, ist regelmäßig zahlungsunfähig.

Es nützt dem Gläubiger, der die Blockade eines oder mehrerer Konten des Schuldners erwirkt, nichts, wenn ihm ein Verfahren zur Verfügung steht, das zwar verhindert, dass der Schuldner Vermögenswerte transferiert, diese Sicherung aber – vorbehaltlich einer möglichen Anfechtung – nicht insolvenzfest ausgestaltet ist.

Warum werden Verbindlichkeiten nicht bezahlt? Sie sind dem Grunde und/oder der Höhe nach streitig. Der Schuldner ist wirtschaftlich nicht in der Lage, zu bezahlen. Der Schuldner verspricht sich, durch vorübergehende Nichtzahlung sich der Inanspruchnahme dauerhaft entziehen zu können – sei es, weil der Gläubiger die Forderung ausbucht oder er in derartige wirtschaftliche Schwierigkeiten gerät, dass er finanziell nicht in der Lage ist, die Rechtsverfolgung zu betreiben.

Daher leitet sich aus der zweiten Prämisse die Notwendigkeit ab, insolvenzrechtliche Überlegungen einzubeziehen.

§ 2 Zeitpunkt der Anordnung einer vorläufigen Kontenpfändung

Eine der wichtigsten und auch umstrittensten Fragen im Rahmen des Konsultationsprozesses zur Entstehung der Kontenpfändungsverordnung war die, nach dem Zeitpunkt, zu dem eine vorläufige Kontenpfändung erfolgen kann – also insbesondere, ob sie vor einer Entscheidung in der Hauptsache ausgesprochen werden darf. Die verabschiedete und in Kraft getretene Verordnung hat diese Frage deutlich beantwortet: So statuiert Art. 5 EuKPfVO, dass der Beschluss in zweierlei Verfahrenssituationen zur Verfügung steht, nämlich gemäß lit. a) vor einer Entscheidung in der Hauptsache, die auch noch nicht in anhängig sein muss, und gemäß lit. b) nachdem der Gläubiger eine gerichtliche Entscheidung, einen gerichtlichen Vergleich oder eine öffentliche Urkunde entsprechenden Inhalts erwirkt hat.

A. Die vorläufige Kontenpfändung als Maßnahme des einstweiligen Rechtsschutzes

Jede vorläufige Kontenpfändung, die erfolgt, bevor eine (vollstreckbare) Entscheidung in der Hauptsache getroffen wurde, bildet strukturell eine einstweilige Maßnahme, deren Anerkennung normalerweise (noch immer) erheblichen Einschränkungen unterliegt. Folglich sind bei der Beurteilung hinsichtlich des Zeitpunkts der vorläufigen Kontenpfändung gleichsam die Argumente für und wider der wechselseitigen Anerkennung einstweiliger Maßnahmen zu erörtern.

I. Definition der einstweiligen Maßnahme

Eine einheitliche Definition einstweiliger Maßnahmen in den Mitgliedsstaaten existiert nicht. Letztlich werden darunter solche Maßnahmen verstanden, die die Hauptsache nicht vorwegnehmen und nur bis zu deren Entscheidung Wirkung entfalten.[170] Ausdrückliche Erwähnung findet der vorläufige Rechtsschutz in Art. 35 EuGVVO (früher Art. 31 EuGVVO a. F. bzw. Art. 24 EuGVÜ).

---

170 Vgl. zusammenfassend: *Kurtz*, S. 20; Rauscher/*Leible*, Europäisches Zivilprozess- und Kollisionsrecht, Brüssel I-VO (3. Auflage), Art. 31 Rn. 9; Rauscher/*Leible*, Europäisches Zivilprozess- und Kollisionsrecht, Brüssel Ia-VO, Art. 35 Rn. 10 f.; *Schlosser*, EU-Zivilprozessrecht, EuGVVO (3. Auflage), Art. 31 Rn. 26; Schlosser/Hess, EU-Zivilprozessrecht, EuGVVO, Art. 35 Rn. 26.

Daraus ergibt sich jedoch keine eigenständige Definition. Die verabschiedete Neufassung der EuGVVO enthält – ebenso wie der vorangegangene Kommissionsvorschlag zur Reform der EuGVVO, aber anders als die vorherige Fassung – in Art. 2 lit. a) und b) jedoch insoweit eine Begriffsbestimmung, dass einstweilige Maßnahmen einschließlich Sicherungsmaßnahmen, die von einem nach der EuGVVO in der Hauptsache zuständigen Gericht angeordnet werden, eine Entscheidung im Sinne der Verordnung darstellen (lit. a) S. 1). Die Vorschrift stellt – anders als noch im Entwurf der Kommission vorgesehen – zudem klar, dass einstweilige Maßnahmen nicht ohne vorherige Zustellung an den Schuldner ergehen können, ohne dass sie dadurch die Einordnung als *Entscheidung* einbüßen, wenn der Antragsgegner die Möglichkeit hat, die Maßnahmen anschließend anzufechten (lit. a) S. 2). Eine vollständig eigenständige Definition der Begrifflichkeit *einstweilige Maßnahme* enthalten jedoch weder die vorherige, noch die Reform-Fassung[171] der EuGVVO. Sie ist vielmehr durch Auslegung zu ermitteln, die autonom anhand der Verordnung zu erfolgen hat.[172] Das Erfordernis einer autonomen Begriffsbestimmung leitet sich aus der Bestrebung einer einheitlichen Auslegung der Verordnung ab.[173] Danach fallen nicht nur die ausdrücklich genannten Sicherungsmaßnahmen darunter, sondern sämtliche Maßnahmen, „die einer Partei eine Sach- und Rechtslage im Hinblick auf ein (Hauptsache-)Verfahren erhalten soll".[174] Mithin fallen solche Maßnahmen unter Art. 35 EuGVVO, die einen vom Ausgang des Hauptsacheverfahrens abhängigen Rechtsschutz sicherstellen sollen.[175]

---

171 Vgl. auch *Heinze*, RabelsZ 75 (2011), 581, 603.

172 Allg. M.; vgl. *Schlosser*, EU-Zivilprozessrecht, EuGVVO (3. Auflage), Art. 31 Rn. 26; Schlosser/Hess, EU-Zivilprozessrecht, EuGVVO, Art. 35 Rn. 26; *Kropholler/von Hein*, EuGVO, Art. 31 Rn. 5; Rauscher/*Leible*, Europäisches Zivilprozess- und Kollisionsrecht, Brüssel I-VO (3. Auflage), Art. 31 Rn. 9; Rauscher/*Leible*, Europäisches Zivilprozess- und Kollisionsrecht, Brüssel Ia-VO, Art. 35 Rn. 10 f.; MK-ZPO/*Gottwald*, EuGVO Art. 31 Rn. 2; Musielak/*Stadler (9. Auflage)*, EuGVVO, Art. 31 Rn. 2; Musielak/*Stadler, EuGVVO, Art. 35 Rn. 2;* vgl. generell zur autonomen Auslegung von Begriffen im europäischen Zivilprozessrecht: *Schack*, ZZP 107 (1994) 279, 294.

173 *Geimer/Schütze*, EuGVVO, Art. 31 Rn. 34.

174 EuGH, Urteil v. 28.04.2005, Rs. C-103/03 (*St. Paul Dairy v. Unibel Exser*), Slg. 2005, I-3481 Rn. 13; Urteil v. 26.03.1992, Rs. C-261/90 *(Reichert v. Dresdner Bank)*, Slg. 1992, I-2149, Rn. 34; *Heinze*, RabelsZ 75 (2011), 581, 603; *Leible/Freitag*, § 7 Rn. 7.

175 *Schulz*, ZEuP 2001, 805, 829; *Geimer/Schütze*, EuGVVO, Art. 31 Rn. 35; *Kropholler/von Hein*, EuGVO, Art. 31 Rn. 5 jeweils m. w. N.

II. Anwendbarkeit dieser Definitionen auf das Verfahren zur vorläufigen Kontenpfändung

Vordergründig fällt die vorläufige Kontenpfändung damit ohne Zweifel unter diese Definition. Denn bei ihr sollte es sich letztlich ausschließlich um eine Sicherungsmaßnahme handeln.

Zweifel an der Vorläufigkeit der Maßnahme ergeben sich aus der Gefahr einer *faktischen Vorwegnahme* der Hauptsache. Eine solche wäre auch dann gegeben, wenn die Konsequenzen der vorläufigen Maßnahme tatsächlich nicht mehr korrigierbar sind.[176] Der Europäische Gerichtshof hat in der Entscheidung *van Uden* für die vorläufige Erbringung einer vertraglichen Hauptleistung zum Ausdruck gebracht, dass es sich dabei nur dann um eine einstweilige Maßnahme handele, „wenn die Rückzahlung des zugesprochenen Betrages an den Antragsgegner in dem Fall, dass der Antragsteller nicht in der Hauptsache obsiegt, gewährleistet ist." Systematisch wird diese Frage, wie diese Gewährleistung im Rahmen des Verfahrens zur vorläufigen Kontenpfändung ausgestaltet wird, und ob dies tatsächlich als hinreichende Sicherung einzuordnen ist, im Rahmen des Schuldnerschutzes erörtert.

Unterstellt man, dass das Verbot einer möglichen faktischen Vorwegnahme der Hauptsache nicht durchgreift, so lässt sich der Kontenpfändungsverordnung eine vollständig eigene Regelung zur Ausgestaltung eines vorläufigen Rechtsschutzes entnehmen. Dies ist insbesondere in den Artt. 7–11 EuKPfVO geregelt:

1. Erlassgründe gemäß Art. 7 EuKPfVO

a. Dringlichkeit (Art. 7 Abs. 1 EuKPfVO)

Mit dem Merkmal der Dringlichkeit, das in Art. 7 Abs. 1 EuKPfVO statuiert wird, sollen die berechtigten Interessen von Gläubiger und Schuldner gegeneinander abgewogen werden. Anders als noch im Verordnungsentwurf vom 25.07.2011 ist die vorgenannte Einschränkung nicht auf den Fall, dass ein vollstreckbarer Titel noch nicht vorliegt, beschränkt. Selbst wenn der Gläubiger bereits über einen Titel verfügt, muss er das dringende Sicherungsbedürfnis darlegen.

Es bleibt letztlich abzuwarten, wie diese Regelung in der Praxis angewendet und inwieweit sich hier eine unionsweit einheitliche Rechtsprechung entwickeln wird. Denn die Tatbestandsvoraussetzungen sind so formuliert, dass sie bei großzügiger Handhabung nur ein wenig Geschick bei der Formulierung des Antrags auf Erlass des vorläufigen Kontenpfändungsbeschlusses erfordern, ohne

176 Vgl nur *Willeitner*, S. 87.

dass eine tatsächliche Hürde zu überwinden wäre: Ein *Giro*konto ist grundsätzlich kein *Spar*konto – es ist ihm geradezu immanent, dass die dort vorhandenen oder eingehenden Geldbeträge *verwendet* werden. Dementsprechend ließe sich vertreten, dass allein der Vortrag – es handle sich bei dem zu blockierenden Konto um ein Girokonto, von dem laufende Verbindlichkeiten bezahlt werden – den in Art. 7 Abs. 1 EuKPfVO statuierten Tatbestandsvoraussetzungen genügt. Diese Einlassung ließe sich für den Antragsteller, sofern er in der Vergangenheit schon einmal eine Zahlung von dem Antragsgegner erhalten hat, sogar relativ einfach dadurch belegen, indem er den entsprechenden Kontoauszug, aus dem der Zahlungseingang ersichtlich ist, dem Gericht vorlegt.

Andererseits würde eine besonders restriktive Handhabung dieser Vorschrift dazu führen, dass nur in seltenen Ausnahmefällen ein Beschluss erlassen wird. Verlangte man nämlich, dass dem Gericht konkrete Anhaltspunkte für eine bevorstehende Vermögensverschiebung substantiiert dargelegt bzw. nachgewiesen werden, würde dies wohl nur gelingen, wenn der Antragsgegner dieses Ansinnen in irgendeiner Form angekündigt oder durch (relativ plumpe) Vorbereitungshandlungen einen entsprechenden Verdacht erregt hätte.

Zur Ermittlung eines praktikablen Mittelweges erscheint insoweit ein Blick in andere europäische Regelungen, die das Merkmal der Dringlichkeit vorsehen, hilfreich. Im EU-Zivilprozessrecht findet sich eine solche Regelung – wenn auch in völlig anderem Zusammenhang – in Art. 20 Abs. 1 EuEheVO. Dennoch lassen sich daraus Erkenntnisse gewinnen:

Art. 20 Abs. 1 EuEheVO ausdrücklich, dass es sich um eine *dringende* Maßnahme handelt und zwar unabhängig davon, ob die Prozessordnung des jeweiligen Nationalstaates dies vorsieht oder nicht.[177] Der Europäische Gerichtshof hat in seiner Entscheidung vom 02.04.2009 das Merkmal der Dringlichkeit im Sinne des Art. 20 EuEheVO äußerst eng ausgelegt: Demnach ist ein dringender Fall dann gegeben, wenn sich Kinder, „in einer Situation befinden, die geeignet ist, ihrem Wohlergehen, einschließlich ihrer Gesundheit und ihrer Entwicklung, schweren Schaden zuzufügen, und deshalb die sofortige Anordnung von Schutzmaßnahmen rechtfertigt".[178] Hervorzuheben ist, dass die Kammer offensichtlich vor dem Hintergrund des Dringlichkeits-Erfordernisses eine restriktive Handhabung der Eilmaßnahmen vorsieht. Gleichzeitig lässt sich aus der Urteilsbegründung folgern, dass bei dieser Beurteilung grundsätzlich davon auszugehen

---

177 *Wannenmacher*, S. 16; Thomas/Putzo/*Hüßtege*, EuEheVO, Art. 20 Rn. 2.

178 EuGH, Urteil v. 02.04.2009, Rs. C-523/07 (*Korkein Hallinto oikeus*), FamRZ 2009, 843, Rn. 48.

ist, dass der Beurteilungsmaßstab an den Umfang des Schadens anknüpft – je größer dieser auszufallen droht (*schwerer Schaden*), desto geringer dürften die Anforderungen an die Wahrscheinlichkeit *(Situationen, die geeignet sind)* des Eintritts zu stellen sein.

Für ein Verfahren zur vorläufigen Kontenpfändung lassen sich daraus vordergründig nur begrenzt Erkenntnisse gewinnen. Verfehlt wäre der Rückschluss, Dringlichkeit immer dann anzunehmen, wenn dem Gläubiger ein großer Schaden droht, weil es sich um die Sicherung eines erheblichen Anspruchs handelt. Vielmehr müsste dann auch konkret hinterfragt werden, ob die Schadenshöhe sich durch die Eilmaßnahme reduzieren ließe.

Denkbar wäre, die Kernaussage der Entscheidung im umgekehrten Sinne zu übertragen: Je höher der drohende Schaden für den Antragsgegner ausfallen könnte, desto höher sind die Anforderungen an die Wahrscheinlichkeit zu stellen, dass der Gläubiger ohne die Sicherungsmaßnahme einen Schaden erleidet, der mit ihrem Ausspruch vermieden werden kann.

Um den drohenden Schaden des Antragsgegners zu ermitteln, müssten insbesondere folgende Erwägungen einbezogen werden:

- Wie hoch ist die Wahrscheinlichkeit, dass er in der Hauptsache unterliegt?
- Welche Folgen treten durch die Blockade des Kontos ein?

Demgegenüber müsste hinsichtlich des drohenden Schadens für den Gläubiger erwogen werden:

- Wie hoch ist die Wahrscheinlichkeit, dass er in der Hauptsache obsiegt?
- Reicht im Falle des Obsiegens in der Hauptsache das Vermögen des Antragsgegners voraussichtlich aus, um den Gläubiger zu befriedigen?
- Mit welcher Wahrscheinlichkeit verschlechtern sich die Vermögensverhältnisse des Schuldners, wenn die beantragte Kontenblockade ausbleibt?

Festzuhalten bleibt darüber hinaus, dass eine mathematisch, formelhafte Beurteilung dieser Fragen, die letztlich nur einen Teil der anzustellenden Überlegungen bilden, nicht in Betracht kommt. Stattdessen ist eine individuelle Prüfung des Einzelfalls notwendig. Dies kann dazu führen, dass in besonders gelagerten Fällen eine Entscheidung beispielsweise nicht ohne vorherige Anhörung des Antragsgegners erfolgen kann.[179]

179 Dies wird jedoch durch Art. 11 EuKPfVO ausgeschlossen.

b. *Darlegung des verfolgten Anspruchs (Art. 7 Abs. 2 EuKPfVO)*

Der Gläubiger muss – sofern noch kein Titel vorliegt – gemäß Art. 7 Abs. 2 EuKPfVO dem Gericht darlegen, dass seine Forderung begründet ist und er somit in der Hauptsache voraussichtlich obsiegen wird.[180] Dafür sieht die Kontenpfändungsverordnung (wie auch für den Nachweis der Dringlichkeit) in Art. 9 EuKPfVO eine eigene Regelung zur „Beweisaufnahme" vor.

2. *Einleitung des Hauptsacheverfahrens gemäß Art. 10 EuKPfVO*

Sofern ein Verfahren in der Hauptsache noch nicht anhängig ist, muss er gemäß Art. 10 Abs. 1 EuKPfVO – je nachdem, welcher Zeitpunkt der spätere ist – innerhalb von 30 Tagen nach Antragstellung oder innerhalb von 14 Tagen nach Erlass des Beschlusses ein solches Verfahren eingeleitet haben. Art. 10 Abs. 3 EuKPfVO spezifiziert die Anforderungen an diese Verfahrenseinleitung.

Mit dieser Regelung wird vorschnellen Pfändungsmaßnahmen vorgebeugt, weil der Gläubiger dem Prozessrisiko des Hauptsacheverfahrens, das er kraft Gesetzes (Art. 10 Abs. 1 S. 1 EuKPfVO) zwingend einleiten muss,[181] nicht entgehen kann. Damit dient die Vorschrift letztlich auch dem Schuldnerschutz.

Führt der Gläubiger den entsprechenden Nachweis nicht binnen der Frist des Absatz 1, wird der Beschluss gemäß Absatz 2 „widerrufen oder er endet". Die Verordnung verweist insoweit – anders als noch der Kommissionsentwurf, der diesen Aspekt selbst regelte, aber den (vermeintlichen) Schuldner nur auf dessen Rechtsbehelf schützen wollte[182] – auf das nationale Recht.[183] In Deutschland erfolgt der Widerruf analog § 926 ZPO, allerdings unter der Maßgabe, dass es keines Antrags des Schuldners bedarf – also von Amts wegen.[184]

3. *Keine Anhörung des Antragsgegners gemäß Art. 11 EuKPfVO*

Mit Art. 11 EuKPfVO hat der Verordnungsgeber ein Novum im europäischen einstweiligen Rechtsschutz geschaffen: Denn er statuiert, dass die Entscheidung

---

180 Vgl. Rauscher/*Wiedemann*, Europäisches Zivilprozess- und Kollisionsrecht, EUKPfVO, Art. 7 Rn. 1.

181 Vgl. nur Schlosser/*Hess*, EU-Zivilprozessrecht, EuKtPVO, Art. 10 Rn. 1.

182 Kritisch zum damaligen Regelungsmodell: *Domej*, ZEuP, 2013, 496, 502.

183 Vgl. Rauscher/*Wiedemann*, Europäisches Zivilprozess- und Kollisionsrecht, EUKPfVO, Art. 10 Rn. 9.

184 Vgl. Rauscher/*Wiedemann*, Europäisches Zivilprozess- und Kollisionsrecht, EUKPfVO, Art. 10 Rn. 12; Schlosser/*Hess*, EU-Zivilprozessrecht, EuKtPVO, Art. 10 Rn. 4.

über den Erlass einer vorläufigen Kontenpfändung per se ohne vorherige Anhörung des Antragsgegners, also *ex parte* zu erfolgen hat.

Damit bietet die Verordnung dem Antragssteller grundsätzlich die Möglichkeit, sich den *Überraschungseffekt* der Maßnahme zu Nutzen zu machen. Der Antragsgegner, der noch nicht ahnt, dass der Antragsteller gegen ihn Klage erheben wird, wird in der Regel auch nicht davon ausgehen, dass der Gläubiger Sicherungsmaßnahmen beantragen wird. Dieser Überraschungseffekt entfiele, wenn man dem Antragsgegner vor dem Ausspruch der vorläufigen Kontenpfändung rechtliches Gehör gewährte. Es bestünde somit die Gefahr, dass der Schuldner noch vor Erlass der einstweiligen Maßnahme Gelder von den betroffenen Konten abhebt oder transferiert und damit dem vorläufigen Vollstreckungszugriff entzieht. Damit wäre die Effektivität der vorläufigen Kontenpfändung als Mittel zur Sicherung der Anspruchsdurchsetzung beeinträchtigt oder entfiele gänzlich.

Deshalb sprach sich die Kommission[185] ebenso wie zuvor eine Vielzahl der Stellungnahmen[186], die zum Grünbuch eingegangen sind, von Anfang an für einen Verzicht auf die Notwendigkeit vorherigen rechtlichen Gehörs aus.

Gleichzeitig hat sich der Verordnungsgeber im Falle der Kontenpfändungsverordnung – anders als im Rahmen der EuGVVO-Reform – gegen eine Fortgeltung der viel diskutierten Entscheidung des Europäischen Gerichtshofs in der Rechtssache *Denilauler* gegen *Couchet Frèrer*[187] entschieden: Seinerzeit entschied der Europäische Gerichtshof (noch zum EuGVÜ), dass vorläufige Maßnahmen nur dann der Vollstreckung in einem anderen Mitgliedstaat unterliegen, wenn

---

185 KOM (2011) 445 endgültig, vgl. S. 15 (13. Erwägungsgrund).

186 Vgl. etwa: Republik Österreich, Stellungnahme zur vorläufigen Kontenpfändung, Frage 7; BRAK, Stellungnahme zur vorläufigen Kontenpfändung, Frage 7; Bundesverband Deutscher Inkasso-Unternehmen e. V, Stellungnahme zur vorläufigen Kontenpfändung, Frage 7; DRB, Stellungnahme zur vorläufigen Kontenpfändung, Frage 7; Max-Planck-Working-Group, Attachment of Bank Accounts, Frage 7, S. 13; Regierung der BRD, Stellungnahme zur vorläufigen Kontenpfändung, Frage 7, S. 6.

187 EuGH, Urteil vom 21.05.1980, Rs. 125/79 *(Denilauler v. Couchet Frères)*, Slg. 1980, 1553 (= RIW 1980, 510 = IPRax 1981, 95); vgl. dazu (Auswahl): Rauscher/*Leible*, Europäisches Zivilprozess- und Kollisionsrecht, Brüssel I-VO (3. Auflage), Art. 32 (a. F.) Rn. 12a; *Schlosser*, EU-Zivilprozessrecht, EuGVVO (3. Auflage), Art. 32 (a. F.) Rn. 6; *Geimer/Schütze*, EuGVVO, Art. 32 (a. F.) Rn. 35; MK-ZPO/*Gottwald*, EuGVO, Art. 32 (a. F.) Rn. 16; Zöller/*Geimer*, Zivilprozessordnung, EuGVVO Art. 32 (a. F.) Rn. 8; Musielak/*Stadler, EuGVVO* (9. Auflage), Art. 31 (a. F.) Rn. 4; *Micklitz/Rott*, EuZW 2002, 15, 16 f.; *Heinze*, ZZP 120 (2007) 303, 310 (jeweils m. w. N.); ausdrücklich aufgegeben worden wäre die Denilauler-Rspr., wenn Art. 2 lit. a) EuGVVO-E wie von der Kommission vorgesehen umgesetzt worden wäre.

sie aufgrund eines kontradiktorischen Verfahrens ergangen sind. *Ex parte*-Entscheidung seien hingegen davon ausgenommen.[188]

Offen hat der Verordnungsgeber die Frage gelassen, ob und inwieweit Schutzschriften des Antragsgegners zu berücksichtigen sind.[189] In Deutschland wurde mit dem zum 01.01.2016 in Kraft getretenen § 945a ZPO die zuvor allgemein anerkannte Schutzschrift erstmals gesetzlich geregelt. Hierzulande besteht weitgehend Einigkeit darüber, dass Schutzschriften zwingend zu berücksichtigen sind, weil andernfalls das rechtliche Gehör (Art. 103 Abs. 1 GG) verletzt würde.[190] Insofern kann für das europäische Verfahren zur vorläufigen Kontenpfändung kaum etwas anderes gelten.

Auf den ersten Blick erscheint Art. 11 EuKPfVO insofern durchaus wertungswidersprüchlich zu den bislang, insbesondere zur EuGVVO und zum EuGVÜ, entwickelten Grundsätzen. Denn die Garantie der Gewährung rechtlichen Gehörs zählt zu den essentiellen Ausprägungen eines fairen Verfahrens.[191] Die Bedeutung dieses Grundsatzes besteht auch unverändert fort. Dies wurde durch den Europäischen Gerichtshof – auch in jüngerer Vergangenheit – stets bestätigt.[192] Allerdings kann nicht per se angenommen werden, dass rechtliches Gehör vor dem Erlass einstweiliger Maßnahmen zu gewähren ist.[193] Dies ergibt sich einerseits systematisch aus der verminderten Bedeutung der (rechtzeitigen) Zustellung verfahrenseinleitender Schriftstücke,[194] die künftig keinen zwingenden Grund mehr dafür bilden soll, die Anerkennung oder Vollstreckung im Zweitstaat versagen zu können.[195] Andererseits sind in jedem Fall die berechtigten Belange des Antragsgegners und des Antragstellers gegeneinander abzuwägen:

---

188 EuGH, Urteil vom 21.05.1980, Rs. 125/79 *(Denilauler v. Couchet Frères)*, Slg. 1980, 1553.

189 In der Literatur ist daher umstritten, ob Schutzschriften zu berücksichtigen sind. Dafür plädieren etwa *Domej*, ZEuP 2013, 496, 509; Rauscher/*Wiedemann*, Europäisches Zivilprozess- und Kollisionsrecht, EU-KPfVO, Art. 11 Rn. 4; a. A. *Häcker*, WM 2012, 2180, 2184; Schlosser/*Hess*, EU-Zivilprozessrecht, EuKtPVO, Art. 11 Rn. 1.

190 Vgl. etwa Prütting/Gehrlein/*Fischer*, ZPO, § 945a Rn. 2; Thomas/Putzo/*Seiler*, ZPO, § 945a Rn. 3.

191 *Heinze*, EuR 2008, 654, 668.

192 EuGH, Urteil vom 02.05.2006, Rs. C-341/04 *(Eurofood)*, Slg. 2006, I-3813, Rn. 66.

193 In Deutschland gibt es mit § 834 ZPO eine dem Art. 11 EuKPfVO vergleichbare Regelung, deren Verfassungsmäßigkeit allgemein anerkannt ist. Auch hier wird der Schuldner vor einem entsprechenden Pfändungsgesuch nicht gehört.

194 So auch Rauscher/*Leible,* Europäisches Zivilprozess- und Kollisionsrecht, Brüssel I-VO, Art. 32 Rn. 12a; *Domej*, ecolex 2011, 124, 125.

195 Vgl. Art. 45 Abs. 1 lit. b) der Neufassung der EuGVVO.

Gewährung rechtlichen Gehörs einerseits und Wahrung des Überraschungseffekts als Ausfluss effektiver Vollstreckung andererseits. Ergebnis dieser Abwägung mag zwar die zwingende Wahrung rechtlichen Gehörs sein. Aber seine konkrete Ausgestaltung muss in Relation zur Eilbedürftigkeit und der Effektivität der Maßnahme betrachtet werden.[196]

III. Zwischenfazit

Im Rahmen der Kontenpfändungsverordnung werden – wie schon während des gesamten Gesetzgebungsverfahrens einschließlich des Grünbuchs und der sich daran anschließenden Diskussion – zwei Aspekte miteinander vermengt, die in keinem zwingenden Zusammenhang miteinander stehen: Vorläufiger Rechtsschutz und Forderungspfändung. Ob ein europäisches Verfahren zum einstweiligen Rechtsschutz geschaffen werden sollte und wie dessen Voraussetzungen auszugestalten sind, ist eine Frage, die völlig losgelöst von der grenzüberschreitenden Forderungspfändung zu betrachten ist. Es kommt nicht darauf an, dass sich diese Form der Vollstreckung – etwa im Vergleich zur Immobiliarvollstreckung – verhältnismäßig leicht umsetzen lässt. Für eine Vermengung beider Aspekte spricht auch nicht, dass der Kontenzugriff – gerade durch modernes online-banking – sehr schnell möglich ist und dadurch ein unredlicher Schuldner insoweit Vermögen beiseiteschaffen kann. Dies erklärt zwar ein grundsätzliches Eilbedürfnis bei der Vollstreckungsmaßnahme, nicht aber, dass vorläufiger Rechtsschutz und Forderungspfändung gemeinsam in einer Verordnung geregelt werden sollten.

Die Argumente, die für ein europäisches Verfahren des einstweiligen Rechtsschutzes sprechen, können ausschließlich solche sein, die das Verfahren selbst betreffen. Dies ist ausführlich – etwa im Rahmen einer weiteren Überarbeitung der EuGVVO – zu diskutieren. Grundsätzlich ausschließen sollte man die Möglichkeit, Sicherungsmaßnahmen schon vor Klageerhebung zu beantragen und zu gewähren, nicht. Aber die Anerkennungsfähigkeit solcher Entscheidungen hängt von einer Vielzahl an Einzelpunkten ab, die ihrerseits maßgeblichen Diskussionsbedarf aufwerfen, insbesondere die Frage, wie der zu sichernde Anspruch zu belegen ist. Aber auch, wie die Rechtsbehelfe des Anspruchsgegners und potentielle Sekundäransprüche auszugestalten sind.

Eine Regelung lediglich für eine bestimmte Form einstweiliger Maßnahmen zu treffen, bevor man sich dem Gesamtkomplex insgesamt und strukturell angenommen hat, erscheint vor diesem Hintergrund weniger zielführend.

---

196 *Heinze*, EuR 2008, 654, 672.

B. Antrag auf vorläufige Kontenpfändung nach einer Entscheidung in der Hauptsache

Liegt bereits eine gerichtliche Entscheidung oder eine andere der in Art. 5 lit. b) EuKPfVO genannten Grundlagen vor, sind die Voraussetzungen für den Erlass eines vorläufigen Kontenpfändungsbeschlusses primär formaler Natur. Allerdings hat sich der Verordnungsgeber entschlossen, auch in diesem Fall – also selbst bei Vorliegen eines Titels in der Hauptsache – Dringlichkeit i. S. d. Art. 7 Abs. 1 EuKPfVO zu verlangen.

Eine der zentralen Fragen ist, ob nicht schon eine – unter Umständen nur geringfügige Modifikation der EuGVVO eine vorläufige Kontenpfändung hätte ermöglichen können, jedenfalls für die Fälle, in denen bereits eine Entscheidung in der Hauptsache ergangen ist. Das europäische Verfahren zur vorläufigen Kontenpfändung ist in seinen wesentlichen Grundzügen in einer Zeit entwickelt worden, als die EuGVVO noch nicht reformiert worden war. Wichtige Überlegungen knüpfen insoweit noch an die Vorgängerversion der heutigen EuGVVO an. Daraus erklärt sich möglicherweise, warum im Rahmen der Kontenpfändungsverordnung – jedenfalls für solche Sicherungsmaßnahmen, die nach einer Entscheidung in der Hauptsache beantragt werden – überhaupt eine über die EuGVVO hinausgehende Regelung als notwendig erachtet wurde.

C. Rückblick auf Art. 47 EuGVVO a. F.

Es bietet sich insoweit zunächst ein Rückblick auf die Rechtslage vor der Novellierung der EuGVVO an. Die maßgebliche Vorschrift bildet insoweit Art. 47 EuGVVO a. F., der wie folgt lautete:

Art. 47 EuGVVO a. F.

(1) Ist eine Entscheidung nach dieser Verordnung anzuerkennen, so ist der Antragsteller nicht daran gehindert, einstweilige Maßnahmen einschließlich solcher, die auf eine Sicherung gerichtet sind, nach dem Recht des Vollstreckungsmitgliedstaats in Anspruch zu nehmen, ohne dass es einer Vollstreckbarerklärung nach Artikel 41 bedarf.

(2) Die Vollstreckbarerklärung gibt die Befugnis, solche Maßnahmen zu veranlassen.

(3) Solange die in Artikel 43 Absatz 5 vorgesehene Frist für den Rechtsbehelf gegen die Vollstreckbarerklärung läuft und solange über den Rechtsbehelf nicht entschieden ist, darf die Zwangsvollstreckung in das Vermögen des Schuldners nicht über Maßnahmen zur Sicherung hinausgehen.

I. Sicherungsmaßnahmen nach Art. 47 Abs. 1 EuGVVO a. F.

Art. 47 Abs. 1 EuGVVO a. F. ermöglichte dem Gläubiger, bereits vor der Vollstreckbarerklärung einer Entscheidung aus einem anderen Mitgliedstaat, Sicherungsmaßnahmen nach dem Recht des Vollstreckungsstaates zu veranlassen.

1. Notwendigkeit eines Antrags auf Vollstreckbarerklärung

Der Wortlaut des Art. 47 Abs. 1 EuGVVO a. F., der den Gläubiger als „Antragsteller" bezeichnet, könnte den Schluss nahelegen, die Möglichkeit, einstweiligen Rechtsschutz nach dieser Vorschrift im Vollstreckungsstaat erst dann beantragen zu können, wenn bereits ein Antrag nach Artt. 38 ff. EuGVVO a. F. auf Vollstreckbarerklärung gestellt wurde.[197] Dies würde jedoch den Anwendungsbereich der Vorschrift auf ein Minimum reduzieren: Er beschränkte sich in diesem Fall auf den Zeitraum vom Antrag bis zur Vollstreckbarerklärung.[198] Zudem würde der Vorschrift eine wesentliche Funktion entzogen, weil der Gläubiger gerade nicht in die Lage versetzt würde, mit Mitteln des einstweiligen Rechtsschutzes zunächst die Suche nach Vermögenswerten zu betreiben, ehe er sich entscheidet, in welchen Mitgliedstaaten er das – ebenfalls mit Kosten verbundene – Exequaturverfahren betreiben möchte.[199] In der Literatur wird der Begriff „Antragsteller" daher zu Recht weitgehend so ausgelegt, dass derjenige die Sicherungsmaßnahmen erreichen kann, der berechtigt ist, einen Antrag auf Vollstreckbarerklärung zu stellen.[200]

---

197 *Schlosser*, RIW 2002, 809, 813.

198 In Anbetracht dessen, dass die Vollstreckbarerklärung in einzelnen Mitgliedstaaten bei Vorlage vollständiger Unterlagen lediglich wenige Tage dauert, vermag dies kaum dem Sinn und Zweck der Vorschrift zu entsprechen.

199 Vgl. *Schlosser*, EU-Zivilprozessrecht, EuGVVO (3. Auflage), Art. 47 Rn. 2. Insbesondere das englische Recht stellt mit der sog. *search order* (früher: *Anton Piller order*) ein effektives Rechtsinstrument zur Ermittlung des schuldnerischen Vermögens bereit.

200 Rauscher/*Mankowski*, Europäisches Zivilprozess- und Kollisionsrecht, Brüssel I-VO (3. Auflage), Art. 47 Rn. 8; *Schlosser*, EU-Zivilprozessrecht, EuGVVO (3. Auflage), Art. 47 Rn. 2; Thomas/Putzo/*Hüßtege*, EuGVVO (30. Auflage), Art. 47 Rn. 2; Schlosser/Hess, EU-Zivilprozessrecht, EuGVVO, Art. 40 Rn. 3; *Schlosser*, RIW 2002, 809, 813.

2. *Voraussetzungen für die Anordnung einstweiliger Maßnahmen*

Fraglich ist allerdings, was die Einschränkung „nach dem Recht des Vollstreckungsmitgliedstaats“ bedeutet.

Teilweise wird darunter verstanden, dass einstweilige Maßnahmen nur unter den Voraussetzungen erlassen werden, die gelten, wenn noch kein Titel vorhanden ist.[201] Mit anderen Worten: Dem Gläubiger wird keine neue Möglichkeit einstweiligen Rechtsschutzes eingeräumt, sondern er wird auf die autonomen nationalen Regelungen verwiesen.[202] Konsequenz dieser Beurteilung ist, dass sämtliche Voraussetzungen der begehrten Sicherungsmaßnahme erfüllt sein müssen. Der ausländische Titel selbst dient dabei lediglich als Nachweis für den zu sichernden Anspruch.[203]

Demgegenüber wird vereinzelt vertreten, dass bereits der ausländische Titel dazu berechtige, Sicherungsmaßnahmen zu ergreifen, ohne dass im Vollstreckungsstaat das Bestehen der zu sichernden Forderung zu prüfen wäre.[204] Mit anderen Worten: Der ausländische Titel stellt nicht nur einen Nachweis für den Anspruch dar, sondern schafft insoweit ein Präjudiz. Dieser Beurteilung liegt insbesondere die Steigerung der Effektivität möglicher Sicherungsmaßnahmen zugrunde, wie die Folgefrage belegt:

Denn es stellt sich die weitere Frage, wie die Voraussetzung zu überprüfen ist, ob „eine Entscheidung nach dieser Verordnung anzuerkennen“ ist. Vorzunehmen hat diese Prüfung das Vollstreckungsorgan. Dementsprechend müssen Rechtspfleger oder Gerichtsvollzieher prüfen, ob eine Entscheidung im Sinne des Art. 32 EuGVVO a. F. vorliegt und sie gemäß Art. 33 ff. EuGVVO a. F. anzuerkennen ist.[205]

Umstritten ist, ob die Vollstreckungsorgane auch die Anerkennungsversagungsgründe nach Artt. 34 f. EuGVVO a. F. zu prüfen haben.[206] Einerseits

201 *Schlosser*, RIW 2002, 809, 813.

202 MK-ZPO/*Gottwald*, EuGVO, Art. 47 Rn. 2; Rauscher/*Mankowski*, Europäisches Zivilprozess- und Kollisionsrecht, Brüssel I-VO (3. Auflage), Art. 47 Rn. 2; *Schlosser*, EU-Zivilprozessrecht, EuGVVO (3. Auflage), Art. 47 Rn. 2.

203 *Hess/Hub*, IPRax 2003, 93, 94; *Schlosser*, RIW 2002, 809, 813; *Geimer/Schütze*, EuGVVO, Art. 47 Rn. 1; MK-ZPO/*Gottwald*, EuGVO, Art. 47 Rn. 4.

204 *Geimer/Schütze*, EuGVVO, Art. 47 Rn. 6; Thomas/Putzo/*Hüßtege*, EuGVVO (30. Auflage), Art. 47 Rn. 2.

205 Kropholler/*von Hein*, EuGVO, Art. 47 Rn. 5 m. w. N.

206 **Dafür:** Kropholler/*von Hein*, EuGVO, Art. 47 Rn. 5; Rauscher/*Mankowski*, *Europäisches Zivilprozess- und Kollisionsrecht*, Brüssel I-VO, Art. 47 Rn. 7; Thomas/Putzo/*Hüßtege*, EuGVVO (30. Auflage), Art. 47 Rn. 2; B/L/A/H, EuGVVO, Art. 47 Rn. 1.

wird vertreten, dass dies gemäß Art. 41 S. 1 EuGVVO a. F. auch im Rahmen des Exequaturverfahrens grundsätzlich nicht zu prüfen wäre.[207] Dementsprechend dürfe dem Vollstreckungsorgan nicht ein größerer und rechtlich komplizierterer Prüfungsumfang aufgebürdet werden als dem Richter.[208] Die Gegenansicht beruft sich auf den Wortlaut des Art. 47 Abs. 1 EuGVVO a. F., der anders als Art. 41 S. 1 EuGVVO a. F. die Prüfung der Artt. 34 f. EuGVVO a. F. nicht ausschließe.[209] Die Regelung des Art. 41 EuGVVO a. F. bilde eine Singularität und damit keine taugliche Basis für einen Umkehrschluss.[210]

Dem ist jedoch entgegen zu halten, dass Art. 47 Abs. 1 EuGVVO a. F. auf Art. 41 EuGVVO a. F. Bezug nimmt *(„ohne dass es einer Vollstreckbarerklärung nach Artikel 41 bedarf“)*. Damit wird deutlich, dass die durch das Vollstreckungsorgan vorzunehmende Prüfung jedenfalls nicht über die im Rahmen des Vollstreckbarerklärungsverfahrens hinausgehen sollte. Vor diesem Hintergrund sollte das Vollstreckungsorgan die Anerkennungsversagungsgründe der Artt. 34 f. EuGVVO a. F. nicht prüfen dürfen.

Dennoch belegen die im Rahmen der Studie zur Überprüfung der EuGVVO[211] angestellten Untersuchungen zu Maßnahmen, die auf der Grundlage des Art. 47 Abs. 1 EuGVVO a. F. in den Mitgliedstaaten angeordnet wurden, dass deren praktische Umsetzung noch wenig fortgeschritten ist.[212] In einigen Mitgliedstaaten[213] fehle den Vollstreckungsorgangen, insbesondere den Gerichtsvollziehern, die Qualifikation und die rechtliche Befugnis, die Voraussetzungen der möglichen Sicherungsmaßnahme zu prüfen.[214]

Vor diesem Hintergrund ist zu konstatieren, dass Art. 47 Abs. 1 EuGVVO a. F. unter der Prämisse, dass nicht der ausländische Titel allein den Grund für die Anordnung der Sicherungsmaßnahmen im jeweiligen Vollstreckungsstaat bildet, sondern stattdessen eine umfassende Prüfung durch das Vollstreckungsorgan notwendig ist, auch in Zukunft kaum praktische Bedeutung gewinnen dürfte.

Dagegen: *Hess/Hub*, IPRax 2003, 94, 99; MK-ZPO/Gottwald, EuGVO, Art. 47 Rn. 4; *Geimer/Schütze*, EuGVVO, Art. 47 Rn. 1; *Hess*, EuZPR, § 6 Rn. 238.

207 *Geimer/Schütze*, EuGVVO, Art. 47 Rn. 1.

208 *Hess/Hub*, IPRax 2003, 94, 99.

209 Kropholler/*von Hein*, EuGVO, Art. 47 Rn. 5.

210 Rauscher/*Mankowski*, Europäisches Zivilprozess- und Kollisionsrecht, Brüssel I-VO, Art. 47 Rn. 7.

211 *Hess*, in: Study JLS/C4/2005/03.

212 *Hess*, in: Study JLS/C4/2005/03, S. 266 Rn. 597.

213 Z. B. England und Wales, Finnland, oder Irland.

214 *Hess*, in: Study JLS/C4/2005/03, S. 266 Rn. 597.

Sicherungsmaßnahmen in den einzelnen Mitgliedstaaten können nur dann wirklich schnell erlangt werden, wenn die Prüfung der Voraussetzungen und des Umfangs die zuständigen Organe vor keine oder nur geringe Schwierigkeiten stellt. Vor diesem Hintergrund ist die Entscheidung im Ursprungsstaat auf Antrag des Gläubigers mit einem Begleitdokument zu versehen, aus dem sich – jenseits aller Sprachbarrieren – zweifelsfrei ablesen lässt, welche Maßnahmen zulässig sind. Für pekuniäre Ansprüche sollte die Entwicklung eines entsprechenden Formblatts möglich sein.[215] Daraus müsste sich insbesondere die Höhe der zu sichernden Forderung (Haupt- und Nebenforderung) zweifelsfrei ergeben.

3. Absatz 1 weitgehend ohne Relevanz

Im Ergebnis zeigt sich, dass Art. 47 Abs. 1 EuGVVO a. F. aufgrund der beschriebenen Schwierigkeiten wenig praktische Relevanz entfalten konnte.

II. Sicherungsmaßnahmen nach Art. 47 Abs. 2 EuGVVO

Art. 47 Abs. 2 EuGVVO a. F. ermöglichte dem Gläubiger, bereits unmittelbar mit Vollstreckbarerklärung einstweilige Maßnahmen zu ergreifen. Mit anderen Worten: Die Vorschrift gewährte dem Gläubiger ein subjektives Recht, die in den jeweiligen Rechtsordnungen der Mitgliedstaaten vorgesehenen Mittel des einstweiligen Rechtsschutzes[216] in Anspruch zu nehmen, ohne dass deren Voraussetzungen gesondert geprüft wurden – allein die Vollstreckbarerklärung genügte.[217] Maßnahmen nach Art. 47 Abs. 2 EuGVVO a. F. durften demnach nicht von weiteren Voraussetzungen, als den dort statuierten abhängig gemacht werden. Daher war insbesondere nicht zu prüfen, ob Dringlichkeit vorliegt.[218] Mit der Neufassung der EuGVVO wurde der Regelungsinhalt des Art. 47 Abs. 2 EuGVVO a. F. in den neuen Art. 40 EuGVVO übernommen, der sich nur redaktionell von seiner Vorgängervorschrift unterscheidet, weil er ohne einen Absatz 1, auf den die alte Regelung inhaltlich Bezug nahm, auskommt.

---

215 So bereits: *Hess,* JZ 2001, 573, 581.

216 In den Länderberichten zur Studie JAI/A3/2002/02 ist unter dem Fragenkomplex 7 – vorläufige Vollstreckbarkeit ausländischer Titel nach Art. 47 VO 44/01/EG – das nationale Recht der untersuchten Mitgliedstaaten jeweils ausführlich dargestellt.

217 *Schlosser*, IPRax 2007, 239, 240; *Hess*, EuZPR, § 6 Rn. 239; Schack, IZVR, Rn. 1049.

218 Kropholler/*von Hein*, EuGVO, Art. 47 (a. F.) Rn. 9; in den seltensten Fällen dürfte das Merkmal Dringlichkeit indes problematisch sein.

1. *Vollstreckbarkeit des Titels*

Fraglich ist, welcher der frühestmögliche Zeitpunkt ist, zu dem ein Gläubiger Sicherungsmaßnahmen nach Art. 40 EuGVVO bzw. Art. 47 EuGVVO a. F. einleiten kann. Auf die Rechtskraft einer Entscheidung kommt es insoweit nicht an. Denn auch vorläufig vollstreckbare Urteile können grundsätzlich anerkannt und vollstreckt werden.[219]

In der Mehrzahl der Mitgliedstaaten, die im Rahmen der *Hess*-Studie untersucht wurden, ist die vorläufige Vollstreckbarkeit von Urteilen vorgesehen[220]. Gleiches konnte in folgenden Staaten festgestellt werden:

- Bulgarien[221],
- Polen[222],
- Rumänien[223],
- Slowenien[224],
- Tschechien[225] und
- Ungarn[226].

Nicht vorgesehen ist die vorläufige Vollstreckbarkeit von Entscheidungen hingegen beispielsweise in Österreich.[227]

Bereits an dieser Stelle wird somit deutlich, dass der Gläubiger regelmäßig schon nach einer erstinstanzlichen Entscheidung im Ursprungsstaat unionsweit Sicherungsmaßnahmen einleiten kann.

2. *Ausgestaltung der Sicherungsmaßnahmen*

Die konkrete Ausgestaltung der Sicherungsmaßnahmen im Rahmen des Art. 40 EuGVVO bzw. 47 EuGVVO a. F. bestimmt sich nach dem Recht der jeweiligen Vollstreckungsstaaten.[228] Auch die Frage, gegenüber wem Sicherungsmaßnahmen

---

219 Statt vieler: Kropholler/*von Hein*, EuGVO, Art. 32 (a. F.) Rn. 21.

220 Vgl. etwa Order 42 Supreme Court Rules (England); Art. 31 Loi N° 91–650 (Frankreich); Art. 282 ital. cpc (Italien).

221 Art. 238 ff. bulg. ZPGB; *Ivanova*, forost Arbeitspapier, Nr. 33 (2005), S. 27.

222 Art. 777 § 1 Nr. 1 poln. ZVGB; *Schlichte*, S. 44 ff.

223 *Ivanova*, forost Arbeitspapier, Nr. 33 (2005), S. 28.

224 *Bohata*, forost Arbeitspapier, Nr. 30 (2005), S. 41.

225 *Bohata*, forost Arbeitspapier, Nr. 30 (2005), S. 41.

226 *Küpper*, forost Arbeitspapier, Nr. 28 (2005), S. 40.

227 *Hess/Hub*, IPRax 2003, 93, 96.

228 *Geimer/Schütze*, EuGVVO, Art. 47 (a. F.) Rn. 9; Kropholler/*von Hein*, EuGVO, Art. 47 (a. F.) Rn. 12; Musielak/*Lackmann*, EuGVVO (9. Auflage), Art. 47 (a. F.)

zulässig sind, insbesondere, inwieweit in die Rechte Dritter eingegriffen werden darf, bestimmt sich nach nationalem Recht.[229] Maßnahmen nach Art. 40 EuGVVO bzw. Art. 47 EuGVVO a. F. sollen dem Gläubiger ermöglichen, den Schuldner daran zu hindern, Vermögen beiseitezuschaffen.[230] Sie berechtigen den Gläubiger damit allerdings nicht, sämtliche Maßnahmen der Zwangsvollstreckung gegen den Schuldner einzuleiten.[231] Gemäß Art. 47 Abs. 3 EuGVVO a. F. war der Gläubiger binnen der Frist des Art. 43 Abs. 5 EuGVVO a. F. auf bloße Sicherungsmaßnahmen beschränkt.[232] In der Literatur wird nahezu einhellig die Auffassung vertreten, dass darunter Maßnahmen zu verstehen gewesen seien, die im Rahmen des Zwangsvollstreckungsrechts der einzelnen Mitgliedsstaaten als „funktionell einstweilige Maßnahmen" vorgenommen werden können.[233] Mit der Neufassung des Art. 40 EuGVVO wird dieses Regelungsmodell insoweit übernommen und gleichzeitig vereinfacht, indem der Anwendungsbereich der Vorschrift unmittelbar auf Sicherungsmaßnahmen beschränkt wird. Im Folgenden werden anhand einer kursorischen Auswahl einzelne Maßnahmen aus den Mitgliedstaaten dargestellt:

a. Belgien

In Belgien können Vermögensgegenstände durch Sicherungspfändung unter den Schutz des Gerichtes gestellt werden. Um die Vollstreckung aus dem später ergehenden Urteil zu gewährleisten, werden die Vermögenswerte eingefroren und die Verfügungsgewalt des Schuldners über den Vollstreckungsgegenstand beschränkt. In diesem Zusammenhang ist zu beachten, dass jedes Urteil die Sicherungspfändung ohne weitere Genehmigung erlaubt, sofern Dringlichkeit vorliegt.[234] Die Sicherung von Geldforderungen kann in Belgien gemäß Artt. 1035–1040 c. j. durch die Pfändung von Forderungen, die sog. *saisie conservatoire* erreicht werden.[235]

Rn. 3; *Kengyel*, ZZPInt 10 (2005), 243, 255; *Hess*, EuZPR, § 6 Rn. 239.

229 Kropholler/*von Hein*, EuGVO, Art. 47 (a. F.) Rn. 12.

230 MK-ZPO/*Gottwald*, EuGVO, Art. 47 (a. F.) Rn. 5; LG Bonn, Beschluss v. 04.03.2003, 4 T 33/03, RIW 2003, 388.

231 *Schlosser*, IPRax 2007, 239, 240.

232 *Leible/Freitag*, § 7 Rn. 32.

233 *Schlosser*, IPRax 2007, 239, 240; Kropholler/von Hein, EuGVO, Art. 47 (a. F.) Rn. 4; *Geimer/Schütze*, EuGVVO, Art. 47 (a. F.) Rn. 6.

234 Europäisches Justizielles Netz – Vollstreckung von Gerichtsentscheidungen – Belgien, 1. und 2.1.1.

235 *Nagel/Gottwald*, § 17 Rn. 99.

b. Deutschland

Nach deutschem Recht kommen für eine vorläufige Sicherung auf der Grundlage des Art. 40 EuGVVO bzw. Art. 47 EuGVVO a. F. drei Möglichkeiten in Betracht:

- Eine Vorpfändung i. S. d. § 845 ZPO,
- die Sicherungsvollstreckung gemäß § 720a ZPO und
- das Arrestverfahren nach §§ 916 ff. ZPO.

aa. Vorpfändung, § 845 ZPO

Als erste mögliche Sicherungsmaßnahme des Gläubigers kommt eine Vorpfändung nach § 845 ZPO in Betracht.[236]

(1) Voraussetzungen der Vorpfändung

Sie setzt das Bestehen eines Vollstreckungstitels voraus, nicht jedoch dessen Zustellung an den Schuldner oder eine vollstreckbare Ausfertigung.[237] Dennoch handelt es sich ihrem Wesen nach bei der Vorpfändung um einen Akt der Zwangsvollstreckung.[238]

(2) Vollzug der Vorpfändung

Die Vorpfändung wird vollzogen, indem dem Drittschuldner eine schriftliche Erklärung zugestellt wird, die über die bevorstehende Pfändung informiert und dazu auffordert, nicht an den Schuldner zu zahlen (§ 845 Abs. 1 S. 1 ZPO).

Die Zustellung an den Drittschuldner erfolgt nach §§ 191 ff. ZPO im Parteibetrieb, zwingend durch den Gerichtsvollzieher.[239]

Mit der Zustellung der Benachrichtigung an den Drittschuldner treten gemäß § 845 Abs. 2 ZPO die Wirkungen eines vollzogenen Arrestes ein. Es handelt sich mit anderen Worten um eine „Forderungspfändung aufgrund Arrestbefehls".[240]

Bei fristgerechter Pfändung verwandelt sich das Arrestpfandrecht in ein Pfändungspfandrecht, für dessen Rang der Zeitpunkt der Vorpfändung maßgeblich ist.[241]

---

236 *Hess/Hub*, IPRax 2003, 89, 95.

237 Musielak/*Becker*, ZPO, § 845 Rn. 2; *Brox/Walker*, Rn. 155.

238 Stein/Jonas/*Brehm*, ZPO, § 845 Rn. 10;

239 Stein/Jonas/*Brehm*, ZPO, § 845 Rn. 8; Musielak/*Becker*, ZPO, § 845 Rn. 4; LG Hechingen, DGVZ 1986, 188.

240 MK-ZPO/*Smid*, § 845 Rn. 15.

241 Stein/Jonas/*Brehm*, ZPO, § 845 Rn. 23; Musielak/*Becker*, ZPO, § 845 Rn. 8.

bb. Sicherungsvollstreckung, § 720a ZPO

(1) Voraussetzungen der Sicherungsvollstreckung

Eine Sicherungsvollstreckung nach § 720a ZPO setzt einen pekuniären Anspruch voraus, der nur gegen Sicherheitsleistung vollstreckbar ist. Über den Wortlaut hinaus ist § 720a ZPO im Anwendungsbereich des Art. 47 EuGVVO a. F. in den Fällen analog anzuwenden, wenn eine ausländische Entscheidung nach dem Recht des Erststaates auch ohne Sicherheitsleistung vorläufig vollstreckbar ist.[242]

Aus der Tatbestandsvoraussetzung „Vollstreckbarkeit" folgt für die Sicherungsvollstreckung aufgrund eines Vollstreckungstitels aus einem anderen Mitgliedstaat der Europäischen Union, dass sie dem Wortlaut des § 720a Abs. 1 ZPO folgend erst dann betrieben werden dürfte, wenn der ausländische Titel in Deutschland für vollstreckbar erklärt wurde oder eine Bestätigung als Europäischer Vollstreckungstitel erfolgt ist. Art. 47 Abs. 1 EuGVVO a. F. stellt jedoch insoweit klar, dass es einer Vollstreckbarerklärung für Sicherungsmaßnahmen gerade nicht bedarf, wenn die Entscheidung des Gerichts der Hauptsache anzuerkennen ist. Daher ermöglicht der ausländische Titel vor der Vollstreckbarerklärung eine Sicherungsvollstreckung gemäß § 720a ZPO, sobald im Erststaat die vollstreckbare Ausfertigung erteilt und dem Schuldner zugestellt wurde.[243]

(2) Zulässige Vollstreckungsmaßnahmen

§ 720a ZPO erlaubt jede nur vorläufige, sichernde Maßnahme.[244] Demnach ist auch eine Forderungspfändung gemäß §§ 828 ff. ZPO gestattet, nicht jedoch deren Überweisung.[245] Darüber hinaus ist der Schuldner verpflichtet, sofern die Sicherungsvollstreckung erfolglos bleibt, die eidesstattliche Versicherung gemäß §§ 807 Abs. 1, 900 ZPO abzugeben.[246] Konsequenterweise ist davon auszugehen, dass der Schuldner daher künftig auch verpflichtet sein dürfte, die neu eingeführte Vermögenserklärung zu Beginn des Vollstreckungsverfahrens auf der Basis einer Sicherungsvollstreckung abgeben zu müssen.

---

242 *Hess/Hub*, IPRax 2003, 89, 93; *Geimer/Schütze*, EuGVVO, Art. 47 (a. F.) Rn. 6.

243 *Hess/Hub*, IPRax 2003, 89, 95 f.; Kropholler/*von Hein*, EuGVO, Art. 47 (a. F.) Rn. 4; MK-ZPO/*Gottwald*, EuGVO, Art. 47 (a. F.) Rn. 2; Musielak/*Lackmann*, EuGVVO (9. Auflage), Art. 47 (a. F.) Rn. 2.

244 Vgl. § 750 Abs. 1 ZPO; *Geimer/Schütze*, EuGVVO, Art. 47 (a. F.) Rn. 6; B/L/A/H, ZPO, § 720a Rn. 4.

245 MK-ZPO/*Krüger*, § 720a Rn. 4; Musielak/*Lackmann*, ZPO, § 720a Rn. 4.

246 BGH, Beschluss v. 02.03.2006, IX ZB 23/06, WM 2006, 918.

Gemäß § 750 Abs. 3 ZPO darf die Sicherungsvollstreckung nach § 720a ZPO erst erfolgen, wenn dem Schuldner das Urteil mindestens zwei Wochen zuvor zugestellt wurde. Die Zustellung der Vollstreckungsklausel ist hingegen nach Ansicht des Bundesgerichtshofs nur in den Fällen des § 750 Abs. 2 ZPO erforderlich.[247] Mit dem klaren Gesetzeswortlaut des § 750 Abs. 3 ZPO ist dies nur schwerlich in Einklang zu bringen.[248]

Die Sicherungsvollstreckung hat für den Gläubiger den Nachteil, dass ihm durch die 2-Wochen-Frist des § 750 Abs. 3 ZPO die Möglichkeit genommen wird, den Überraschungseffekt zu nutzen.[249]

Problematisch ist, dass auf der Grundlage des § 720a ZPO bereits schwerwiegende Folgen für den Vollstreckungsschuldner eintreten können. Der Gläubiger kann – ohne Sicherheit zu leisten – dem Schuldner das Konto oder die Konten blockieren.[250] Im Falle eines unternehmerisch tätigen Schuldners können die Folgen fatal sein, weil er möglicherweise betriebsnotwendige Ausgaben nicht mehr tätigen könnte und dadurch – in Extremfällen – faktisch um die Möglichkeit gebracht würde, seinen Geschäftsbetrieb aufrechtzuerhalten. Auch die – in vielen Fällen eher theoretische – Möglichkeit des Schuldners, gemäß § 720a Abs. 3 ZPO eine Sicherheit zu leisten, ändert an diesem Ergebnis nichts.[251] Nicht zuletzt vor diesem Hintergrund wurde bisweilen die Verfassungsmäßigkeit des § 720a ZPO bezweifelt.[252] Mag dieser Umstand für das nationale Vollstreckungsrecht vor dem Hintergrund, dass es sich bei der Norm um einen Bestandteil eines ausgewogenen Gesamtkonzepts der vorläufigen Vollstreckbarkeit handele, fernliegend sein,[253] so sollte diese Erwägung bei einem europäischen Verfahren zur vorläufigen Kontenpfändung zumindest gedanklich einbezogen werden.

c. *England-Wales*

In England und Wales unterfällt der einstweilige Rechtsschutz der sog. *Equity*-Gerichtsbarkeit, die den Gerichten ein Ermessen hinsichtlich der zu erlassenden Maßnahmen einräumt.[254] Die sog. *interim injunction* stellt im Rahmen der

---

247 BGH, Beschluss v. 05.07.2005, VII ZB 14/05, WM 2005, 1995.

248 MK-ZPO/*Krüger*, § 720a Rn. 3.

249 *Hess/Hub*, IPRax 2003, 89, 95; *Geimer/Schütze*, EuGVVO Art. 47 (a. F.) Rn. 6.

250 *Lambsdorff*, NJW 2002, 1303, 1306.

251 Ebenso: B/L/A/H, ZPO, § 720a Rn. 2.

252 *Lambsdorff*, NJW 2002, 1303 ff.; a. A. *Burchard*, NJW 2002, 2219; MK-ZPO/*Krüger*, § 720a Rn. 1.

253 MK-ZPO/*Krüger*, § 720a Rn. 1.

254 Vgl. *Holzapfl*, S. 58.

einstweiligen Maßnahmen die Grundform dar und ist nur dann zulässig, sofern substanzielle und irreparable Schäden für den Gläubiger drohen.[255] Darüber hinaus kommen sog. *prohibitive injunctions* als regelmäßige Maßnahmen in Betracht, die dem Schuldner ein bestimmtes Verhalten untersagen. Seltener sind sog. *mandatory injunctions*, mit denen dem Schuldner ein bestimmtes Verhalten vorgeschrieben wird.[256] Zu berücksichtigen ist in diesem Zusammenhang, dass das englische Vollstreckungssystem keine unmittelbare Vollstreckung der Maßnahmen vorsieht, sondern vielmehr eine Sanktionierung im Falle des Verstoßes gegen die Anordnung zulässt.[257] Um zu vermeiden, dass der Schuldner vor der Vollstreckung eines Urteils Vermögensteile ins Ausland schafft und diese damit dem Vollstreckungszugriff entzieht, kann der Gläubiger gemäß s 37 (3) Supreme Court Act 1981 zbd CPR r 25.1 (f) zur Sicherung seines Hauptanspruchs eine sog. *freezing order* beantragen.[258] Denn bei aller wünschenswerten Effektuierung der Vollstreckung ist nachhaltig zweifelhaft, ob allein aufgrund einer vorläufigen Entscheidung derart gravierend in die Rechte des (möglicherweise im Ergebnis nur vermeintlichen) Schuldners eingegriffen werden darf.

d. Frankreich

In Frankreich stehen im Rahmen des einstweiligen Rechtsschutzes die sog. *mesures conservatoires* zur Verfügung.[259] Grundvoraussetzung dieser *mesures conservatoires* ist neben dem Bestehen der zu sichernden Forderung und der Gefährdung ihrer Durchsetzbarkeit, dass eine richterliche Ermächtigung vorliegt.[260] Möglich ist zum einen ein Antragsverfahren ohne Anhörung des Gegners (sog. *ordonnance sur requête*), wenn vorherige Kenntnis des Schuldners von der bevorstehenden Vollstreckung diese gefährden würde oder besondere Dringlichkeit vorliegt. Zum anderen gibt es das streitige Verfahren (sog. *ordonnance de référé*).[261] Diese richterliche Ermächtigung ist jedoch bei Vorliegen eines vollstreckbaren Titels entbehrlich.[262]

---

255 Vgl. *Andrews* in Stürner/Kawano, S. 319, 330.

256 *O'Hare/Browne*, Rn. 27.001 und 27.009; *Nagel/Gottwald*, § 17 Rn. 109.

257 Vgl. *Andrews* in Stürner/Kawano, S. 319, 323.

258 Vgl. *Andrews* in Stürner/Kawano, S. 319, 320.

259 *Mauch*, S. 114 f. Es ist zu unterscheiden zwischen den sog. saisie conservatoire zur Sicherung der Zwangsvollstreckung in das bewegliche Vermögen und den sog. sûreté judiciare, die primär die Immobilarvollstreckung sichern sollen.

260 Vgl. Art. 67 Loi N^{O} 91-650.

261 *Nagel/Gottwald*, § 15 Rn. 86 f.

262 *Traichel*, S. 204; *Rusque*, Fascule 2420, Rn. 80.

Gegenstand der vorläufigen Pfändung können neben beweglichen Gegenständen auch Geldforderungen, Wertpapiere und Anteilsrechte sein. Nicht zulässig ist eine vorläufige Lohnpfändung.[263] Eine *saisie-conservatoire* führt lediglich zu einer Blockade der Forderung – der Gläubiger wird nicht deren Inhaber.[264] Für die Einziehung der Forderung ist ein Vollstreckungstitel erforderlich.[265] Bei Bankkonten ist die Sicherungsvollstreckung nicht in Höhe des Forderungsbetrags beschränkt, sondern kann sich zunächst auf alle Konten des Schuldners erstrecken.[266] In diesem Zusammenhang ist die Bank allerdings verpflichtet, den Gläubiger über das Guthaben des jeweiligen Kontos zu informieren, woraufhin der Gläubiger die Sicherungsvollstreckung auf bestimmte Konten beschränken kann.[267]

e. Italien

Die wichtigsten Formen des einstweiligen Rechtsschutzes in Italien sind die arrestähnlichen Beschlagnahmen, die mit der einstweiligen Verfügung vergleichbar sind. Bei den Beschlagnahmeverfahren ist zwischen der Sicherungsbeschlagnahme und der Sicherstellungsbeschlagnahme zu unterscheiden. Die Sicherungsbeschlagnahme (sog. *sequestro giudiziario*) gemäß Art. 670 ital. cpc soll den Anspruch auf Herausgabe einer Sache sichern.[268] Die Sicherstellungsbeschlagnahme (sog. sequestro conservativo) dient dagegen gemäß Art. 671 ital. cpc der Deckung einer anderen Forderung und ist demzufolge mit dem dinglichen Arrest zu vergleichen.[269] Der Anwendungsbereich der zuvor aufgezeigten Maßnahmen ist zwar unterschiedlich, jedoch sind die zu erfüllenden Voraussetzungen (Arrestanspruch und Arrestgrund) identisch.[270] Die einstweilige Verfügung nach Art. 700 ital. cpc (*sog. provvedimento d'urgenza*) stellt einen Auffangtatbestand dar, der gegenüber den anderen Maßnahmen des vorläufigen Rechtsschutzes subsidiär ist.[271]

---

263 *Mauch*, S. 124; *Nagel/Gottwald*, § 17 Rn. 103.
264 *Guinchard*, Rn. 3712, 3705; *Couchez*, Rn. 385 ff.
265 *Guinchard*, Rn. 3581, 3594.
266 *Traichel*, S. 147.
267 *Traichel*, S. 150 Fn. 550.
268 *Nagel/Gottwald*, § 17 Rn. 118.
269 *Mauch*, S. 142 f.: *Nagel/Gottwald*, § 17 Rn. 119.
270 *Satta/Punzi*, S. 879; *Nagel/Gottwald*, § 17 Rn. 117.
271 *Bruns* in Stürner/Kawano, S. 183, 189; *Nagel/Gottwald*, § 17 Rn. 120.

f. Niederlande

Das niederländische Recht kennt als Maßnahme des einstweiligen Rechtsschutzes das sog. *kort geding*, das mit der einstweiligen Verfügung vergleichbar ist. Daneben sind diverse Arten von Arresten möglich. Die wichtigste Arrestform ist der in den Artt. 764–770 R.V. normierte sog. *conservatoir beslag*, der zum einen die Beschlagnahme von Forderungen zur Sicherung von Geldforderungen sowie die Beschlagnahme beweglichen Vermögens zulässt.[272] Von besonderer Bedeutung im Rahmen internationaler Vollstreckung ist der sog. *Vremdelingen beslag* gemäß Art. 767 R.V., der eine Beschlagnahme ermöglicht, wenn weder der Schuldner noch der Gläubiger in den Niederlanden ansässig ist, der Schuldner dort jedoch über Vermögen verfügt.[273]

g. Österreich

Einstweiliger Rechtsschutz kann in Österreich durch die einstweilige Verfügung erreicht werden, die in verschiedenen Formen möglich und in den §§ 378–402 EO geregelt ist. Man unterscheidet zwischen Verfügungen zur Sicherung von Geldforderungen (§ 379 EO), Verfügungen zur Sicherung von anderen Individualansprüchen (§ 381 Ziffer 1 EO) und besonderen Verfügungen zur sonstigen Rechtssphäre (§ 381 Ziffer 2 EO).[274]

h. Spanien

In Spanien wurde der einstweilige Rechtsschutz, der sog. *Medidas Cautelares*, durch die Neufassung des Zivilprozessgesetzes – des *Ley de Enjuiciamiento* (LEC) – zum 07.01.2000 neu und einheitlich in den Artt. 721–747 LEC geregelt.[275] Die sog. *embargo preventivo de bienes* gemäß Art. 727 Nr. 1 LEC ähnelt dem Arrest in funktionaler Hinsicht und betrifft die vorläufige Pfändung von beweglichem und unbeweglichem Vermögen.[276] Einstweiliger Rechtsschutz wird gemäß Art. 730 Abs, 1 LEC grundsätzlich erst nach Klage zur Hauptsache und maximal für einen Zeitraum von sechs Monaten gewährt.[277] Vom Antragsteller

---

272 Vgl. auch *Bruns* in Stürner/Kawano, S. 183, 184; Europäisches Justizielles Netz – Vollstreckung von Gerichtsentscheidungen – Niederlande, 2.2.

273 *Nagel/Gottwald*, § 17 Rn. 124.

274 Vgl. dazu *Rechberger/Oberhammer*, Rn. 472 ff.; ausführlicher zum einstweiligen Rechtsschutz in Österreich: *König*, Einstweilige Verfügungen im Zivilverfahren.

275 Vgl. dazu *Esplugues-Mota* in Stürner/Kawano, S. 207; *Fröhlingsdorf/Lincke*, RIW 2001, 357.

276 *Nagel/Gottwald*, § 17 Rn. 134; vgl. auch *Bruns* in Stürner/Kawano, S. 183, 189.

277 *Esplugues-Mota* in Stürner/Kawano, S. 207, 218.

sind neben der Erbringung einer Sicherheitsleistung der Anspruch und die Gefährdung desselben glaubhaft zu machen. Das Gericht hört den Schuldner in der Regel innerhalb von fünf Tagen nach Eingang des Gläubigerantrags an.[278]

i. Ungarn

Sicherungsmaßnahmen im Sinne des Art. 40 EuGVVO bzw. 47 Abs. 2 EuGVVO a. F. sind im ungarischen Recht in den §§ 185 ff. uZwVollstrG normiert.[279] Grundsätzlich erscheinen Sicherungsmaßnahmen im nationalen ungarischen Rechtsverkehr eher unüblich.[280] Grund dafür sind insbesondere deren strenge Voraussetzungen: Der Erlass einer Sicherungsmaßnahme setzt gemäß § 187 Abs. 1 lit. c) uZwVollstrG Rechtshängigkeit und die Vorlage einer öffentlichen Urkunde oder einer privatrechtrechtlichen Urkunde mit voller Beweiskraft voraus.[281] Für die Umsetzung einer Sicherungsmaßnahme nach Art. 47 EuGVVO entfalten diese Restriktionen jedoch keine Bedeutung.

j. Schlussfolgerungen aus dem Überblick zu den nationalen Sicherungsmaßnahmen

Aus diesem kursorischen Überblick über die nationalen Sicherungsmaßnahmen leiten sich im Wesentlichen folgende Erkenntnisse ab:

Die Mitgliedstaaten halten in ihren nationalen Prozess- bzw. Vollstreckungsrechten einstweilige Sicherungsmaßnahmen vor, mittels derer regelmäßig auch eine Blockade von Bankkonten ermöglicht wird.

Vor dem Hintergrund der verfahrensrechtlichen Unterschiede ist für den Gläubiger entscheidend, die Sicherungsmaßnahmen durch Übermittlung eines Formblatts einleiten zu können, das ihm bei (vorläufiger) Vollstreckbarkeit der Entscheidung in der Hauptsache ausgehändigt wird.

Schutzmechanismen für den Schuldner sind nicht einheitlich geregelt, insbesondere bestehen Unterschiede beim Umfang der beschlagnahmten Vermögensgegenstände und möglichen Ersatzansprüche des Schuldners in Folge einer unberechtigten Blockade.

---

278 *Esplugues-Mota* in Stürner/Kawano, S. 207, 216; Nagel/Gottwald, *§ 17 Rn. 134.*

279 *Kengyel*, ZZPInt 10 (2005) 243, 255.

280 Interview mit *Prof. Dr. Miklós Kengyel*, Budapest, 25.09.2008.

281 Interview mit *Prof. Dr. Miklós Kengyel*, Budapest, 25.09.2008.

3. *Erforderlichkeit der Zustellung der Vollstreckbarerklärung*

Strittig ist im deutschen Recht, ob für die Sicherungsvollstreckung die Zustellung der Vollstreckbarerklärung an den Schuldner erforderlich ist. Während dies in Teilen der Rechtsprechung[282] und Literatur[283] verlangt wird, geht die weit überwiegende Meinung in der Literatur[284] davon aus, dass eine vorherige Zustellung an den Schuldner entbehrlich sei.

Begründet wird die letztgenannte Ansicht insbesondere damit, dass der dadurch gewährleistete Überraschungseffekt beabsichtigt sei.[285] Die EuGVVO werde ausdrücklich „von der Maxime des Überraschungseffektes, wie er durch Art. 41 EuGVVO a. F. statuiert ist, bestimmt“.[286] Verlange man die vorherige Zustellung, entfiele damit das Überraschungsmoment.[287] Zudem setze der Wortlaut lediglich „die Vollstreckbarerklärung“ voraus, die ihrerseits eine Zustellung der Entscheidung nicht voraussetze.[288] Systematisch lässt sich ferner damit argumentieren, dass auch die in Art. 54 EuGVVO a. F. genannte Bescheinigung nach Anhang V eine vorherige Zustellung nicht vorsehe.[289]

Ein ähnlich gelagerter Streit entzündet sich im Zuge der Vollstreckung aus einem Europäischen Vollstreckungstitel: Dürfen Vollstreckungsmaßnahmen eingeleitet werden, bevor dem Schuldner die Bestätigung des Titels als Europäischer Vollstreckungstitel zugestellt wurde? Aus der Verordnung selbst leitet sich eine solche Voraussetzung nicht unmittelbar ab, da Art. 12 Abs. 2 EuVT-VO lediglich verlangt, dass vom Ursprungsgericht zu kontrollieren ist, ob die

---

282 OLG Saarbrücken, Beschluss v. 05.01.1994, 5 W 397/93, IPRax 1995, 244.

283 Zöller/*Geimer*, Zivilprozessordnung, EuGVVO, Art. 47 (a. F.) Rn. 2; Thomas/Putzo/*Hüßtege*, EuGVVO (30. Auflage), Art. 47 (a. F.) Rn. 5.

284 Vgl. u. a. *Geimer/Schütze*, EuGVVO, Art. 47 (a. F.) Rn. 6, 11 f.; *Schlosser*, EU-Zivilprozessrecht, EuGVVO, Art. 47 (a. F.) Rn. 3; MK-ZPO/*Gottwald*, EuGVO, Art. 47 (a. F.) Rn. 7; *Schack*, IZVR, Rn. 1049; *Mauch*, S. 225 f.; *Hess/Hub*, IPRax 2003, 93, 97; *Schlosser*, RIW 2002, 809, 812; *Micklitz/Rott*, EuZW 2002, 15, 16.

285 OLG Stuttgart, Beschluss v. 08.07.1999, 5 W 26/99; LG Stuttgart, Beschluss v. 28.03.1988, 2 T 1001/87, RIW 1988, 563, 564; LG Bonn, Beschluss v. 04.03.2003, 4 T 33/03, RIW 2003, 388, 389; *Schlosser*, IPRax 2007, 239, 240.

286 LG Bonn, Beschluss v. 04.03.2003, 4 T 33/03, RIW 2003, 388 (2. Leitsatz).

287 *Geimer/Schütze*, EuGVVO, Art. 47 (a. F.) Rn. 11; Rauscher/*Mankowski*, Europäisches Zivilprozess- und Kollisionsrecht, Brüssel I-VO, Art. 47 (a. F.) Rn. 12b.

288 Kropholler/*von Hein*, EuGVO, Art. 47 (a. F.) Rn. 13.

289 *Geimer/Schütze*, EuGVVO, Art. 47 (a. F.) Rn. 11.

bestätigte Entscheidung selbst wirksam zugestellt ist.[290] Eine Zustellung der Bestätigung selbst sei hingegen nicht vorgesehen.[291]

Die Gegenansicht[292] beruft sich darauf, dass diese Beschränkung bereits aus der Formulierung des Art. 47 Abs. 3 EuGVVO a. F. folge:

„Solange die in Art. 43 Abs. 5 vorgesehene Frist für den Rechtsbehelf gegen die Vollstreckbarerklärung läuft (...), darf die Zwangsvollstreckung in das Vermögen des Schuldners nicht über Maßnahmen zur Sicherung hinausgehen."

Erst mit Zustellung der Vollstreckbarerklärung an den Schuldner beginne die Frist des Art. 43 Abs. 5 EuGVVO a. F. zu laufen. Dementsprechend sei der Zeitraum vor der Zustellung nicht vom Wortlaut des Art. 47 Abs. 3 EuGVVO a. F. umfasst. Dies könne jedoch schlechterdings nicht den Schluss rechtfertigen, deshalb die unbeschränkte Zwangsvollstreckung vor Zustellung zuzulassen. Vielmehr sei dann der Anwendungsbereich der Vorschrift überhaupt (noch) nicht eröffnet und daher keine Sicherungsmaßnahme darauf zu stützen.[293]

Mit der Neufassung der EuGVVO wird dieser Streit entschärft: Art. 43 Abs. 3 EuGVVO stellt klar, dass Maßnahmen nach Art. 40 EuGVVO – die denen nach Art. 47 Abs. 2 EuGVVO a. F. entsprechen – ohne vorherige Zustellung der Urteilsausfertigung an den Schuldner getroffen werden können.

Im Ergebnis dürfen Sicherungsmaßnahmen – sofern bereits ein Urteil in der Hauptsache ergangen ist – nicht von der vorherigen Zustellung der Vollstreckbarerklärung abhängig gemacht werden. Der Schuldner ist in diesem Fall nicht schutzbedürftig. An dieser Beurteilung ändert sich auch vor dem Hintergrund, dass der Schuldner mit der Zustellung die Möglichkeit erhalten würde, freiwillig zu bezahlen, nichts. Diese Gelegenheit bestand für ihn bereits während des Rechtsstreits. Nach dessen (vorläufigem) Abschluss überwiegt das Interesse des Gläubigers an einer effektiven Sicherung. Diese wird durch den Erhalt des Überraschungseffektes der Maßnahme gewährleistet.

D. Konsequenzen durch vereinfachtes Vollstreckbarerklärungsverfahren

Art. 47 Abs. 2 EuGVVO a. F. (nunmehr Art. 40 der Neufasung der EuGVVO; im Entwurf noch Art. 60 Abs. 2 EuGVVO-E) erfährt vor dem Hintergrund, dass

---

290 *Strasser*, Rpfleger 2007, 249, 251.

291 *Strasser*, Rpfleger 2007, 249, 251.

292 Noch zum EuGVÜ: OLG Saarbrücken, Beschluss v. 05.01.1994, 5 W 397/93, IPRax 1995, 244, 245.

293 OLG Saarbrücken, Beschluss v. 05.01.1994, 5 W 397/93, IPRax 1995, 244, 245.

das in der Vergangenheit obligatorische Exequaturverfahren weitgehend obsolet wird, weitere Bedeutung: Mit dem Wegfall der notwendigen Vollstreckbarerklärung im Vollstreckungsstaat entsteht die Möglichkeit, Sicherungsmaßnahmen zu ergreifen, bereits mit Vollstreckbarkeit der Entscheidung im Ursprungsstaat. Dass dies durch den Verordnungsgeber gewollt ist, musste anhand des Kommissionsentwurfs noch bezweifelt werden, denn der Wortlaut des Art. 60 Abs. 2 EuGVVO-E ließ diesen Schluss kaum zu, da er – obwohl das Exequaturverfahren nur noch für die in Art. 37 Abs. 2 EuGVVO-E vorgesehenen Entscheidungen erforderlich sein sollte – Art. 47 Abs. 2 EuGVVO nahezu unverändert entsprach. Warum aber sollte der europäische Gesetzgeber davon sprechen, dass die *Vollstreckbarerklärung* von Rechts wegen die Befugnis umfasse, Maßnahmen nach Abs. 1 zu veranlassen, wenn tatsächlich gemeint wäre, dass auch solche Entscheidungen dieses Recht gewähren, die aufgrund der Neufassung keiner Exequaturen mehr bedürfen? Im Ergebnis dürfte es sich insoweit bei der Entwurfsfassung schlichtweg um ein Redaktionsversehen gehandelt haben, das auf einer insofern inkonsequenten Umsetzung der weitgehenden Abschaffung des Exequaturverfahrens beruhte, das bei der Formulierung der letztlich erlassenen Version des Art. 40 der Neufassung der EuGVVO behoben wurde:

> *Eine vollstreckbare Entscheidung umfasst von Rechts wegen die Befugnis, jede Sicherungsmaßnahme zu veranlassen, die im Recht des ersuchten Mitgliedstaats vorgesehen ist.*

Durch die modifizierte Formulierung des ersten Halbsatzes ist gewährleistet, dass eindeutig sowohl die Entscheidungen erfasst sind, die künftig ohne Exequatur vollstreckbar sein sollen als auch solche, die für vollstreckbar erklärt werden. Dies hat zur Folge, dass eine vorläufige Kontenpfändung im entsprechenden Vollstreckungsstaat dann unmittelbar, ohne weitere Zwischenschritte, veranlasst werden kann.

Allerdings müsste der Gläubiger in jedem selbst weiter tätig werden, um die Konten des Schuldners in unterschiedlichen Staaten zu blockieren: Er muss sich initiativ an die Gerichte des Vollstreckungsstaates wenden. Denn Art. 40 EuGVVO gewährt lediglich die Möglichkeit die jeweils nationalen Sicherungsmaßnahmen zu nutzen. Die erststaatliche Entscheidung bildet „nur“ den Grund der entsprechenden Maßnahme. Demgegenüber bietet die Kontenpfändungsverordnung eine Sicherungsmaßnahme aus einem Guss: Hier muss der Gläubiger nach Anordnung der vorläufigen Kontenpfändung nicht noch einmal initiativ im Vollstreckungsstaat tätig werden. Vielmehr wird gemäß Art. 23 Abs. 3 EuKPfVO der Beschluss zur vorläufigen Pfändung an die zuständige Behörde des Vollstreckungsmitgliedstaats übermittelt.

E. Zwischenergebnis

Sofern bereits eine Entscheidung in der Hauptsache ergangen ist, bietet Art. 40 EuGVVO (vormals Art. 47 EuGVVO a. F.) die Möglichkeit, eine vorläufige Kontenpfändung einzuleiten. Die konkrete Ausgestaltung des Verfahrens richtet sich sodann – genauso wie bei Anwendung der Kontenpfändungsverordnung – im Wesentlichen nach dem einschlägigen nationalen Recht.

§ 3 Zuständigkeit

Eine der wichtigsten Fragen für die Gestaltung des europäischen Verfahrens zur vorläufigen Kontenpfändung war und ist die internationale Zuständigkeit. Denn mit ihr korrespondieren ganz unmittelbar die Fragen nach der Effektivität der Maßnahme für den Gläubiger und nach der Gewährung eines adäquaten Schuldnerschutzes.

Die Diskussion gleicht insoweit derjenigen zur Zuständigkeit im Rahmen der EuMVVO[294], die eine eigene Regelung der Zuständigkeit nicht enthält. Stattdessen verweist sie auf die Bestimmungen der EuGVVO. Vereinzelt wurde kritisiert, dass durch den Verweis auf diese komplexen Regelungen dem Interesse, eine möglichst einfache Ausgestaltung des Mahnverfahrens zu erreichen, nicht hinreichend Rechnung getragen würde.[295] Es wurde insofern gefordert, eine ausschließliche Zuständigkeit am Gerichtsstand des Antragsgegners zu statuieren.[296] Neben der dadurch erreichten klaren Zuständigkeitsstruktur sei diese Lösung auch aus Gründen des Schuldnerschutzes geboten.[297] Eine ausschließliche Zuständigkeit des Wohnsitzmitgliedstaats besteht lediglich in dem Fall, dass der Antragsgegner Verbraucher ist und er den Vertrag aus privaten Gründen geschlossen hat.[298]

A. Zuständigkeitsregelung der EuKPfVO

Vor dem Hintergrund der vorgenannten Diskussion um die Zuständigkeitsregelungen der EuMVVO verwundert es nicht, dass sich für das Verfahren zur vorläufigen Kontenpfändung eine vollständig einheitliche, unionsrechtliche Regelung der internationalen Zuständigkeit durchgesetzt hat.[299] Sie findet sich in Art. 6 EuKPfVO, der zwischen der Zuständigkeit vor Erlangung eines Titels (Abs. 1), der Zuständigkeit für gegen Verbraucher gerichtete Verfahren (Abs. 2), der Zuständigkeit nach Erlangung einer gerichtlichen Entscheidung oder eines

---

294 Verordnung (EG) Nr. 1896/2006 des Europäischen Parlaments und des Rates vom 12. Dezember 2006 zur Einführung eines Europäischen Mahnverfahrens.

295 *Sujecki*, EuZW 2005, 45, 46.

296 *Sujecki*, EuZW, 2005, 45, 46.

297 *Sujecki*, ZEuP, 2006, 124, 136.

298 *Kormann*, S. 67; *Schlosser*, EU-Zivilprozessrecht, MahnVO, Art. 6 Rn. 2.

299 Vgl. Rauscher/*Wiedemann*, Europäisches Zivilprozess- und Kollisionsrecht, EU-KPfVO, Art. 6 Rn. 1.

gerichtlichen Vergleichs (Abs. 3) und der Zuständigkeit für die Pfändung aus öffentlichen Urkunden (Abs. 4) unterscheidet.

Absatz 1 weist die Zuständigkeit (unabhängig von der Belegenheit des Kontos) den Gerichten des Mitgliedstaates zu, die nach den insoweit maßgeblichen Zuständigkeitsvorschriften[300] für das Verfahren in der Hauptsache zuständig sind. Sofern in der Hauptsache eine Zuständigkeit der Gerichte mehrerer Mitgliedstaaten begründet werden kann, hat der Gläubiger ein Wahlrecht.[301] Ist der Anspruchsgegner Verbraucher, sind – jedenfalls vor Erlangung eines Titels – gemäß Absatz 2 ausschließlich die Gerichte in dessen Wohnsitzmitgliedstaat zuständig.

Der Verordnungsentwurf zur Einführung eines europäischen Verfahrens zur vorläufigen Kontenpfändung sah in Art. 6 für den Erlass eines solchen Beschlusses vor Erlangung eines vollstreckbaren Titels noch eine zweigliedrige Zuständigkeit vor, die in Absatz 3 wie folgt lautete:

> *Ergänzend zu (...) sind die Gerichte des Mitgliedstaates, in dem das Bankkonto belegen ist, für den Erlass eines EuBvKpf zuständig, der in diesem Mitgliedstaat vollstreckt werden kann.*

Mit dem Ziel, immer eine enge Verbindung zwischen dem Verfahren in der Hauptsache und dem auf Erlass des Pfändungsbeschlusses gerichteten Verfahrens zu gewährleisten, wurde diese Regelung jedoch nicht in die Verordnung aufgenommen.[302]

Die Absätze 3 und 4 der Kontenpfändungsverordnung weisen schließlich für den Fall, dass bereits ein Titel vorliegt, die Zuständigkeit den Gerichten des Mitgliedsstaats zu, die bereits mit der Sache befasst sind oder waren. Diese Regelung passt sich in das bestehende Zuständigkeitssystem der EuGVVO ein: Denn ist bereits ein Verfahren in der Hauptsache anhängig, so besteht grundsätzlich auch die Zuständigkeit dieses Gerichts für den Erlass einstweiliger Maßnahmen.[303] Dies lässt sich sowohl mit einer Annexkompetenz[304] und mit dessen Sachnähe[305]

---

300 Gemeint ist in erster Linie die EuGVVO.

301 Rauscher/*Wiedemann*, Europäisches Zivilprozess- und Kollisionsrecht, EU-KPfVO, Art. 6 Rn. 8.

302 Rauscher/*Wiedemann*, Europäisches Zivilprozess- und Kollisionsrecht, EU-KPfVO, Art. 6 Rn. 5.

303 EuGH, Urteil v. 17.11.1998 – Rs. C-391/95 *(van Uden)*, Rn. 19; ausdrücklich bestätigt durch Art. 2 lit. a S. 2 EuGVVO.

304 *Heinze*, Einstweiliger Rechtsschutz im Europäischen Immaterialgüterrecht, S. 198; Rauscher/*Mankowski, Europäisches Zivilprozess- und Kollisionsrecht*, Brüssel Ia-VO, Vorbem zu Art. 4 Rn. 6.

305 Kropholler/*von Hein*, EuGVO, Art. 31 Rn. 10.

begründen. Allerdings sind die Gerichte anderer Mitgliedsstaaten dadurch nicht gehindert, territorial beschränkte (Sicherungs-)Maßnahmen zu erlassen.

Die Kontenpfändungsverordnung sieht in Art. 23 Abs. 3 EuKPfVO eine zweigliedrige Zuständigkeit vor: Sofern der Pfändungsbeschluss in einem anderen als dem Vollstreckungsmitgliedstaat i. S. d. Art. 4 Nr. 12 EuKPfVO erlassen wurde, wird dieser Beschluss gemäß Art. 29 EuKPfVO auf geeignetem Wege[306] an die zuständige Behörde im Vollstreckungsmitgliedstaat übermittelt. In Deutschland ist dies gemäß § 952 Abs. 1 Nr. 1 ZPO das Amtsgericht, in dessen Bezirk das Vollstreckungsverfahren stattfindet. Es ist mithin bei der Zuständigkeit zu unterscheiden zwischen derjenigen für den Erlass und der für den Vollzug der Maßnahme.[307]

B. Zuständigkeit nach Art. 22 Nr. 5 EuGVVO a. F. / Art. 24 Nr. 5 EuGVVO n. F.

Im Rahmen des Zuständigkeitssystems der EuGVVO wäre es auch denkbar gewesen, die Zuständigkeit für den Ausspruch einer vorläufigen Kontenpfändung aus Art. 24 Nr. 5 EuGVVO (vormals Art. 22 Nr. 5 EuGVVO a. F.) abzuleiten, der besagt, dass für Verfahren, welche die Zwangsvollstreckung aus Entscheidungen zum Gegenstand haben, ohne Rücksicht auf den Wohnsitz die Gerichte des Mitgliedstaates ausschließlich zuständig sind, in dessen Hoheitsgebiet die Zwangsvollstreckung durchgeführt werden soll oder durchgeführt worden ist. Allgemein wird die Vorschrift als ausdrücklicher Ausfluss des Territorialitätsprinzips verstanden.[308]

Fraglich ist, ob Art. 24 Nr. 5 EuGVVO die Zuständigkeit für die Zwangsvollstreckungsmaßnahme als solche begründet. Das englische *House of Lords* nahm in einer Entscheidung aus dem Jahr 2003 an, dass für die Beurteilung der internationalen Zuständigkeit englischer Gerichte zum Erlass einer *final third*

306 Diese Regelung folgt weitgehend der Systematik des Art. 4 Abs. 2 EuZVO, vgl. Rauscher/*Wiedemann*, Europäisches Zivilprozess- und Kollisionsrecht, EU-KPfVO, Art. 29 Rn. 7.

307 Vgl. auch *Domej*, GPR 2017, 84, 86 f.

308 EuGH, Urteil v. 26.03.1992, Rs. C-261/90 *(Reichert v. Dresdner Bank)*, IPRax 1993, 28; *Hök*, MDR 2005, 306; *Schlosser*, EU-Zivilprozessrecht, EuGVVO, Art. 22 Rn. 24; *Geimer/Schütze*, EuGVVO, Art. 22 Rn. 264; *Leible/Freitag*, § 2 Rn. 219; Rauscher/*Mankowski (3. Auflage)*, Europäisches Zivilprozess- und Kollisionsrecht, Brüssel I-VO, Art. 22 Rn. 53a.

debt order im konkreten Fall Art. 16 Abs. 5 LugÜ zu beachten sei.[309] Wie Art. 24 Nr. 5 EuGVVO regelt Art. 16 Abs. 5 LugÜ jedoch – bei identischer Formulierung – nicht, wo die Zwangsvollstreckung durchgeführt werden kann. Bereits der Wortlaut des Art. 24 Nr. 5 EuGVVO steht einer Anwendung auf das Zwangsvollstreckungsverfahren selbst entgegen.[310] Daraus ergibt sich, dass allein die Zuständigkeit für Rechtsbehelfe im Vollstreckungsverfahren geregelt werden soll.[311] Im Übrigen gehen die überwiegenden Stimmen – jedenfalls in der deutschen Literatur – davon aus, dass die Zuständigkeitsregeln der EuGVVO für Pfändungsbeschlüsse nicht gelten.[312] Behandelt man die vorläufige Kontenpfändung als Maßnahme des einstweiligen Rechtsschutzes, wären zudem die sich daraus unmittelbar ableitenden Zuständigkeitsregeln der EuGVVO in Verbindung mit dem jeweils nationalen Recht *lex specialis* gegenüber Art. 24 Nr. 5 EuGVVO.[313]

Das belegt, dass es im Interesse eines praktikablen Verfahrens notwendig war, eigene Zuständigkeitsregeln für die vorläufige europäische Kontenpfändung zu schaffen.

C. Zuständigkeit am Ort der Belegenheit der Forderung

Denkbar wäre allerdings gewesen, die Zuständigkeit für den Ausspruch einer vorläufigen Kontenpfändung an die Belegenheit der Forderung des Schuldners gegenüber dem Kreditinstitut (Drittschuldner) anzuknüpfen. Dies käme einer konsequenten Anwendung des Territorialitätsprinzips gleich. Es schließt sich dann zwingend, die – sehr strittige – Frage an, wo Forderungen belegen sind.[314] Hierzu existieren in den Mitgliedstaaten unterschiedliche Ansätze. Die EuKPfVO in der erlassenen Form gibt zur Belegenheit von Forderungen keinen Aufschluss. Ohne nähere Begründung, praktisch „en passant",[315] ist die mit

309 *Kuwait Oil Tanker v. Qabazard (2003) 3* All ER 501, 504 (HL); *Sonnabend*, S. 111.

310 Vgl. auch *Wolber*, S. 151 f.

311 H. M. vgl. OLG Saarbrücken, Beschluss v. 11.07.2000, 5 W 369/99, IPRax 2001, 456; *Geimer/Schütze*, EuGVVO, Art. 22 Rn. 275; Kropholler/*von Hein*, EuGVO Art. 22 Rn. 61; *Schlosser*, EU-Zivilprozessrecht, EuGVVO, Art. 22 Rn. 25.

312 *Baur/Stürner/Bruns*, Zwangsvollstreckungsrecht, Rn. 55.29; B/L/A/H, EuGVVO, vor Art. 2 Rn. 4.

313 MK-ZPO/*Gottwald*, EuGVVO, Art. 22 Rn. 47; Thomas/Putzo/*Hüßtege*, EuGVVO, Art. 22 Rn. 19; nach *Geimer/Schütze*, EuGVVO Art. 22 Rn. 29 bleibt die Zuständigkeit nach Art. 31 EuGVVO unberührt.

314 S. etwa Nagel/Gottwald, IZPR, § 19 Rn. 79 ff.; *Riebold*, S. 95 ff.; *Wolber*, S. 152 ff.

315 Rauscher/*Wiedemann*, Europäisches Zivilprozess- und Kollisionsrecht, EU-KpfVO, Art. 4, Rn. 10.

vorherigen Überlegungen und Entwürfen offensichtlich noch angestrebte einheitliche Definition des Belegenheitsortes verschwunden.

I. Territorialitätsprinzip

Das Territorialitätsprinzip entstammt dem Völkerrecht und beruht letztlich auf dem Grundsatz der Souveränität, der die Ausübung hoheitlicher Gewalt auf fremdem Staatsgebiet grundsätzlich untersagt.[316] Pfändungsmaßnahmen bilden zweifelsohne eine Form der Ausübung hoheitlicher Gewalt.[317] Insofern dürfen die Vollstreckungsorgane eines Staates grundsätzlich nur in Vermögensgegenstände vollstrecken, die sich auf dessen Territorium befinden, d. h. dort belegen sind.[318] Andernfalls bedarf es der Rechtshilfe seitens des betroffenen Staates.[319]

1. Zustellung eines Pfändungsbeschlusses an einen Drittschuldner im Ausland und dessen Anerkennung

In Rechtsprechung und Literatur wird teilweise angenommen, dass allein die Tatsache, dass der Sitz des Drittschuldners im Ausland liegt, dem Erlass eines Pfändungsbeschlusses nicht entgegenstünde.[320] Argumentativ wird diese These auf unterschiedliche Fundamente gestellt:

Der österreichische Oberste Gerichtshof stellt darauf ab, dass die Territorialhoheit eines anderen Staates nur dann betroffen sei, wenn dort Recht durchgesetzt würde. Die Anordnung an die (ausländische) Bank, ein bestimmtes Verhalten zu unterlassen, könne jedoch nicht als ein Akt der Zwangsvollstreckung eingeordnet werden, weil es sich dabei lediglich um die Mitteilung handele, dass eine Leistung des Drittschuldners an den Schuldner nicht als schuldbefreiend

---

316 *Mack*, IPRax 2005, 553; BGH, Urteil v. 04.06.2002, XI ZR 301/01, IPRax 2003, 447, 448 m. w. N.; ausführlich zur Begrenzung der Vollstreckungsgewalt durch das Territorialitätsprinzip: *Lange*, S. 145 ff.

317 *Nagel/Gottwald*, IZPR, § 17 Rn. 58; *Schlosser*, EU-Zivilprozessrecht, EuGVVO, Art. 22 Rn. 24; *Kotrschal/Stalberg*, BKR 2009, 38, 40.

318 *Mack*, IPRax 2005, 553.

319 MK-ZPO/*Smid*, § 829 Rn. 86.

320 **Rspr.** (Auswahl): österr. OGH, Beschluss v. 18.12.1996, 3Ob98/95 (zitiert nach RIS); OLG Frankfurt, Urteil v. 11.11.1975, 5 U 204/75, MDR 1976, 321; **Lit.** (Auswahl): Stein/Jonas/*Brehm*, ZPO, § 829 Rn. 24; *Stöber*, Forderungspfändung, Rn. 39; *Schack*, IZVR, Rn. 1091; *Wolber*, S. 156 ff. (jew. m. w. N.).

angesehen werde.[321] Die Vollstreckungsmaßnahme richte sich nicht gegen den Dritt-, sondern gegen den Vollstreckungsschuldner.[322]

Diese Argumentation führt allerdings zu dem Problem, dass sich die Wirkung der Forderungspfändung nicht ohne weitere Zwischenschritte ermitteln lässt. Wenn man davon ausgeht, dass aufgrund des mit dem zugestellten Beschluss ausgesprochenen Verbotes ausgeschlossen ist, dass das Kreditinstitut mit schuldbefreiender Wirkung an den Schuldner leistet,[323] so stellt sich die Frage der Wirkungserstreckung im Rahmen eines möglichen Einziehungsprozesses: Hat die Bank dem Verbot entgegen geleistet, könnte sie nur dann noch einmal in Anspruch genommen werden, wenn das gerichtliche Verbot – mit der Folge, dass nicht wirksam erfüllt worden wäre – im Rahmen des Einziehungsprozesses zu berücksichtigen wäre. Demgegenüber bestehen beispielsweise im niederländischen Recht Bedenken: So herrscht in der dortigen Rechtspraxis die Auffassung, dass ein niederländischer Richter einem ausländischen Drittschuldner nicht untersagen könne, an den Vollstreckungsschuldner zu bezahlen.[324] Daraus wird gefolgert, dass dementsprechend ein auf (abermalige) Zahlung gerichtetes Urteil gegen eine in den Niederlanden ansässige Bank möglicherweise wegen Verstoßes gegen den *ordre public* nicht zu vollstrecken wäre.[325] Der vermeintlichen Pfändungsmaßnahme wäre damit jedwede Effektivität genommen.

Für *Stöber* ist die Frage, ob im Falle der Zustellung an einen Drittschuldner in einen anderen Mitgliedstaat eine wirksame Pfändung vorliegt, untrennbar mit dem Problem verbunden, ob die Regelung des Art. 14 Abs. 1 EuZVO das Einverständnis des betroffenen Staates beinhaltet, in seinem Territorium zu vollstrecken.[326] Diese Folgefrage wurde bislang von Rechtsprechung und Literatur noch nicht umfassend diskutiert. Die Zustellung im Einklang mit der EuZVO bedeutet für sich genommen jedenfalls keinen völkerrechtswidrigen Eingriff in die Souveränität des Zustellungsstaates.[327] Als Konsequenz daraus sei auch die

---

321 Österr. OGH, Beschluss v. 18.12.1996, 3Ob98/95 (zitiert nach RIS); *Geimer*, IZPR, Rn. 3256 verweist auf die vergleichbare Situation im Rahmen einer Zession oder einem vertraglich vereinbarten Pfandrecht – auch in diesen Fällen sei eine Mitwirkung des Drittschuldners nicht erforderlich.

322 *Lange*, S. 164; *Geimer*, IZPR, Rn. 408n; *Nagel/Gottwald*, § 17 Rn. 67 jeweils m. w. N.

323 So etwa im deutschen Recht: Die Pfändung wird mit der Zustellung an den Drittschuldner (die Bank) bewirkt, vgl. § 829 Abs. 3 ZPO.

324 *Seggewiße*, NJW 2008, 2156, 2159.

325 *Seggewiße*, NJW 2008, 2156, 2159.

326 *Stöber*, Forderungspfändung, Rn. 39.

327 *Baur/Stürner/Bruns*, Zwangsvollstreckungsrecht, Rn. 55.31.

Anerkennung von Pfändungs- und Überweisungsbeschlüssen gemeinschaftsrechtlich geboten.[328] Tatsächlich erscheint dieser Ansatz allerdings zu weitgehend. Denn die wirksame Zustellung eines ausländischen Pfändungsbeschlusses allein bedeutet noch nicht den Eintritt der Pfändungswirkung, die erst mit der Anerkennung dieses Beschlusses eintreten würde.[329]

Dementsprechend ist zu konstatieren, dass ein erhebliches Maß an Rechtsunsicherheit bestünde, wenn man die Frage der wechselseitigen Anerkennung von Pfändungsbeschlüssen aus der Diskussion ausklammern würde.

2. *Konsequenzen für ein europäisches Verfahren zur vorläufigen Kontenpfändung*

Für ein europäisches Verfahren zur vorläufigen Kontenpfändung leitet sich daraus die Schwierigkeit ab, dass sich eine unionsweite Pfändung nur dann erreichen ließe, wenn sie auch in den anderen Mitgliedsstaaten wirksam wäre, nicht ausschließlich in demjenigen, dessen Gerichte die Maßnahme angeordnet haben, weil andernfalls die Gefahr einer doppelte Inanspruchnahme des Drittschuldners im Zuge der späteren Forderungseinziehung drohen könnte oder aber (alternativ) die Effektivität der Sicherungsmaßnahme von vornherein nicht gewährleistet wäre.

Daraus lassen sich zwei mögliche Schlussfolgerungen ziehen: Entweder ist das Territorialitätsprinzip im Rahmen der Neuregelung zur vorläufigen Kontenpfändung zu durchbrechen – so ist der in der erlassenen Verordnung gewählte Weg einzuordnen – oder die Zuständigkeit hätte sich zwingend an der Belegenheit der zu pfändenden Forderung(en) zu orientieren.

II. Belegenheit der Forderung

Die EuKPfVO enthält keine eigenständige Regelung zur Belegenheit der Forderung.[330] Dies ist insofern bemerkenswert, als dass die Europäische Kommission bereits in ihrem Arbeitsdokument zum Grünbuch zum Ausdruck brachte, dass die Belegenheit der Forderung diskussionswürdig sei und dementsprechend ergebnisoffen betrachtet werden müsste.[331] Im Rahmen der Stellungnahmen zum Grünbuch wurde dann auch Position dazu bezogen, wer letztlich für den Vollzug

328 *Baur/Stürner/Bruns*, Zwangsvollstreckungsrecht, Rn. 55.31.

329 Vgl. Rauscher/*Heiderhoff*, Europäisches Zivilprozess- und Kollisionsrecht, EG-ZustVO 2007, Einleitung, Rn. 26.

330 Art. 4 Nr. 4 EuKPfVO definiert lediglich den Ort der Kontoführung.

331 SEK (2006) 1341.

der vorläufigen Kontenpfändung zuständig sein sollte. Auf die dogmatisch vorgelagerte Frage der Belegenheit der Forderung des Kontoinhabers gegenüber dem Kreditinstitut fanden sich indes keine Antworten.

Der Verordnungsvorschlag der Kommission vom 25.07.2011 enthielt schließlich in Art. 4 Abs. 6 eine Legaldefinition des „*Belegenheitsmitgliedstaates*", und zwar sei es danach

a) bei einem Bankkonto, dessen Guthaben aus Barsicherheiten besteht, der Mitgliedstaat, der in der internationalen Kontonummer (IBAN) angegeben ist,
b) bei einem Bankkonto, dessen Guthaben aus Finanzinstrumenten besteht, der Mitgliedstaat, in dem die kontoführende Bank ihren gewöhnlichen Aufenthaltsort nach Maßgabe von Artikel 19 der Verordnung (EG) Nr. 593/2008 des Europäischen Parlamentes und des Rates[332] *hat.*

Leider enthielt der Verordnungsvorschlag keine Begründung zu dieser Regelung. Es lässt sich insoweit nur anhand allgemeiner Erwägungen beurteilen, ob die in dem Vorschlag gewählte Gestaltung der Belegenheit sinnvoll oder stattdessen ein anderer Weg zu bevorzugen wäre.

1. Natürliche Belegenheit von Forderungen

Die Belegenheit von körperlichen Gegenständen bereitet in der Regel keine Schwierigkeiten. Letztlich kann schlicht auf ihren Lage- bzw. Aufenthaltsort abgestellt werden.[333] Auch für Forderungen wurde bisweilen der Versuch unternommen, ihre Belegenheit anhand tatsächlicher Merkmale zu erklären. Ein Blick in die Vergangenheit mag dieses Verständnis bestätigen: Vor ca. 50 Jahren erforderten viele Transaktionen die Übertragung von Bargeld oder anderer körperlicher Gegenstände.[334] Ein- und Auszahlungsvorgänge konnten ausschließlich an dem Ort vorgenommen werden, an dem auch das Konto geführt wurde.[335]

Tatsächlich helfen diese Erklärungsversuche heute im Ergebnis nicht weiter. Es liegt fernab der Realität, anzunehmen, das dem Bankkunden auszuzahlende Bargeld befände sich an einem bestimmten Ort. Insbesondere die stetig Marktanteile hinzugewinnenden Direktbanken, die ohne eigene Filialen und damit

---

332 Abl. L 177 vom 04.07.2008, S. 6.

333 *Kotrschal/Stalberg*, BKR 2009, 38, 40; *Rauscher*, Internationales Privatrecht, § 11 Rn. 1403; *von Hoffmann/Thorn*, § 12 Rn. 7–9; *Kegel/Schurig*, S. 661; *Kropholler*, Internationales Privatrecht, S. 554; *Koch/Magnus/Mohrenfels*, S. 186 ff.; *Riebold*, S. 94 f.; *Siehr*, S. 270 f.

334 *Herring/Kübler*, ZBB 1995, 113, 115.

335 *Herring/Kübler*, ZBB 1995, 113, 115.

gleichzeitig gänzlich ohne Bargeldbestände operieren, bringen das Erklärungsmodell an seine Grenzen. Bankkunden sind nicht mehr darauf beschränkt, Geld bei der für sie zuständigen Filiale abzuheben, stattdessen stehen ihnen – über Landesgrenzen hinweg – andere Niederlassungen der Bank und Geldautomaten zur Verfügung.[336]

Alternativ zum Sitz des Drittschuldners könnte man – wie etwa im Schweizer Recht – auf den Sitz des Vollstreckungsschuldners abstellen[337], um die zu pfändende Forderung zu lokalisieren. Als Begründung dafür lässt sich anführen, dass der wesentliche Aspekt einer Forderungspfändung gerade darin besteht, dass dem Schuldner die Verfügungsbefugnis über die betreffende Forderung genommen wird und von daher auf seine Person abzustellen sei.[338] Zudem wirke die Vollstreckung gegen den Schuldner und nicht gegen den Drittschuldner.[339] Auch diese Argumentation folgt indes keinem natürlichen Anknüpfungspunkt.

Schlussendlich ist daher festzuhalten: Forderungen weisen keine natürliche Belegenheit auf.[340] Sie lassen sich physisch nicht lokalisieren.[341] Dementsprechend ist ihre Belegenheit anhand einer rechtlich angeordneten Fiktion zu bestimmen.[342]

2. *Fiktive Belegenheit von Forderungen*

Wo eine Forderung fiktiv zu lokalisieren ist, unterliegt keiner völkerrechtlichen Beschränkung.[343] Insofern bietet sich ein Rückgriff auf systematische Erwägungen – einen Anhaltspunkt liefert etwa Art. 2 Nr. 9 iii EuInsVO (Art. 2 lit. g) 3. Spiegelstrich EuInsVO a. F.) – und die Frage nach einer praktikablen Umsetzung als Beurteilungskriterien an. In Betracht kommen:

---

336 *Herring/Kübler*, ZBB 1995, 113, 115.

337 BGE 128 III 473; BGE 109 III 90, 92; BGE 103 III 86, 90 – nur wenn der Vollstreckungsschuldner keinen Wohnsitz in der Schweiz hat, ist eine Ersatzzuständigkeit anhand des Sitzes des Drittschuldners gegeben; vgl. auch *Mössle*, S. 224.

338 *Jestaedt*, IPRax 2001, 438 f.; *Hök*, MDR 2005, 306, 310.

339 *Hök*, MDR 2005, 306, 310.

340 *Hök*, MDR 2005, 306, 310; *Stehle*, S. 208; *Schack*, IZVR, Rn. 1086.

341 *Mössle*, S. 31; *Mack*, IPRax 2005, 553.

342 *Mack*, IPRax 2005, 553; Rauscher/Mankowski, Europäisches Zivilprozess- und Kollisionsrecht, Brüssel Ia-VO, Art. 24, Rn. 136.

343 *Mössle*, S. 38; *Mack*, IPRax 2005, 553; *Riebold*, S. 95.

- der Sitz des Drittschuldners,
- der Sitz des Vollstreckungsschuldners (sprich dem Gläubiger der Forderung gegenüber dem Drittschuldner),
- der Erfüllungsort der gepfändeten Forderung oder
- speziell bei Bankkonten der Ort der kontoführenden Stelle[344].

a. Beurteilung in den Mitgliedstaaten

In der Mehrzahl der Mitgliedsstaaten beurteilt sich die Belegenheit einer Forderung anhand des Sitzes des Drittschuldners,[345] u. a. im französischen[346], niederländischen[347] oder im österreichischen[348] Recht.

Für das deutsche Recht wird als Anknüpfungspunkt regelmäßig § 23 S. 2 ZPO herangezogen. Demnach würde sich die Belegenheit von Bankguthaben anhand des Sitzes der Bank bestimmen.[349] Ob sich aus § 23 S. 2 ZPO indes ein allgemeiner Rechtsgedanke des deutschen Rechts ableiten lässt, ist zweifelhaft.[350]

Allerdings scheint auch der Europäische Gerichtshof im Ergebnis wohl zu einer Forderungsbelegenheit am Sitz des Drittschuldners zu tendieren. Diese Einschätzung leitet sich aus einer Entscheidung in der Rechtssache *Kronhofer/Maier u. a.*[351] ab, in der sich das Gericht mit Frage der Vermögensbelegenheit im Zusammenhang mit dem Gerichtsstand aus Art. 7 Nr. 2 EuGVVO zu befassen hatte.[352]

Ein anderer Lösungsweg wurde in England-Wales beschritten: Die Belegenheit einer Forderung beurteilte sich anhand des Erfüllungsortes.[353] Dies

---

344 *Mack*, IPRax 2005, 553.

345 *Hök*, MDR 2005, 306, 308; *Hess*, Study JAI/A3/2002/02 General Report – S. 77.

346 *Hök*, ZfBR 2008, 741, 753.

347 *Seggewiße*, NJW 2008, 2156, 2159.

348 Vgl. § 18 Abs. 3 österr. EO.

349 BGH, Urteil v. 04.06.2002, XI ZR 301/01, IPRax 2003, 447, 449; Urteil v. 21.09.1987, II ZR 41/87, NJW-RR 1988, 172; Zöller/*Vollkommer*, ZPO, § 23 Rn. 10; Thomas/Putzo/*Hüßtege*, ZPO, § 23 Rn. 7; *Weller*, Rpfleger 2006, 364, 371. Anders entschied hingegen das Bundesarbeitsgericht: Der Vorschrift des § 23 Satz 2 ZPO könne keine allgemeingültige Fiktion der Belegenheit von Forderungen am Sitz des Drittschuldners entnommen werden, BAG, Urteil v. 19.03.1996, 9 AZR 656/94, IPRax 1997, 335, 337, ebenso noch *Mössle*, S. 96 ff.

350 Vgl. zum Streitstand: *Lange*, S. 221 f.

351 EuGH, Urteil v. 10.06.2004, RS C-168/02 (*Kronhofer v. Maier).*

352 Vgl. Rauscher/*Leible*, Europäisches Zivilprozess- und Kollisionsrecht, Brüssel Ia-VO, Art. 7 Rn. 125.

353 *Hess*, Study JAI/A3/2002/02 – General Report, S. 77.

konnte – abhängig vom Willen der Parteien – auch der Ort sein an dem das Konto geführt wird oder der Sitz des Kontoinhabers.[354] Seit Inkrafttreten der *Civil Procedure Rules* ist die Frage der internationalen Zuständigkeit für die Forderungspfändung im englischen Recht ausdrücklich normiert: CPR r. 72.1 (1) statuiert, dass, um die Gefahr einer doppelten Inanspruchnahme zu vermeiden, der Erlass einer *third party debt* order nur dann möglich ist, wenn sich der Drittschuldner innerhalb des englischen Jurisdiktionsbereichs befindet.

Vor diesem Hintergrund läge zunächst der Schluss nahe, diese Regelung für die vorläufige Kontenpfändung in Europa zu übernehmen. Letztlich griffe dies für sich genommen jedoch zu kurz. Es ist stattdessen anhand weiterer systematischer Erwägungen zu überprüfen, ob sich eine solche Fiktion in ein potentielles, gesamteuropäisches Vollstreckungssystem eingliedern könnte.

b. Beurteilung anhand Art. 2 EuInsVO

Bei der systematischen Auslegung von Gemeinschaftsrecht ist der Rechtsanwender letztlich auf die Argumente angewiesen, die sich aus dem Gemeinschaftsrecht selbst ergeben.[355] Insofern können sowohl der Gemeinschaftsvertrag als auch sekundäres Gemeinschaftsrecht herangezogen werden.[356] Daher bietet sich möglicherweise für die Frage, wo die Forderung gegenüber dem Kreditinstitut zu lokalisieren ist, ein Rückgriff auf Art. 2 Nr. 9 iii EuInsVO (Art. 2 lit g) 3. Spiegelstrich EuInsVO a. F.) an, der regelt, dass unter der Bezeichnung „Mitgliedstaat, in dem sich ein Vermögensgegenstand befindet“ im Falle von Forderungen der Mitgliedstaat zu verstehen ist, in dessen Gebiet der zur Leistung verpflichtete Dritte den Mittelpunkt seiner hauptsächlichen Interessen im Sinne von Art. 3 Abs. 1 hat.[357]

aa. Sinn und Zweck der Belegenheitsfiktion der EuInsVO

Mit der Reform der EuInsVO wurden auch die Regelungen zur Belegenheit von Forderungen neu geordnet. Die Verordnung enthält in der Neufassung eine Norm, die das Guthaben auf Konten bei Kreditinstituten ausdrücklich verortet: Art. 2 Nr. 9 iii EuInsVO. Für Bankkonten tritt diese Regelung an die Stelle des allgemeiner gefassten Art. 2 lit. g) 3. Spiegelstrich EuInsVO a. F., für den teilweise angenommen wurde, dass die darin normierte Belegenheitsfiktion sinngemäß

354 *Hess*, Study JAI/A3/2002/02 – General Report, S. 77.
355 Kropholler/*von Hein*, EuGVO, Einl. Rn. 72.
356 Kropholler/*von Hein*, EuGVO, Einl. Rn. 73.
357 Diese Lösung bevorzugt insbesondere *Hess*, FS Kropholler, S. 795, 801.

dem Territorialitätsgrundsatz entspräche.[358] Dies erschiene nur konsequent, weil man bildlich gesprochen davon ausgehen könne, dass sich auch an diesem Ort die Mittel zur Berichtigung dieser Forderung befänden.[359] Das Manko dieser Argumentation liegt darin, dass – wie soeben festgestellt – Forderungen gerade keine natürliche Belegenheit aufweisen. Erst durch die EuInsVO selbst wird die Fiktion geschaffen, die die Forderung einem Belegenheitsort zuordnet. Die Fiktion selbst als Ausfluss des Territorialitätsprinzips zu bezeichnen, würde dementsprechend einen Zirkelschluss bilden.

Systematisch diente Art. 2 lit g) EuInsVO a. F. der einheitlichen Lokalisierung von Vermögensmassen.[360] Für die Nachfolgevorschriften der Neufassung der EuInsVO kann letztlich nichts anderes gelten. Im Zusammenhang mit einer Forderung ist deren Lokalisierung im Rahmen der Verordnung insbesondere für die Beurteilung dinglicher Rechte im Sinne des Art. 8 EuInsVO bzw. des inhaltsgleichen Art. 5 EuInsVO a. F. relevant.

Aus Art. 8 Abs. 2 lit b) EuInsVO ergibt sich in Verbindung mit Art. 8 Abs. 1 EuInsVO, dass das Recht, eine Forderung einzuziehen, insbesondere aufgrund eines Pfandrechts an dieser Forderung oder aufgrund einer Sicherheitsabtretung dieser Forderung, von der Eröffnung des Insolvenzverfahrens nicht berührt wird, sofern der Sitz des Drittschuldners sich in einem anderen Staat als demjenigen der Insolvenzeröffnung befindet. Die exakte Bedeutung dieser Formulierung ist umstritten: Während Art. 8 EuInsVO teilweise als Kollisionsnorm – also eine Vorschrift, die regelt, welches Recht Anwendung findet – eingestuft wird,[361] geht die wohl überwiegende Meinung im Schrifttum davon aus, dass es sich um eine Sachnorm – also eine Vorschrift, die einen Sachverhalt selbst unmittelbar regelt – handelt.[362] Begründet wird die letztgenannte Ansicht insbesondere mit dem Argument des Verkehrsschutzes, in dessen Interesse der Geltungsanspruch des Hauptinsolvenzverfahrens zurückgenommen werde.[363] Ein Ausgleich im

---

358 Vgl. etwa *Hess*, FS Kropholler, S. 795, 801.

359 Duursma-Kepplinger/Duursma/*Chalupsky*, EuInsVO, Art. 2 (a. F.) Rn. 18.

360 HK-InsO/*Stephan*, EuInsVO, Art. 2 (a. F.) Rn. 4.

361 *Flessner*, IPRax 1997, 1, 7; *v. Bismarck/Schürmann*, NZI 2005, 147, 148; *Friedemann Fritz/Bähr*, DZWiR 2001, 221, 227 f.

362 MK-InsO/*Reinhart*, EuInsVO, Art. 5 (a. F.) Rn. 1; HK-InsO/*Stephan*, EuInsVO, Art. 5 (a. F.) Rn. 6; Duursma-Kepplinger/Duursma/*Chalupsky*, EuInsVO, Art. 5 (a. F.) Rn. 12 ff.; *Wimmer*, NJW 2002, 2427, 2429 f.

363 Rauscher/*Mäsch*, Europäisches Zivilprozess- und Kollisionsrecht, EGInsVO, Art. 5 (a. F.) Rn. 21; *Wimmer*, NJW 2002, 2427, 2429.

Interesse der Gläubigergesamtheit könne insbesondere durch die Initiierung eines Sekundärinsolvenzverfahrens geschaffen werden.[364]

Konsequenz dieser Beurteilung ist, dass die Forderung in Höhe der Sicherheit nicht zur Insolvenzmasse des Hauptinsolvenzverfahrens gehört. Demnach beurteilt sich die Frage, ob ein Sicherungsrecht wirksam entstanden ist, nach dem Recht des Staates, in dem die Forderung belegen ist.[365] Dieses Ergebnis ist jedoch vor dem Hintergrund der Verfahrensziele der EuInsVO misslich. Die praktische Abwicklung der Insolvenz wird nachhaltig erschwert.[366]

Nicht zuletzt aus diesem Grund wurde die Vorgängervorschrift des Art. 8 EuInsVO, Art. 5 EuInsVO a. F., teilweise als gesetzgeberischer Fehlgriff bezeichnet.[367] Für den wichtigen Bereich der durch Zwangsvollstreckung erwirkten Sicherheiten an einer Forderung ließe sich eine Korrektur dadurch erreichen, dass der Ort der Pfändung und der Ort der Eröffnung des (Haupt-)Insolvenzverfahrens zusammenfallen. Dies wäre gewährleistet, wenn für beides der Mittelpunkt der wirtschaftlichen Interessen des Vollstreckungs- bzw. des späteren Insolvenzschuldners maßgeblich wäre. Zöge man Art. 2 Nr. 9 iii EuInsVO (Art. 2 lit. g) 3. Spiegelstrich EuInsVO a. F.) hingegen bereits für die Lokalisierung der Forderung im Rahmen der Zwangsvollstreckung heran, ließe sich dieses Ergebnis nicht erzielen.

bb. Das Ziel klarer Ergebnisse

Als weiteres Argument für die Übernahme der Wertung des Art. 2 EuInsVO für die Beurteilung der Belegenheit einer Forderung im Zuge eines Verfahrens zur vorläufigen Kontenpfändung wird der Wunsch nach „klaren Ergebnissen" herangezogen.[368] Dem ist einerseits beizupflichten. Denn mit der Anknüpfung an den Sitz des Kreditinstituts wird ausgeschlossen, die mitunter problematische Frage zu beantworten, wo der Sitz des Schuldners zu lokalisieren ist. Während sich der Sitz einer Bank grundsätzlich ohne größere Schwierigkeiten ermitteln lässt[369], kann insbesondere bei solchen Schuldnern, die sich gezielt ihrer Zahlungsverpflichtung entziehen möchten – und damit letztlich den Anlass für die hier diskutierte Sicherungsmaßnahme geliefert haben – der Sitz nur schwerlich

---

364 *Wimmer*, NJW 2002, 2427, 2430.

365 *Wimmer*, NJW 2002, 2427, 2429.

366 *Hess*, EuZPR, § 9 Rn. 41; *Haas*, FS Gerhardt, S. 319, 329 ff.

367 MK-InsO/*Reinhart*, EuInsVO, Art. 5 (a. F.) Rn. 2.

368 *Hess*, FS Kropholler, S. 795, 801.

369 Problematisch stellt sich indes die Frage dar, welcher Anknüpfungspunkt heranzuziehen ist – der Hauptsitz oder die kontoführende Niederlassung.

verifiziert werden. Andererseits fällt es schwer, sich eine Situation vorzustellen, in der ein Gläubiger zwar in der Lage ist, die Bankverbindung des Schuldners zu benennen, nicht aber dessen (Wohn-)Sitz zu bezeichnen.[370] Insofern ist das Argument, klare Ergebnisse zu erzielen, nur soweit zutreffend, dass eine eindeutige Belegenheitsfiktion dazu geeignet ist, dieses Ziel zu erreichen. Wo die Belegenheit hingegen fingiert wird, ist unter diesem Gesichtspunkt jedoch weniger entscheidend.

cc. Kein zwingender Rückschluss aus Art. 2 EuInsVO

Zusammenfassend ist mithin festzuhalten, dass aus der EuInsVO, die ausschließlich insolvenzrechtliche Zusammenhänge regelt,[371] keineswegs zu dem zwingenden systematischen Schluss führt, die Belegenheit einer Forderung für die Einzelzwangsvollstreckung gleichlautend zu fingieren. Bezieht man in die Überlegungen mit ein, dass es dem Ziel eines universellen Verfahrens näherkäme, die Entstehung und den Bestand von Sicherheiten – und just darum geht es bei der vorläufigen Kontenpfändung – im Rahmen des Art. 8 EuInsVO nach dem Recht beurteilen zu können, das der *lex fori concursus* entspricht, hätte es sich für die vorläufige Kontenpfändung angeboten, eine umfassende Zuständigkeit der Jurisdiktion des Staates zu erzielen, in dessen Staatsgebiet der Mittelpunkt der Interessen des Schuldners liegt. Dies wäre durch eine Fiktion der Forderungsbelegenheit ebenda möglich gewesen.

c. Erwägungen zum Schuldnerschutz

Als maßgebliches Argument für eine Fiktion der Belegenheit einer Forderung im Rahmen der Zwangsvollstreckung am Sitz des Vollstreckungsschuldners sind die Vorschriften zu dessen Schutz heranzuziehen. Sie sind entscheidend dafür, ob eine Forderung überhaupt pfändbar ist und welchen Restriktionen die Pfändung unterliegt.

Durch eine Belegenheitsfiktion am Sitz des Vollstreckungsschuldners wird sichergestellt, dass die in diesem Staat geltenden Pfändungsschutzvorschriften Anwendung finden – ohne dass es weiterer Kollisionsnormen bedarf. Im Interesse des Schuldners ist dies zwingend geboten[372], und für den Gläubiger resultieren daraus keine Nachteile, die eine andere Beurteilung erfordern würden.

---

370 Diese Frage stellt sich letztlich primär im Rahmen der Sachaufklärung innerhalb des Zwangsvollstreckungsverfahrens.

371 Vgl. dazu *Stehle*, S. 208, Fn. 1077.

372 Ebenso: *Kothe*, VuR 2011, 361, 362.

Gleichzeitig wäre damit gewährleistet, dass die Jurisdiktion eben dieses Mitgliedstaates die Anwendung der Pfändungsschutzvorschriften zu überprüfen hätte und damit das missliche Ergebnis vermieden würde, dass die Gerichte die – mitunter sehr komplexen – Schuldnerschutzbestimmungen anderer Mitgliedstaaten anzuwenden hätten. Dies kann gerade in einem formalisierten Verfahren nicht gewünscht sein.

d. *Systematische Erwägungen zu den Auswirkungen der Lokalisierung von Forderungen für ein späteres Insolvenzverfahren*

Strukturell ist die vorläufige Kontenpfändung als Sicherungsmittel für den Gläubiger insbesondere relevant, wenn der Schuldner nur eingeschränkt leistungsfähig oder -willig ist. In beiden Fällen besteht mit hinreichender Wahrscheinlichkeit die Gefahr eines sich anschließenden Insolvenzverfahrens.

Die Beurteilung der Belegenheit der Forderung des Schuldners gegenüber der Bank wirkt sich auch im Rahmen einer möglichen Insolvenz des Schuldners aus: Zum einen, weil sich im Zuge des zu eröffnenden Insolvenzverfahrens die Frage stellt, welche Pfändungsschutzvorschriften einschlägig und insoweit für die Bestimmung der Insolvenzmasse maßgeblich sind – zum anderen, weil eine vor Insolvenzeröffnung erfolgte Kontenpfändung möglicherweise anfechtungsrechtlich unterschiedlich zu beurteilen wäre.

aa. Konsequenzen für die Bestimmung der Insolvenzmasse

Die Frage, ob ein Gegenstand zur Insolvenzmasse gehört, bestimmt sich gemäß Art. 7 Abs. 2 S. 2 lit. b) EuInsVO generell nach dem Insolvenzstatut. Problematisch stellt sich dieser Punkt indes dann dar, wenn die Bestimmung der Insolvenzmasse mit der Frage der anwendbaren Pfändungsschutzvorschriften korrespondiert. So regelt im deutschen Insolvenzrecht § 36 Abs. 1 S. 1 InsO, dass unpfändbare Gegenstände nicht zur Insolvenzmasse gehören. § 36 Abs. 1 S. 2 InsO verweist sodann auf die Pfändungsschutzvorschriften der Zivilprozessordnung, die für die Beurteilung dieser Frage entsprechend heranzuziehen sind.

Diese für rein nationale Sachverhalte eindeutige Regelung wird bei grenzüberschreitenden Forderungen problematisch: Denn sodann ist zu entscheiden, ob – unabhängig davon, wo man eine Forderung lokalisiert – deutsche Pfändungsschutzvorschriften Anwendung finden, oder ob sich der Schuldnerschutz nach dem Recht des Staates richtet, in dessen Territorium die Forderung belegen ist. Abschließend entschieden ist diese Streitfrage bislang nicht.[373] Doch ganz gleich, welchem der beiden Ansätze man folgen würde, beide Lösungen würden zu obskuren Ergebnissen führen, wenn man eine Forderung in einem anderen Staat als demjenigen lokalisiert, in dem das Insolvenzverfahren eröffnet wird: Folgte man dem Insolvenzstatut, so würde der Schuldner in der Insolvenz einen umfangreicheren oder einen geringeren, jedenfalls aber einen anderen Pfändungsschutz genießen als im Rahmen der Einzelzwangsvollstreckung. Käme man hingegen zu dem Schluss, dass die Pfändungsschutzvorschriften des Belegenheitsstaates Anwendung finden, so wäre das Universalitätsprinzip durchbrochen. Dem Sinn und Zweck des Schuldnerschutzes entsprechend müssten aber die für den Wohnsitz des Schuldners geltenden Standards gewahrt werden.

Auflösen ließe sich dieses Problem, wenn man die Belegenheit einer Forderung, die im Zuge der Zwangsvollstreckung gepfändet werden soll, grundsätzlich am Sitz des Vollstreckungsschuldners fingieren würde.

bb. Konsequenzen für die Insolvenzanfechtung bzw. für die „Rückschlagsperre"

Eine vor Insolvenzeröffnung erfolgte Kontenpfändung unterliegt möglicherweise der Insolvenzanfechtung oder wird von einer sog. Rückschlagsperre erfasst.

Die Insolvenzanfechtung ist durch die EuInsVO nicht ausdrücklich geregelt. Art. 23 EuInsVO statuiert lediglich, dass derjenige Gläubiger, „der nach Eröffnung eines Insolvenzverfahrens nach Artikel 3 Absatz 1 auf irgendeine Weise, insbesondere durch Zwangsvollstreckung, vollständig oder teilweise aus einem Gegenstand der Masse befriedigt wird, der in einem anderen Mitgliedstaat belegen ist, (…) das Erlangte an den Verwalter herauszugeben" hat. Unter „Gegenstand der Masse" sind über den Wortlaut hinaus nicht lediglich körperliche Gegenstände zu verstehen. Die Vorschrift bezieht sich darüber hinaus gleichermaßen auf immaterielle Vermögenswerte und auf Forderungen. Das Anfechtungsrecht selbst beurteilt sich nach dem einschlägigen nationalen Recht.

---

373 **Für die Beurteilung anhand des *lex fori concursus***: *LG Traunstein*, *Beschluss* v. 03.02.2009 – 4 T 263/09, NZI 2009, 818; *AG Deggendorf*, Beschluss v. 14.02.2007 – 1 IK 255-03, IK 255/03, ZInsO 2007, 558; *Paulus*, NZI 2001, 505, 510; *Hergenröder*, DZWiR 2009, 309, 317; *Mankowski*, NZI 2009, 785, 786 ff. (m. w. N.); **für die Beurteilung anhand des *lex fori executionis***: *AG Passau*, *Urteil* v. 15.01.2009 – 15 C 1980/08, NZI 2009, 820; *Haas*, FS Gerhardt, S. 319, 325 ff.; *Griedl/Mack*, ZInsO 2007, 558, 559; Braun/*Bäuerle*, InsO, § 36 Rn. 9.

Die Frage, welches nationale Anfechtungsrecht Anwendung findet, lässt sich anhand der allgemeinen Kollisionsnorm des Art. 7 Abs. 2 EuInsVO beurteilen.[374] Gemäß Art. 7 Abs. 2 Satz 2 lit. m) EuInsVO ist insoweit die *lex fori concursus* maßgeblich,[375] mit der Konsequenz, dass sich die Frage des Behaltendürfens nach dem Recht des Staates richtet, in dem das Insolvenzverfahren zu eröffnen ist. Dies bestimmt sich regelmäßig nach dem Mittelpunkt der Interessen des Schuldners, Art. 3 Abs. 1 EuInsVO.

Eine Privilegierung des Vollstreckungsgläubigers sieht Art. 16 EuInsVO vor, der statuiert, dass der Gläubiger den Vollstreckungserlös behalten darf, wenn ihm der Nachweis gelingt, dass die Vollstreckungshandlung nach dem Vollstreckungsstatut „in keiner Weise angreifbar" ist.[376] Art. 16 EuInsVO bildet somit eine Vertrauensschutzvorschrift zugunsten des Gläubigers,[377] die in der Praxis dazu führt, dass bei vorgenommenen Vollstreckungsmaßnahmen zweierlei Recht kumulativ zu prüfen ist.[378] Art. 2 EuInsVO hilft in diesem Fall nicht weiter. Denn es kommt nicht darauf an, wo die Forderung zum Zeitpunkt der möglichen Anfechtung, sondern wo sie zum Zeitpunkt der Pfändung belegen ist. Diese Beurteilung kann divergieren, ohne dass dies zu Rechtsunsicherheiten führen würde. Dadurch wird die im internationalen Kontext ohnehin schwierige Insolvenzanfechtung weiter erschwert.[379]

Der Europäische Gerichtshof hat in seiner Entscheidung vom 12.02.2009 klargestellt, dass die internationale Zuständigkeit für die Entscheidung über Insolvenzanfechtungsklagen nach Art. 3 Abs. 1 EuInsVO zu beurteilen sei.[380] Dem für die Insolvenzanfechtung zuständigen Gericht wird damit über Art. 16 EuInsVO zusätzlich die Prüfung des jeweiligen Anfechtungsrechts am Belegenheitsort aufgebürdet, weil es beurteilen muss, ob die angefochtene Pfändung (auch) nach dem Recht des Staates innerhalb dessen Jurisdiktion die Pfändungsmaßnahme stattgefunden hat, anfechtbar ist.

Mit anderen Worten: Die Frage, nach der Belegenheit der Forderung ist entscheidend dafür, welchen Schutz der Vollstreckungsgläubiger genießt.

Geht man davon aus, dass es grundsätzlich wünschenswert ist, ein Insolvenzverfahren nach Möglichkeit konzentriert nach dem Recht des Mitgliedstaats

---

374 *Stehle*, DZWIR 2008, 53; MK-InsO/*Reinhart*, Art. 20 (a. F.) Rn. 3.

375 *Stehle*, DZWIR 2008, 53; HK-InsO/*Stephan*, EuInsVO, Art. 4 (a. F.) Rn. 12.

376 *Stehle*, DZWIR 2008, 53.

377 HK-InsO/*Stephan*, EuInsVO, Art. 13 (a. F.) Rn. 3.

378 Haß/Huber/Heiderhoff/*Gruber*, Art. 13 (a. F.) Rn. 2.

379 Vgl. auch: Haß/Huber/Heiderhoff/*Gruber*, Art. 13 Rn. 2.

380 EuGH, Urteil v. 12.02.2009, Rs. C-339/07 *(Seagon v. Deko Marty)*, NZI 2009, 199.

durchzuführen, in dessen Gebiet der Mittelpunkt der Interessen des Schuldners liegt, so läge der Schluss nahe, die Belegenheit der Forderung gegenüber der kontoführenden Bank vollstreckungsrechtlich am Sitz des Schuldners zu lokalisieren. Diese Beurteilung knüpft an die Erwägungen des Europäischen Gerichtshofes in Sachen *Seagon v. Deko Marty* an: In den Entscheidungsgründen wird ausgeführt, dass „im Interesse eines ordnungsgemäßen Funktionierens des Binnenmarkts verhindert werden muss, dass es für die Parteien vorteilhafter ist, Vermögensgegenstände oder Rechtsstreitigkeiten von einem Mitgliedstaat in einen anderen zu verlagern, um auf diese Weise eine verbesserte Rechtsstellung anzustreben (*forum shopping*)".[381] Fingierte man die Belegenheit einer Forderung zum Zwecke der Forderungspfändung am Sitz des Schuldners, hätte der Gläubiger nicht – wie bei der Fiktion anknüpfend an den Drittschuldner – die Wahl, die Anfechtungstatbestände in den Mitgliedstaaten zu vergleichen, um dann dort zu vollstrecken, wo das Recht die größten Hürden für den späteren Insolvenzverwalter vorsieht. Denn gerade im Hinblick auf die Anfechtbarkeit von Vollstreckungsmaßnahmen bestehen unionsweit teilweise erhebliche Unterschiede, da viele Mitgliedstaaten die Anfechtung an eine Handlung des Schuldners knüpfen. Gleichzeitig wäre durch eine Belegenheitsfiktion am Sitz des Schuldners ausgeschlossen, dass Insolvenz- und Vollstreckungsstatut unterschiedlich zu beurteilen wären, und damit würde eine sachlich nicht zu rechtfertigende Privilegierung des „findigen" Vollstreckungsgläubigers vermieden.

Es ist daher festzuhalten, dass auch im Hinblick auf ein mögliches Insolvenzverfahren über das Vermögen des Schuldners systematisch die besseren Argumente dafür sprechen, im Rahmen einer Forderungspfändung, die Belegenheit der Forderung am Sitz des Vollstreckungsschuldners zu fingieren.

3. *Zwischenergebnis zur Zuständigkeit am Belegenheitsort*

Es ist abschließend zu konstatieren, dass Forderungen keine natürliche Belegenheit aufweisen. Dementsprechend ist eine Zuständigkeit der Gerichte desjenigen Mitgliedstaates gegeben, auf dessen Territorium die Forderungsbelegenheit fingiert wird. Dies sollte aus systematischen Erwägungen, insbesondere um Konflikte im Rahmen eines sich möglicherweise anschließenden Insolvenzverfahrens zu vermeiden und um einen adäquaten Schuldnerschutz sicherzustellen, generell anhand des Sitzes des (Vollstreckungs-)Schuldners beurteilt werden.

---

381 EuGH, Urteil v. 12.02.2009, Rs. C-339/07 *(Seagon v. Deko Marty)*, NZI 2009, 199, Rn. 23.

Setzt man die Fiktion der Belegenheit einer Forderung am Sitz des Vollstreckungsschuldners konsequent um, wären weitere Regelungen zur Zuständigkeit für die Vollziehung einer vorläufigen Kontenpfändung gänzlich überflüssig.

Der Verordnungsgeber hat indes einen anderen Weg gewählt und die Frage der Zuständigkeit gänzlich von der Frage der Forderungsbelegenheit gelöst: Denn einerseits statuiert Art. 6 EuKPfVO, dass die Zuständigkeit für den Erlass eines vorläufigen Kontenpfändungsbeschlusses an die Zuständigkeit für die Entscheidung in der Hauptsache geknüpft ist. Andererseits richtet sich der Vollzug der Pfändung (Artt. 22 ff. EuKPfVO) danach, in welchem Mitgliedstaat das betreffende Konto geführt wird. Die insoweit maßgebliche Begriffsbestimmung in Art. 4 Nr. 4 EuKPfVO entspricht inhaltlich der Regelung des Art. 2 Nr. 9 iii EuInsVO.

§ 4 Gegenstand und Umfang der vorläufigen Kontenpfändung

Um das Ausmaß und den praktischen Nutzen der vorläufigen Kontenpfändung ermitteln zu können, bedarf es einer exakten Beurteilung, wie sich der Gegenstand der Pfändung darstellt. In diesem Zusammenhang ist darüber hinaus zu diskutieren, ob und falls ja, in welchem Umfang Konten von der vorläufigen Pfändung erfasst werden, die mehrere Berechtigte aufweisen oder einer Treuhandabrede unterliegen.

A. Von der Kontenpfändung erfasste Salden

In den einzelnen Mitgliedstaaten bestehen erhebliche Unterschiede, in welchem Ausmaß das Konto des Schuldners bei Vollstreckung eines Urteils gepfändet werden darf. Insbesondere die Frage, auf welchen Zeitpunkt für die Bestimmung des auf dem Konto vorhandenen Saldos abzustellen ist und ob auch zukünftige Salden von der Pfändung erfasst werden, ist in den Mitgliedstaaten uneinheitlich geregelt.[382] Auch die Möglichkeit, einen etwaigen Dispositionskredit zu pfänden, wird in den Mitgliedstaaten unterschiedlich bewertet. Möglicherweise ist bei einer Kontenpfändung als „Vorfeldmaßnahme" vor Erlass eines vollstreckbaren Titels noch größere Vorsicht geboten.

Noch im der heutigen Verordnung vorausgegangenen Entwurf der Kommission war für diesen Aspekt eine eher rudimentäre Regelung in Art. 26 Abs. 1 vorgesehen:

> *Eine Bank, der ein EuBvKpf zugestellt wurde, führt diesen nach dessen Erhalt sofort aus und stellt dabei sicher, dass der darin bezeichnete Betrag nicht von dem oder den in dem Beschluss genannten oder von der Bank dem Antragsgegner zugeordneten Konten transferiert, abgehoben oder auf andere Weise verwertet wird, Gelder des Antragsgegners, die den in dem EuBvKpf genannten Betrag übersteigen, dürfen nicht angetastet werden.*

Schlussendlich hat der Verordnungsgeber hier deutlichen Nachbesserungsbedarf erkannt und insofern mit Art. 24 EuKPfVO eine deutlich ausführlichere Regelung gewählt, die auch den Gegenstand der vorläufigen Kontenpfändung explizit regelt.[383] Damit wird die Bank als Drittschuldnerin verpflichtet, die Pfändung zu vollziehen.

---

382 Vgl. unten (§ 4/A./I.–III.).

383 Vgl. *Domej*, GPR 2017, 84, 90.

I. Pfändung des Zustellungssaldos

Die überwiegende Zahl der Mitgliedstaaten stellt im Rahmen der Kontenpfändung auf den Zeitpunkt der Zustellung des Pfändungsbeschlusses ab.

In Österreich[384], Frankreich, Griechenland[385], Irland[386], Niederlande[387], Spanien, Schweden[388], England-Wales[389], Belgien[390], Dänemark[391] und Luxemburg[392] umfasst die Kontenpfändung nur den im Zeitpunkt der Zustellung auf dem Konto vorhandenen Saldo. Bei der Pfändung des Zustellungssaldos finden auch Zahlungen, die bei der Bank bereits eingegangen, dem Konto des Schuldners jedoch noch nicht gutgeschrieben sind, Berücksichtigung. Gleichzeitig wirken sich Verfügungen des Schuldners zulasten seines Kontos nicht auf die Höhe des Kontosaldos aus, sofern sie nach der Pfändung vorgenommen wurden.[393]

Unterschiede bestehen darüber hinaus hinsichtlich der Behandlung von Kontoverfügungen, die zeitlich vor der Pfändung getätigt wurden. So werden beispielsweise Frankreich und Luxemburg die vor der Pfändung unterschriebenen Schecks noch eingelöst, während dies in Irland nicht der Fall ist.[394] In Deutschland und Österreich werden dagegen nur solche Schecks eingelöst, die von der Bank mit einer Garantie versehen wurden.[395]

Die Kontenpfändungsverordnung regelt zwar nicht explizit, dass sie allein auf den Zustellungssaldo abstellt. Tatsächlich lässt sich jedoch aus dem Wortlaut des Art. 24 Abs. 6 und Abs. 8 EuKPfVO die Intention des Verordnungsgebers erkennen: Beide Absätze stellen auf den Zeitpunkt der „Ausführung des Beschlusses" ab. Das spricht dafür, dass der Zustellungssaldo maßgeblich sein sollte.[396]

---

384 *Oberhammer*, Study JAI/A3/2002/02 – Länderbericht Österreich, S. 9.
385 *Kerameus/Koussoulis*, Study JAI/A3/2002/02 – Länderbericht Griechenland, S. 7.
386 *Barton*, Study JAI/A3/2002/02 – Länderbericht Irland, S. 28.
387 *Freudenthal*, Study JAI/A3/2002/02 – Länderbericht Niederlande, S. 4.
388 *Berglund*, Study JAI/A3/2002/02 – Länderbericht Schweden, S. 16.
389 *O'Hare/Browne*, Rn. 40.005; *Kuck*, Study JAI/A3/2002/02 – Länderbericht England, S. 8.
390 *Georges*, Study JAI/A3/2002/02 – Länderbericht Belgien, S. 10.
391 *Müller*, Study JAI/A3/2002/02 – Länderbericht Dänemark, S. 69.
392 *Hoscheit/Kinsch*, Study JAI/A3/2002/02 – Länderbericht Luxemburg, S. 10.
393 *Hess*, Study JAI/A3/2002/02 – General Report, S. 65.
394 *Hess, Study JAI/A3/2002/02 – General Report, S. 66.*
395 *Hess*, Study JAI/A3/2002/02 – General Report, S. 66.
396 Ebenso Schlosser/*Hess*, EU-Zivilprozessrecht, EuKtPVO, Art. 24, Rn. 1.

II. Pfändung zukünftiger Salden

Die Rechtssysteme in den Mitgliedstaaten enthalten sehr unterschiedliche Regelungen dazu, ob zukünftige Salden der Kontenpfändung unterliegen: In Österreich[397], Schweden[398], England-Wales[399] und Luxemburg[400] unterfallen zukünftige Salden nicht der Pfändung, in Dänemark[401] nur, sofern eine bestimmte Zahlung bereits vor der Pfändung angeordnet war und nur noch nicht gutgeschrieben wurde. In Deutschland[402], Polen[403], Portugal[404] und Italien[405] können dagegen sowohl der Kontensaldo im Zeitpunkt der Zustellung als auch zukünftige Salden gepfändet werden. Die Kontenpfändungsverordnung sieht hingegen die Pfändung künftiger Salden nicht vor. Dies ergibt sich aus Art. 24 Abs. 6 EuKPfVO, der die Wirkung des Beschlusses auf die Gelder[406] beschränkt, die im Zeitpunkt der Ausführung des Beschlusses auf dem Konto vorhanden sind, sofern sie die zu sichernde Forderung übersteigt.

III. Pfändung des Dispositionskredits

Im Rahmen der *Hess-Studie* wurde explizit die Frage aufgeworfen, ob und inwieweit der Dispositionskredit der Pfändung unterliegt. In Dänemark[407], Frankreich[408], Luxemburg[409], Schweden[410], England-Wales[411] und Italien[412] ist die Pfändung in die Kreditlinie nicht möglich. Der Dispositionskredit wird in

397 *Oberhammer*, Study JAI/A3/2002/02 – Länderbericht Österreich, S. 9.
398 *Berglund*, Study JAI/A3/2002/02 – Länderbericht Schweden, S. 16.
399 *O'Hare/Browne*, Rn. 40.005; *Kuck*, Study JAI/A3/2002/02 – Länderbericht England, S. 8; *Wolber*, S. 78.
400 *Hoscheit/Kinsch*, Study JAI/A3/2002/02 – Länderbericht Luxemburg S. 10.
401 *Müller*, Study JAI/A3/2002/02 – Länderbericht Dänemark, S. 70.
402 *Mack*, Study JAI/A3/2002/02 – Länderbericht Deutschland, S. 20 f.; *Hintzen*, Forderungspfändung, Rn. 615 ff.
403 *Treder*, in Lubińskiego: Egzekucja Sadowa Świadczeń Pieniężnych w Polsce, S. 167, 173.
404 *Sousa*, Study JAI/A3/2002/02 – Länderbericht Portugal, S. 9.
405 *Tarzia/Merlin/Danovi*, Study JAI/A3/2002/02 – Länderbericht Italien, S. 7 f.
406 Der Begriff „Gelder" ist in Art. 4 Nr. 3 EuKPfVO definiert.
407 *Müller*, Study JAI/A3/2002/02 – Länderbericht Dänemark, S. 70.
408 *Welter*, S. 104; *Rouen*, Banque 1980, 375.
409 *Hoscheit/Kinsch*, Study JAI/A3/2002/02 – Länderbericht Luxemburg, S. 10.
410 *Berglund*, Study JAI/A3/2002/02 – Länderbericht Schweden, S. 17.
411 *O'Hare/Browne*, Rn. 40.005; *Kuck*, Study JAI/A3/2002/02 – Länderbericht England, S. 8.
412 *Tarzia/Merlin/Danovi*, Study JAI/A3/2002/02 – Länderbericht Italien, S. 8.

Österreich[413] und Irland[414] nur dann von der Kontenpfändung erfasst, sofern der Schuldner diesen Kredit bereits vor der Pfändung in Anspruch genommen hat.

1. *Ein deutscher Sonderweg*

Kaum ein Problemkreis hat im deutschen Zwangsvollstreckungsrecht ähnlich umfassende Diskussionen ausgelöst, wie die Pfändung von Dispositions- und Überziehungskrediten. Auslöser des wissenschaftlichen Diskurses war eine Entscheidung des Bundesgerichtshofs aus dem Jahre 2001.[415] Der Senat stellte dabei heraus, dass der durch die Bank eingeräumte und von dem Kunden in Anspruch genommene Dispositionskredit grundsätzlich pfändbar ist.

Dogmatische Bedenken an der Richtigkeit dieser Entscheidung wurden geäußert, weil § 803 Abs. 1 ZPO die Zwangsvollstreckung in das Vermögen des Schuldners vorsehe – der Anspruch auf Erfüllung einer Kreditzusage jedoch keinen Vermögenswert darstelle.[416] Unterstützt wird diese These durch ein Argument, das der Bundesgerichtshof selbst vorbrachte, nämlich dass das Recht, den Kredit abzurufen, ein einseitiges Gestaltungsrecht des Kontoinhabers ist.[417]

Allerdings kann der Anspruch des Schuldners aus dem Dispositionskredit als zukünftige Forderung gepfändet werden.[418] Diese Forderung gelangt jedoch nur dann zur Entstehung, wenn der Schuldner den Kredit in Anspruch nimmt.[419] Diese Befugnis kann der Gläubiger allerdings nicht durch Pfändung des Abrufrechts auf sich übertragen lassen.[420]

---

413 *Oberhammer,* Study JAI/A3/2002/02 – Länderbericht Österreich, S. 9; *Rechberger/Oberhammer*, Rn. 406.

414 *Barton,* Study JAI/A3/2002/02 – Länderbericht Irland, S. 29.

415 BGH, Urteil v. 29.03.2001, IX ZR 34/00, BGHZ 147, 193; **zustimmend:** *Felke*, WM 2002, 1632, 1637 f.; *Fritzsche*, DStR 2002, 265, 269; *Klose* MDR 2002, 186, 189; Derleder/Knops/Bamberger/*v. Plehwe*, § 13 Rn. 26; **kritisch:** *Bitter*, WM 2001, 889, 893 ff.; *Fischer*, DZWiR 2002, 143, 146; *Honsell,* JZ 2001, 1143 ff.; *Schuschke*, ZIP 2001, 1084, 1088.

416 Vgl. dazu: *Honsell,* JZ 2001, 1143; Derleder/Knops/Bamberger/*v. Plehwe*, § 13 Rn. 24; a. A. *Klose*, MDR 2002, 186, 187.

417 BGH, Urteil v. 29.03.2001, IX ZR 34/00, BGHZ 147, 193; *Stöber,* Forderungspfändung, Rn. 117 m. w. N.

418 BGH, Urteil v. 29.03.2001, IX ZR 34/00, BGHZ 147, 193, 195 f.; *Stöber,* Forderungspfändung, Rn. 117 m. w. N.

419 BGH, Urteil v. 29.03.2001, IX ZR 34/00, BGHZ 147, 193, 196; BGH, Urteil v. 22.01.2004, IX ZR 39/03, BGHZ 157, 350.

420 BGH, Urteil v. 22.01.2004, IX ZR 39/03, BGHZ 157, 350.

Kritisiert wurde die Entscheidung ferner vor dem Hintergrund, dass die Banken in der Folge dazu übergehen würden, debitorisch geführte Konten bei Eingang eines Pfändungsbeschlusses sofort zu sperren.[421]

Die Befürworter der BGH-Rechtsprechung heben hervor, dass durch die Pfändbarkeit des Dispositionskredits sichergestellt werde, dass dem Vollstreckungsschuldner kein „Schlupfloch" mehr bliebe, in dem er unbeeindruckt von der Pfändung seines Kontos habe leben können, solange ihm seine Bank einen Dispositionskredit auch weiterhin zur Verfügung stellen würde.[422]

Auch für den sog. Überziehungskredit[423] könnte man erwägen, dass er von der Pfändung umfasst ist. Dem ist jedoch zu entgegnen, dass allein die Möglichkeit, ein Konto zu überziehen, keinen pfändbaren Anspruch begründet.[424] Denn es liegt allein an den Kreditinstituten, ob sie eine Überziehung des Kontos dulden oder nicht. Eine Forderung des Kunden erwächst daraus nicht.[425]

2. *Auswirkungen dieser Rechtslage auf ein Verfahren zur grenzüberschreitenden Kontenpfändung*

Die Pfändung des Dispositionskredites wird nur in wenigen Mitgliedstaaten zugelassen. Im Kern knüpft sie daran an, ob dem Kunden ein Auszahlungsanspruch gegenüber dem Kreditinstitut zusteht oder nicht. Die Kontenpfändungsverordnung sieht – ebenso wie bereits der Kommissionsvorschlag vom 25.07.2011 – insoweit keine eigenständige Regelung vor.

Allerdings lässt der Wortlaut des Art. 24 EuKPfVO und der Begriffsbestimmungen in Art. 4 EuKPfVO im Ergebnis darauf schließen, dass ein etwaiger Dispositionskredit nicht in die Gestaltung des vorläufigen europäischen Kontenpfändungsbeschlusses einbezogen wurde: So ist in Art. 24 Abs. 5 EuKPfVO formuliert: „*Gelder*, die den im Beschluss (...) angegebenen Betrag übersteigen, bleiben von der Ausführung des Beschlusses unberührt." *Gelder* sind in Art. 4 Nr. 3 EuKPfVO als „ein in beliebiger Währung auf einem Konto gutgeschriebener Geldbetrag oder vergleichbare Geldforderungen, wie beispielsweise

---

421 *Honsell*, JZ 2001, 1143, 1144; *Brandi-Dohrn*, BB 2001, 1115, 1116.

422 *Klose*, MDR 2002, 186, 189.

423 Unter dem Begriff „Überziehungskredit" wird die durch das Kreditinstitut geduldete Überziehung des Kontos verstanden, die durch Ausführung weiterer Überweisungen oder Auszahlungen trotz Überschreitung des Verfügungsrahmens manifestiert wird.

424 *Stöber*, Forderungspfändung, Rn. 119; Thomas/Putzo/*Seiler*, ZPO, § 829 Rn. 49; Derleder/Knops/Bamberger/*v. Plehwe*, § 13 Rn. 25; *Klose*, MDR 2002, 186, 187; *Schuschke*, ZIP 2001, 1084, 1086.

425 Einschränkend: *Hintzen*, Forderungspfändung, Rn. 640.

Geldmarkteinlagen" definiert. Es stellt sich also die Frage, ob der materiell-rechtliche Auszahlungsanspruch aus dem Dispositionskredit eine *vergleichbare Geldforderung* darstellt. Nach Ansicht des Verfassers ist dies zu verneinen.

Diese materiell-rechtliche Frage wird allerdings erst dann relevant, wenn der Gläubiger die Forderung tatsächlich einziehen möchte. Für die vorläufige Kontenpfändung kann sie daher aus praktischen Erwägungen ausgeblendet werden.

IV. Begrenzung des zu sichernden Betrages

Verfügt der potenzielle Schuldner über ein Konto mit einem Guthaben, das über dem Forderungsbetrag liegt oder über mehrere Konten, stellt sich sogleich die Frage, ob für den Gläubiger die Möglichkeit bestehen sollte, auch das übersteigende Guthaben bzw. sämtliche dieser Konten pfänden zu lassen und falls ja, welche Einschränkungen insoweit zu beachten sind. Den Stellungnahmen zum Grünbuch zur vorläufigen Kontenpfändung ist zwar ein breiter Konsens zu entnehmen, dass der zu arrestierende Betrag der Höhe nach zu begrenzen ist.[426] Ein konkreter Lösungsansatz fand sich jedoch nicht. Im Ergebnis kann kein Zweifel daran bestehen, dass die Blockade eines Kontos über den zu pfändenden Betrag hinaus nicht zu rechtfertigen ist.

Für den Gläubiger würde allerdings die Beschränkung seiner Pfändungsmöglichkeiten auf eines von mehreren Konten den Sinn und Zweck des Verfahrens gänzlich infrage stellen.[427] Denn eine qualifizierte Auswahl des zu blockierenden Kontos käme nur dann in Betracht, wenn er den jeweils bestehenden Saldo

426 *v. Hein*, ECFR 2007, 301, 305; DRB, Stellungnahme zur vorläufigen Kontenpfändung, Frage 10; Max-Planck-Working-Group, Attachment of Bank Accounts, Frage 10; Regierung der BRD, Stellungnahme zur vorläufigen Kontenpfändung, Frage 10; Republik Österreich, Stellungnahme zur vorläufigen Kontenpfändung, Frage 10; The Civil Justice Council, Attachment of Bank Accounts, Frage 10; Council of Bars and Law Societies of Europe, Attachment of Bank Accounts, Frage 10; BRAK, Stellungnahme zur vorläufigen Kontenpfändung, Frage 10; Europäische Bausparkassenvereinigung, Stellungnahme zur vorläufigen Kontenpfändung, Frage 10; Deutscher Anwaltverein, Stellungnahme zur vorläufigen Kontenpfändung, Frage 10; vzbv, Stellungnahme zur vorläufigen Kontenpfändung, Frage 10; Zentraler Kreditausschuss, Stellungnahme zur vorläufigen Kontenpfändung, Frage 10; Europäischer Wirtschafts- und Sozialausschuss, Stellungnahme zur vorläufigen Kontenpfändung, Punkt 4.7.1.

427 Nach der Kontenpfändungsverordnung ist es dem Gläubiger möglich, mehrere Ausfertigungen des Pfändungsbeschlusses zu erlangen und die Pfändung bei mehreren Banken – auch in verschiedenen Mitgliedsstaaten – ausführen zu lassen, vgl. Schlosser/*Hess*, EuZPR, EuKtPVO, Art. 27 Rn. 1; Rauscher/*Wiedemann*, Europäisches Zivilprozess- und Kollisionsrecht, EU-KPfVO, Art. 27 Rn. 2.

kennt. Das ist praktisch ausgeschlossen. Der Vollstreckungsschuldner ist hingegen insoweit nur eingeschränkt schutzbedürftig: Liegt bereits eine (vorläufige) vollstreckbare Entscheidung in der Hauptsache vor, kann er die Blockade seiner Konten durch Sicherheitsleistung oder Zahlung an den Gläubiger abwenden. Ist er dazu wirtschaftlich nicht in der Lage, so ist gleichzeitig denklogisch ausgeschlossen, dass die kumulierten Salden seiner Konten größer sind als die zu sichernde Forderung des Gläubigers. Der Verordnungsgeber versucht, dieses Spannungsfeld in den Artt. 24 und 27 EuKPfVO aufzulösen. Dabei wird zwischen zwei Szenarien unterschieden, nämlich ob der Vollstreckungsschuldner mehrere Konten bei ein und derselben oder bei verschiedenen Banken unterhält: Im erstgenannten Fall ist gemäß Art. 24 Abs. 5, 7 EuKPfVO die kontoführende Bank verpflichtet, den Kontenpfändungsbeschluss nur in Höhe des zu arrestierenden Betrages durchzuführen (Abs. 5) und dabei eine bestimmte Reihenfolge der Blockade einzuhalten (Art. 7). In der zweiten Variante trifft den Antragsteller eine Freigabepflicht, die in Art. 27 EuKPfVO geregelt ist. Danach ist der Gläubiger verpflichtet, die Freigabe jedes den im Beschluss zur vorläufigen Kontenpfändung genannten Betrag übersteigenden Betrages, zu veranlassen. Dazu muss der Gläubiger gemäß Art. 27 Abs. 2 EuKPfVO bis zum Ende des dritten Arbeitstages nach Eingang der ersten Erklärung einer Bank nach Art. 25 EuKPfVO, die einen solchen überschüssigen Betrag ausweist, gegenüber der zuständigen Behörde einen Antrag auf Freigabe des überschüssigen Betrages stellen. Diese Behörde weist sodann die betroffene Bank unverzüglich zur entsprechenden Freigabe an.

V. Zwischenergebnis

Die erheblichen Unterschiede zwischen den Mitgliedstaaten werden hinsichtlich der erfassten Salden besonders deutlich. Allerdings lässt sich eine klare Trennlinie erkennen: Während die Pfändung gegenwärtiger Salden in allen Mitgliedstaaten als aktuell bestehende Forderung möglich ist, bestehen Differenzen im Hinblick auf künftige Salden. Für letztgenannte – zukünftige Forderungen – könnte möglicherweise der Bedarf fehlen, sie in ein Verfahren zur vorläufigen Kontenpfändung einzubeziehen. Tatsächlich wird der unredliche Schuldner, der Vermögenswerte der Vollstreckung entziehen will, regelmäßig dafür Sorge tragen, dass keine weiteren Zahlungen auf das blockierte Konto erfolgen. Dementsprechend dürfte die praktische Relevanz dieser Maßnahme gering sein. Deutlich vielversprechender wäre stattdessen, eine vorläufige Forderungspfändung an der Quelle – sprich beim Arbeitgeber bzw. beim Kunden – zu ermöglichen.

Vor diesem Hintergrund erscheint die in Art. 24 EuKPfVO gewählte Regelung, die grundsätzlich auf das nationale Recht verweist und – praktisch als Minimalkonsens – den Zustellungssaldo als Gegenstand des europäischen Verfahrens zur vorläufigen Kontenpfändung normiert[428], schlussendlich stimmig.

B. Pfändung von gemeinsamen Konten

I. Differenzierung zwischen „Und-Konto" und „Oder-Konto"

Bei der Einrichtung eines Kontos können auch mehrere Personen als Kunde dem Kreditinstitut gegenübertreten, um ein gemeinschaftlich geführtes Konto zu eröffnen.[429] In diesem Fall werden beide Personen Vertragspartner des Kreditinstitutes.[430] Das dadurch entstehende Gemeinschaftskonto kann als sog. „Und-Konto" oder als sog. „Oder-Konto" ausgestaltetet sein.[431] Bei der Pfändung von gemeinsamen Konten ist – jedenfalls im deutschen Recht – ebenfalls zwischen sog. „Und-Konten" und sog. „Oder-Konten" zu unterscheiden.[432]

1. „Und-Konto"

Das „Und-Konto" ist dadurch charakterisiert, dass die Kontoinhaber nur gemeinschaftlich über das Konto verfügen können.[433] Sofern ein Kontoinhaber alleine eine Verfügung vornimmt, ist diese Einzelverfügung schwebend unwirksam.[434]

Je nach Ausgestaltung des Innenverhältnisses bilden die Kontoinhaber rechtlich eine Gesamthandsgemeinschaft oder eine Bruchteilsgemeinschaft.[435] Dies bestimmt sich danach, in welcher Form die Kontoinhaber über das Konto verfügen möchten. Nur in dem Fall, dass die Beteiligten gegenüber der Bank als Mitinhaber des Bankkontos auftreten und dabei nur gemeinschaftlich

---

428 Vgl. Schlosser/*Hess*, EU-Zivilprozessrecht, EuKtPVO, Art. 24 Rn. 1.

429 Assies/Beule/Heise/Strube/*Schulz*, Kap. 2 Rn. 74; Schwintowski/Schäfer/*Schwintowski*, § 5 Rn. 9.

430 Derleder/Knops/Bamberger/*Hucke*, § 36 Rn. 1.

431 Schwintowski/Schäfer/*Schwintowski*, § 5 Rn. 9; Assies/Beule/Heise/Strube/*Schulz*, Kap. 2 Rn. 74; entsprechende Regelungen finden sich in der Mehrzahl der Mitgliedstaaten, vgl. Rauscher/*Wiedemann*, Europäisches Zivilprozess- und Kollisionsrecht, EU-KPfVO, Art. 30 Rn. 1.

432 BGH, Urteil v. 24.01.1985, IX ZR 65/85.

433 *Canaris*, Bankvertragsrecht, Rn. 232; *ders.*, NJW 1973, 825, 828; Schwintowski/Schäfer/*Schwintowski*, § 5 Rn. 10; Derleder/Knops/Bamberger/*Hucke*, § 36 Rn. 18.

434 Derleder/Knops/Bamberger/*Hucke*, § 36 Rn. 19.

435 *Canaris*, NJW 1973, 825, 828; Schwintowski/Schäfer/*Schwintowski*, § 5 Rn. 11; Derleder/Knops/Bamberger/*Hucke*, § 36 Rn. 19.

verfügen wollen, liegt eine Gesamthandsgemeinschaft vor. Soll der Mitinhaber des „Und-Kontos" dagegen über seinen Anteil an der Guthabenforderung als Teilhaber verfügen dürfen, so handelt es sich um eine Gesamthandsgemeinschaft.[436]

Unabhängig von der Ausgestaltung im Innenverhältnis (Gesamthandsgemeinschaft oder Bruchteilsgemeinschaft) haftet jeder Kontoinhaber als Gesamtschuldner gegenüber dem Kreditinstitut. Dies bedeutet, dass das Kreditinstitut jeden Kontoinhaber in voller Höhe in Anspruch nehmen kann.[437]

2. *„Oder-Konto"*

Bei einem „Oder-Konto" sind alle Kontoinhaber auch ohne den anderen Inhaber zur Verfügung über das Konto berechtigt und können Weisungen erteilen.[438] Die damit verbundenen Rechtswirkungen sind, dass die Kontoinhaber Gesamtgläubiger und Gesamtschuldner sind.

Das bedeutet zum einen, dass jeder Kontoinhaber für sich ein eigenes Forderungsrecht gegenüber der kontoführenden Bank besitzt (Gesamtgläubigerschaft).[439] Diese alleinige Verfügungsbefugnis beruht dabei nicht auf einer gegenseitig eingeräumten und widerrufbaren Vollmacht, sondern auf einer eigenen Forderungsinhaberschaft eines jeden Kontoinhabers, die von dem Recht des anderen Kontoinhabers unabhängig ist.[440] Diese Einzelverfügungsbefugnis bezieht sich allerdings nur auf den positiven Kontostand, nicht aber auf Kontoüberziehungen, Kreditverträge, Termingeschäfte, die Erteilung von Vollmachten oder die Auflösung des Kontos.[441] Das grundsätzlich bei der Gesamtgläubigerschaft bestehende Wahlrecht des Schuldners, den Empfänger der zu erbringenden Leistung frei zu wählen, ist bei dem „Oder-Konto" derart eingeschränkt, dass er an den Kontoinhaber zu leisten hat, der ihn als erster zur Leistung aufgefordert hat.[442]

---

436 Schwintowski/Schäfer/*Schwintowski*, § 5 Rn. 12 f.

437 Derleder/Knops/Bamberger/*Hucke*, § 36 Rn. 19; Schwintowski/Schäfer/*Schwintowski*, § 5 Rn. 13; Assies/Beule/Heise/Strube/*Schulz*, Kap. 2 Rn. 77.

438 *Canaris*, NJW 1973, 825, 828; Derleder/Knops/Bamberger/*Hucke*, § 36 Rn. 2.

439 Assies/Beule/Heise/Strube/*Schulz*, Kap. 2 Rn. 79; Schwintowski/Schäfer/*Schwintowski*, § 5 Rn. 16; Derleder/Knops/Bamberger/*Hucke*, § 36 Rn. 4.

440 Schwintowski/Schäfer/*Schwintowski*, § 5 Rn. 16.

441 Derleder/Knops/Bamberger/*Hucke*, § 36 Rn. 7; Schwintowski/Schäfer/*Schwintowski*, § 5 Rn. 17.; Assies/Beule/Heise/Strube/*Schulz*, Kap. 2 Rn. 80.

442 Assies/Beule/Heise/Strube/*Schulz*, Kap. 2 Rn. 80; Derleder/Knops/Bamberger/*Hucke*, § 36 Rn. 4; *Hintzen*, Forderungspfändung, Rn. 651.

Zum anderen hat dies zur Folge, dass das Kreditinstitut jeden Kontoinhaber für sich als Gesamtschuldner für entstandene Belastungsbuchungen in voller Höhe in Anspruch nehmen kann.[443]

Das Kontoguthaben steht den Kontoinhabern untereinander zu gleichen Teilen zu. Im Innenverhältnis steht daher dem Kontoinhaber ein Ausgleichsanspruch zu, sofern der andere Kontoinhaber als Gesamtgläubiger mehr als seinen hälftigen Anteil am Kontoguthaben erhalten hat.[444]

Im Rahmen der *Hess-Studie* konzentrieren sich die Untersuchungen auf die „Oder-Konten". Diese Einschränkung wurde auch im Rahmen der folgenden Darstellung beibehalten, weil bei „Und-Konten" allgemein anerkannt sein dürfte, dass nur ein Titel gegen alle Inhaber zur Vollstreckung berechtigt.[445]

II. Situation in den Mitgliedstaaten

Die Pfändung von gemeinsamen Konten ist in den Mitgliedstaaten nur vereinzelt gesetzlich geregelt. So fehlen etwa in Österreich[446], Belgien[447], Italien[448], Luxemburg[449], Spanien, Schweden[450] und Dänemark[451] gesetzliche Bestimmungen, die die Pfändungsvoraussetzungen eines gemeinsamen Kontos regeln. Auch in Deutschland existieren keine expliziten Regelungen. Demgegenüber sind in Polen[452], Portugal[453] und England-Wales[454] entsprechende Vorschriften vorhanden.

Die Pfändungsmöglichkeiten gemeinsamer Konten werden in den Mitgliedstaaten sehr unterschiedlich gehandhabt: Einige Staaten lassen die Pfändung des gesamten Kontoguthabens zu, gewähren dem Mitberechtigten jedoch die Option, die Freigabe des auf ihn entfallenden Teils zu beantragen.[455] In Belgien[456],

---

443 *Canaris*, NJW 1973, 825, 828; Derleder/Knops/Bamberger/*Hucke*, § 36 Rn. 6; Assies/Beule/Heise/Strube/*Schulz*, Kap. 2 Rn. 81.
444 Derleder/Knops/Bamberger/*Hucke*, § 36 Rn. 12.
445 Vgl. statt vieler Prütting/Gehrlein/*Ahrens*, ZPO, § 829 Rn. 17.
446 *Oberhammer*, Study JAI/A3/2002/02 – Länderbericht Österreich, S. 10.
447 *Georges*, Study JAI/A3/2002/02 – Länderbericht Belgien, S. 13.
448 *Tarzia/Merlin/Danovi*, Study JAI/A3/2002/02 – Länderbericht Italien, S. 11.
449 *Hoscheit/Kinsch*, Study JAI/A3/2002/02 – Länderbericht Luxemburg, S. 12.
450 *Berglund*, Study JAI/A3/2002/02 – Länderbericht Schweden, S. 19.
451 *Müller*, Study JAI/A3/2002/02 – Länderbericht Dänemark, S. 74.
452 Vgl. Art. 891 poln. ZVGB.
453 *Sousa*, Study JAI/A3/2002/02 – Länderbericht Portugal, S. 11.
454 *Kuck*, Study JAI/A3/2002/02 – Länderbericht England, S. 11.
455 *Hess*, Study JAI/A3/2002/02 – General Report, S. 70.
456 *Georges*, Study JAI/A3/2002/02 – Länderbericht Belgien, S. 13.

Schweden[457] und Frankreich[458] wird dementsprechend zunächst der gesamte Kontosaldo gepfändet. Der andere Kontoinhaber kann allerdings durch den Nachweis, dass ihm ein bestimmter Anteil an der Forderung zusteht, die Vollstreckung in seinen Teil verhindern. Bevor er diesen Nachweis erbracht hat, kann er nicht über das Konto verfügen.

Auch in Deutschland[459] kann zunächst in das gesamte Kontoguthaben vollstreckt werden, da jeder auch einzeln forderungsberechtigt ist.[460] Der Pfändungsschuldner ist dem anderen Kontoinhaber allerdings unter bestimmten Voraussetzungen nach § 430 BGB zum Ersatz des daraus entstehenden Schadens verpflichtet. Dementsprechend ist die Pfändung eines „Oder-Kontos" auch dann möglich, wenn der Gläubiger einen Vollstreckungstitel erwirkt, der sich nur auf einen Kontoinhaber bezieht.[461] Handelt es sich hingegen um ein echtes Gemeinschaftskonto, über das die Kontoinhaber nur gemeinsam verfügen können („Und-Konto"), kommt eine Pfändbarkeit grundsätzlich ausschließlich dann in Betracht, wenn ein Vollstreckungstitel gegen alle Kontoinhaber vorliegt.[462] Alternativ hat der Gläubiger die Möglichkeit, das Auseinandersetzungsguthaben pfänden zu lassen.[463]

Gleiches gilt für Ungarn[464]: Dort haftet der Schuldner grundsätzlich mit seinem gesamten Vermögen für seine Schulden. Dementsprechend kann der Gläubiger mit Ausnahme des pfändungsfreien Betrags gemäß § 79/C uZwVollstrG das gesamte Kontoguthaben des gemeinsamen Kontos pfänden, da dieses vollständig dem Schuldner zugerechnet wird.

In anderen Mitgliedstaaten umfasst die Pfändung nur einen Teil des Kontoguthabens und erlegt dem Gläubiger die Beweislast auf, zusätzlichen Zugriff auf

---

457 *Berglund*, Study JAI/A3/2002/02 – Länderbericht Schweden, S. 19 f.

458 *Kothe*, Gutachten Verbraucherzentrale, S. 30 f. (III. 3. a) dd)); *Woopen*, S. 272 ff.

459 *Mack*, Study JAI/A3/2002/02 – Länderbericht Deutschland, S. 25.

460 Musielak/*Becker*, ZPO, § 850k Rn. 12.

461 *Stöber*, Forderungspfändung, Rn. 166n; *Baur/Stürner/Bruns*, ZVR, Rn. 30.8.; MK-ZPO/*Smid*, § 829 Rn. 10.

462 *Stöber*, Forderungspfändung, Rn. 342; *Baur/Stürner/Bruns*, ZVR, Rn. 30.8; MK-ZPO/*Smid*, § 829 Rn. 10; Stein/Jonas/*Brehm*, ZPO, § 829 Rn. 20; Musielak/*Becker*, ZPO, § 850k Rn. 17; OLG Nürnberg, WM 2003, 243; *Hintzen*, Forderungspfändung, Rn. 659.

463 *Stöber*, Forderungspfändung, Rn. 342; Musielak/*Becker*, ZPO, § 850k Rn. 12.

464 *Küpper*, forost Arbeitspapier, Nr. 28 (2005), S. 35.

das Konto zu erlangen.[465] So wird in Bulgarien[466], Dänemark[467], Griechenland[468], Portugal[469], Spanien und Finnland[470] grundsätzlich nur der auf den Schuldner entfallende Teil des Kontos gepfändet. Der andere Kontoinhaber kann weiterhin über seinen Anteil an dem Kontoguthaben verfügen. Eine Ausnahme besteht allerdings in Dänemark in dem Fall, dass die das gemeinsame Konto führenden Personen in einem Haushalt leben. Dann gilt die Vermutung, dass der Kontosaldo vollständig dem Schuldner zuzurechnen ist.[471]

Im polnischen Recht gilt gemäß Art. 891[1] ZVGB die Vermutung, dass den Mitberechtigten ein Anspruch auf Auszahlung des jeweils hälftigen Kontoguthabens zusteht.[472] Sofern zwischen den Kontoinhabern eine andere Vereinbarung besteht, ist dies durch Vorlage entsprechender Unterlagen nachzuweisen. Gegenüber Ehegatten ist nach Art. 891[2] ZVGB die Vollstreckung in den Anteil an dem Guthaben, der dem Partner zugerechnet wird, nur möglich, wenn sich der Vollstreckungstitel gegen beide richtet.[473] Es ist allerdings gemäß Art. 787 ZVGB unter vereinfachten Voraussetzungen möglich, eine Klauselerweiterung, gerichtet auf das gemeinsame Vermögen, zu erhalten.[474]

In Irland ist die Pfändung von gemeinsamen Konten aufgrund eines Pfändungsbeschlusses nur gegen einen Ehepartner ausgeschlossen, da der Schuldner keinen separaten Anspruch auf Auszahlung des Kontoguthabens besitzt, der gepfändet werden könnte.[475] Das auf das gemeinsame Konto eingezahlte Einkommen des Ehepartners kann nicht zur Befriedigung der Pfändung gegen den Schuldner herangezogen werden.[476] Auch in England-Wales können gemeinsame Konten nicht gepfändet werden, es sei denn, die Pfändungsanordnung bestimmt dies ausdrücklich.[477]

---

465 *Hess*, Study JAI/A3/2002/02 – General Report, S. 70.
466 Art. 518 ZPGB; *Stoimenov/Ivanov*, S. 58 f.
467 *Müller*, Study JAI/A3/2002/02 – Länderbericht Dänemark, S. 74.
468 *Kerameus/Koussoulis*, Study JAI/A3/2002/02 – Länderbericht Griechenland, S. 10.
469 *Sousa*, Study JAI/A3/2002/02 – Länderbericht Portugal, S. 11 f.
470 *Johansson*, Study JAI/A3/2002/02 – Länderbericht Finnland, S. 4.
471 *Müller*, Study JAI/A3/2002/02 – Länderbericht Dänemark, S. 74.
472 Interview mit *Prof. Dr. Karol Weitz*, Warschau, 24.07.2008.
473 Interview mit *Prof. Dr. Karol Weitz*, Warschau, 24.07.2008.
474 Interview mit *Prof. Dr. Karol Weitz*, Warschau, 24.07.2008.
475 *Barton*, Study JAI/A3/2002/02 – Länderbericht Irland, S. 29.
476 *Hess*, Study JAI/A3/2002/02 – General Report, S. 70.
477 *O'Hare/Browne*, Rn. 40.005; *Kuck*, Study JAI/A3/2002/02 – Länderbericht England, S. 11.

III. Schlussfolgerungen für ein europäisches Verfahren zur vorläufigen Kontenpfändung

Zusammenfassend lässt sich für ein europäisches Verfahren zur vorläufigen Kontenpfändung feststellen, dass hinsichtlich der Pfändung gemeinsamer Konten selbst ein Minimalkonsens nicht zu erkennen ist, der als gemeinsame Basis für eine europäische Regelung hätte dienen können. Folglich ergaben sich zwei Möglichkeiten: Die Schaffung einer genuin europäischen Regelung, die den Umgang mit Konten mehrerer Berechtigter explizit regelt – dann aber zum Teil erheblich von den nationalen Rechtsordnungen abweichen würde – oder der Verweis auf das jeweilige nationale Recht.

1. *Verweis auf das nationale Recht*

Der Blick auf die einzelstaatlichen Regelungen belegt bereits unmittelbar die bestehende Problematik: Während einzelne Staaten die Pfändbarkeit großzügig handhaben, lassen andere den Zugriff auf gemeinsame Konten nur bedingt oder überhaupt nicht zu. Für denjenigen, der gemeinsam mit dem Vollstreckungsschuldner verfügungsberechtigt ist, bedeutet dies, dass seine Rechtsstellung davon abhängig ist, welchem Recht die Pfändungsmaßnahme unterliegt, wie folgendes Beispiel unterstreichen soll:

> *Findet auf die Pfändung des gemeinsamen Kontos irisches Recht Anwendung, müsste ein in Frankreich lebender Mitberechtigter nicht fürchten, dass das gemeinsame Konto gepfändet werden könnte. Im umgekehrten Fall – also bei Anwendung französischen Rechts und eines in Irland lebenden Mitberechtigten – hingegen, müsste der irische Mitberechtigte, um die Pfändung – zumindest – teilweise abzuwenden, nachweisen, dass ein bestimmter Anteil an der Forderung gegenüber dem Kreditinstitut ihm gebührt.*

Andererseits besteht die Grundlage für eine etwaige Pfändbarkeit immer auf materiell-rechtlicher Ebene zwischen Schuldner, Mitberechtigtem und Kreditinstitut. Sofern dem Schuldner daraus ein selbstständiger Anspruch gegen das Kreditinstitut zusteht, sprächen zunächst keine Gründe dagegen, diesen Anspruch pfänden zu können, und den Mitberechtigten auf eventuelle Regressansprüche gegen den Vollstreckungsschuldner zu verweisen. Steht dem Schuldner kein eigenständiger Auszahlungsanspruch zu, so müsste das Kreditinstitut die Pfändung zurückweisen. Zudem stehen dem Mitberechtigten entsprechende Rechtsbehelfe zur Verfügung.[478] Insoweit bestehen auf der Ebene des (jeweils nationalen) Sachrechts keine erheblichen Schwierigkeiten. Insofern erscheint es

---

478 In Deutschland: § 771 ZPO.

konsequent, dass die Kontenpfändungsverordnung mit Art. 30 EuKPfVO für die Pfändbarkeit von Gemeinschaftskonten auf das Recht des jeweiligen Vollstreckungsmitgliedstaats verweist.

2. Schaffung einer genuin europäischen Regelung

Alternativ wäre eine europäische Regelung zur Handhabung gemeinsamer Konten grundsätzlich zweifelsfrei geeignet, eine rechtssichere Gestaltung im Falle grenzüberschreitender Kontenpfändungen sicherzustellen. Eine solche Regelung müsste dann explizit daran anknüpfen, dass eine Pfändung nur dann möglich ist, wenn dem Schuldner ein eigener Auszahlungsanspruch zusteht. Um aber die Frage, wer anspruchsberechtigt ist, tatsächlich abschließend beantworten zu können, müsste allerdings auch das jeweils nationalen (Bankvertrags-)Recht herangezogen werden.

C. Pfändung von Treuhandkonten

Den im Ergebnis identischen Lösungsweg wie für gemeinsame Konten, nämlich den Verweis auf das jeweils nationale Recht, hat der Verordnungsgeber in Art. 30 EuKPfVO für Konten, die der Vollstreckungsschuldner lediglich treuhänderisch für Dritte führt, gewählt.

Nach deutschem Rechtsverständnis besteht ein Treuhandverhältnis dann, wenn der Treugeber einen Gegenstand aus seinem Vermögen dem Treuhänder unmittelbar übereignet[479], und zwar derart, dass der Treuhänder das übertragene Recht nicht nur im eigenen Namen, sondern zumindest auch in fremdem Interesse ausüben soll. Der Treuhänder erhält demnach Vermögensrechte übertragen, von denen er nur entsprechend der Treuhandvereinbarung Gebrauch machen darf.[480] Rechtlich ist demnach der Treuhänder Inhaber des Treuhandkontos.[481] Treuhandkonten, insbesondere sog. Anderkonten und verdeckte Fremdkonten, können daher beim Treuhänder gepfändet werden.[482] In diesem Fall steht dem Treugeber jedoch die Drittwiderspruchsklage nach § 771 ZPO offen.[483] Ein entsprechendes Aussonderungsrecht, auf das die vorgenannte Klage materiell-rechtlich gestützt werden kann, setzt allerdings voraus, dass das Konto

---

479 BGH, Urteil vom 02.02.1995, IX ZR 147/93.

480 BGH, Urteil vom 24.06.2003, IX ZR 75/01.

481 *Hintzen*, Forderungspfändung, Rn. 661.

482 *Stöber*, Forderungspfändung, Rn. 404 ff.; MK-ZPO/*Smid*, § 829 Rn. 11; Stein/Jonas/*Brehm*, ZPO, § 829 Rn. 20.

483 *Hintzen*, Forderungspfändung, Rn. 663.

erkennbar dazu bestimmt ist, fremde Gelder gesondert zu verwalten und es ausschließlich dazu bestimmt ist.[484]

Die Regelung der Kontenpfändungsverordnung gleicht letztlich der, die schon im Rahmen des Übereinkommens über das auf *trusts* anzuwendende Recht und über ihre Anerkennung[485] verwendet wurde. Dieses Übereinkommen wurde durch die Haager Konferenz für Internationales Privatrecht[486] am 01.07.1985 beschlossen. Es charakterisiert den *trust* im Wesentlichen als ein vom Vermögen des ihn verwaltenden *trustee* getrenntes Sondervermögen[487] und folgt damit dem Rechtsverständnis der Gerichte der Länder des *common law*, die dieses Rechtsinstitut entwickelt haben.

Art. 11 Abs. 2 HTÜ sieht vor:

„Soweit das auf den *trust* anzuwendende Recht dies erfordert oder vorsieht, hat die Anerkennung insbesondere die Wirkung,

a) dass die persönlichen Gläubiger des *trustee* keinen Zugriff auf das Vermögen des *trust* nehmen können;
b) dass das Vermögen des *trust* im Fall der Zahlungsunfähigkeit oder des Konkurses des *trustee* nicht Bestandteil des Vermögens des *trustee* ist;
c) dass das Vermögen des *trust* weder Bestandteil des ehelichen Vermögens noch des Nachlasses des *trustee* ist;
d) dass das Vermögen des *trust* herausverlangt werden kann, wenn der *trustee* unter Verletzung der sich aus dem *trust* ergebenden Verpflichtungen Vermögen des *trust* mit seinem persönlichen Vermögen vermischt oder Vermögen des *trust* veräußert hat. Die Rechte und Pflichten eines Dritten, der das Vermögen des *trust* in seinem Besitz hat, unterstehen jedoch weiterhin dem durch die Kollisionsnormen des Staates des angerufenen Gerichts bestimmten Recht."

Insofern stützt sich die Kontenpfändungsverordnung hier auf ein bewährtes und praktikables Modell.

---

484 Stein/Jonas/*Münzberg*, ZPO, § 771 Rn. 27; Prütting/Gehrlein/*Scheuch*, ZPO, § 771 Rn. 21.

485 Abgedruckt in: IPRax 1987, 55 ff.; allgemein auch als Haager Trust-Übereinkommen (HTÜ) bezeichnet.

486 Zum damaligen Zeitpunkt gehörten ihr folgende Staaten an: Deutschland, Ägypten, Argentinien, Australien, Belgien, Chile, Dänemark, Finnland, Frankreich, Griechenland, Irland, Israel, Italien, Japan, das damalige Jugoslawien, Kanada, Luxemburg, Mexiko, Niederlande, Norwegen, Österreich, Polen, Portugal, Schweden, Schweiz, Spanien, Suriname, Tschechoslowakei, Türkei, Uruguay, Venezuela, Vereinigtes Königreich, Vereinigte Staaten und Zypern; vgl. *Pirrung*, IPRax 1987, 52, Fn. 23.

487 Vgl. Art. 2 lit. a) HTÜ.

§ 5 Schutz des Schuldners im Falle einer vorläufigen Kontenpfändung

A. Die (vorläufige) Blockade des Kontos

Unabhängig vom Sicherungscharakter der vorläufigen Kontenpfändung tritt, sofern die etwaige Forderung das Kontoguthaben übersteigt, eine Blockadewirkung ein. Im Folgenden sollen deren Auswirkungen näher untersucht werden. Dabei ist zwischen Privat- und Geschäftskonten zu differenzieren.

I. Privatkonten

Das Girokonto lässt sich treffend als „zentrale Schaltstelle des täglichen Lebens"[488] beschreiben. Der Arbeitgeber überweist den monatlichen Lohn, der Vermieter verlangt die Überweisung der Miete, Versorgungs- und Telekommunikationsunternehmen setzen voraus, dass der Kunde ihnen eine Einzugsermächtigung erteilt. Kurzum: Ohne Konto lässt sich der Alltag kaum noch organisieren. Umso gravierender sind die Folgen der Kontolosigkeit. Problematisch war lange Zeit – gerade für sozial schwache Mitglieder einer Gesellschaft, überhaupt ein Konto bei einer Bank zu bekommen. Es galt (nahezu) ausschließlich der Grundsatz der Privatautonomie. Lediglich verschiedene Sparkassengesetze und -verordnungen sahen einen Kontrahierungszwang für die Institute in ihrem Geltungsbereich vor.[489] Zudem gab der Zentrale Kreditausschuss die Empfehlung heraus, ein Basiskonto auf Guthabenbasis für jedermann zur Verfügung zu stellen.[490] Ein Rechtsanspruch des Kunden ließ sich aus dieser Empfehlung jedoch nicht ableiten.[491]

---

488 *Bitter*, Bankrechtliches Praktikerseminar, Universität Bonn, 24.04.2008, Folie 2.

489 Bayern: § 5 Abs. 2 SpkO; Brandenburg: § 5 Abs. 1 SpkV; Mecklenburg-Vorpommern: § 5 Abs. 1 SpkVO; Nordrhein-Westfalen: § 5 Abs. 2 SpkG; Rheinland-Pfalz: § 2 Abs. 4 SpkG; Sachsen: § 5 Abs. 1 SpkVO; Sachsen-Anhalt: § 5 Abs. 1 SpkVO und Thüringen: § 12 Abs. 2 SpkVO. In Hessen sollen gemäß § 2 Abs. 4 SpkG die Sparkassen in ihren Satzungen einen Kontrahierungszwang vorsehen.

490 Vgl. BTDrs. 16/2265, S. 29.

491 Vgl. etwa Prütting/Gehrlein/*Ahrens*; § 850k Rn. 15; ein anderes Verständnis ergibt sich auch nicht daraus, dass die Empfehlung des Zentralen Kreditausschusses letztlich darauf abzielte, einen durch den Gesetzgeber angeordneten Kontrahierungszwang zu verhindern, vgl. OLG Bremen, Urteil v. 22.12.2005, 2 U 67/05, ZIP 2006, 798 ff.

Daher wurde am 7. Juni 2013 auf Antrag der Bundesländer Nordrhein-Westfalen und Bremen, Hamburg, Niedersachsen, Rheinland-Pfalz sowie Schleswig-Holstein eine Gesetzesinitiative[492] des Deutschen Bundesrates beschlossen, die einen gesetzlich statuierten Kontrahierungszwang für Kreditinstitute in § 675f BGB vorsah. Kern des Regelungsentwurfs war ein neuer Absatz 6:

> *„Zahlungsdienstleister (...) dürfen den schriftlichen Antrag eines sich rechtmäßig im Bundesgebiet oder im Gebiet der Europäischen Union aufhaltenden Verbrauchers auf Abschluss eines Zahlungsdiensterahmenvertrags mit dem Ziel der Einrichtung und Führung eines Girokontos auf Guthabenbasis (Guthabenkonto) nur nach Maßgabe von Absatz 7 ablehnen, sofern diese Person in dem Antrag versichert, über kein anderweitiges Girokonto zu verfügen. (...)“*

Der Gesetzesentwurf wurde jedoch nicht umgesetzt.[493] Allerdings musste der nationale Gesetzgeber aufgrund europäischer Bestrebungen, jedem Verbraucher einen Anspruch auf ein Guthabenkonto mit bestimmten grundlegenden Funktionen zu verschaffen, aktiv werden. Denn mit der Richtlinie (2014/92/EU) des Europäischen Parlaments und des Rates vom 23. Juli 2014 über die Vergleichbarkeit von Zahlungskontoentgelten, den Wechsel von Zahlungskonten und den Zugang zu Zahlungskonten mit grundlegenden Funktionen[494] werden die Mitgliedsstaaten entsprechend verpflichtet.[495] Auf dieser Grundlage hat der Deutsche Bundestag das Gesetz zur Umsetzung der Richtlinie über die Vergleichbarkeit von Zahlungskontoentgelten, den Wechsel von Zahlungskonten sowie den Zugang zu Zahlungskonten mit grundlegenden Funktionen[496] beschlossen, das am 19.06.2016 in Kraft getreten ist. Anders als noch im Rahmen der Bundesratsinitiative sieht das genannte Gesetz keine Änderung des Bürgerlichen Gesetzbuches vor. Stattdessen wird gemäß Art. 1 ein gänzlich neues Gesetz – das Zahlungskontengesetz (ZKG) – geschaffen, in dessen Abschnitt 5 (§§ 30 ff. ZKG) Zahlungskonten mit grundlegenden Funktionen explizit geregelt sind. § 31 ZKG begründet schließlich einen gesetzlichen Kontrahierungszwang, der Kreditinstitute verpflichtet, sogenannte Basiskontoverträge, die in den §§ 38 ff. ZKG ausführlich geregelt werden, abzuschließen.

---

492 Entwurf eines Gesetzes zur Einführung eines Anspruchs auf Einrichtung eines Girokontos auf Guthabenbasis (GiroGuBaG), vgl. Deutscher Bundestag, Drucksache 17/14363.

493 Vgl. ausführlich dazu: Günther, WM 2014, 1369, 1371 ff.

494 Vgl. ABl. EU 2014 L 257/215.

495 Vgl. insbesondere Art. 1 Abs. 2 sowie Artt. 15 ff.

496 Bundesgesetzblatt Teil I 2016 Nr. 17, 18.04.2016, S. 720.

Die Diskussion darüber, Kreditinstitute zu verpflichten, Guthabenkonten für jedermann verfügbar zu machen, würde allerdings ad absurdum geführt, wenn nicht gleichzeitig gewährleistet wird, dass ein bereits bestehendes Konto – jedenfalls in seinen grundlegenden Funktionen – auch tatsächlich genutzt werden kann. Denn diejenigen, die über eine Kontoverbindung verfügen, träfen die gleichen beschriebenen Härten, würde – trotz der berechtigen Interessen der Gläubiger – nicht sichergestellt, dass eine vollständige Blockade des Kontos ausgeschlossen ist. Aus diesem Grund existieren in allen – dieser Untersuchung zugrunde liegenden – Mitgliedsstaaten Pfändungsschutzvorschriften, die auf unterschiedliche Art und Weise sicherstellen, dass dem Vollstreckungsschuldner seine wirtschaftliche Existenzgrundlage verbleibt. Demzufolge stellt sich das Problem einer Blockadewirkung für Privatkonten ausschließlich im Zusammenhang mit den anzuwendenden Pfändungsschutzvorschriften[497] und deren Justiziabilität.

II. Geschäftskonten

Im wirtschaftlichen Geschäftsverkehr sind Girokonten die „Knotenpunkte der Zahlungsströme“[498], die „Drehscheiben des Zahlungsverkehrs“[499]. Dementsprechend käme mit deren Blockade jedweder Zahlungsverkehr zum Erliegen.[500] Dies kann in Einzelfällen dazu führen, dass der Schuldner nicht mehr in der Lage ist, fällige Verbindlichkeiten zu bedienen. Mithin würde die Blockade des Kontos zur Zahlungsunfähigkeit des Kontoinhabers führen und ihn in die Insolvenz treiben.

In anderem Zusammenhang[501] hatte der Bundesgerichtshof sich mit der Frage auseinanderzusetzen, ob die aus der Pfändung resultierende Gefahr der Insolvenz des Schuldners Grund für Pfändungsbeschränkungen sein kann.[502] Dies ist letztlich kein deutsches Problem. Die Frage einer möglichen Insolvenz aufgrund der vorläufigen Kontenpfändung kann allerorts in Europa virulent werden. Als besonders problematisch erweist sich in diesem Zusammenhang eine mögliche Kettenreaktion. Denn nicht nur der vermeintliche Schuldner ist betroffen. Die

497 Dazu unten § 5/C.

498 *Wagner*, ZIP 1985, 849, 856

499 *Häuser*, WM 1990, 129.

500 *Zeller*, S. 264.

501 Pfändbarkeit einer „offenen Kreditlinie“.

502 BGH, Urteil v. 29.03.2001, IX ZR 34/00, BGHZ 147, 193, 201.

Zahlungsunfähigkeit schlägt auf Arbeitnehmer, Lieferanten und andere Geschäftspartner durch.

In der zitierten Entscheidung beurteilte der Senat die mögliche Zahlungsunfähigkeit nicht als Folge der Pfändungsmaßnahme, sondern geht davon aus, dass dieses Risiko nur dann bestehe, wenn der Schuldner auch ansonsten nicht über Liquidität verfüge und ihm ein Sanierungskredit verwehrt bliebe. In diesem Fall sei die Insolvenz des Schuldners keine unangemessene Folge der Pfändungsmaßnahme.[503] Darüber hinaus wird argumentiert, dass der Verzicht auf konsequente Vollstreckungsmaßnahmen im Ergebnis gar zu einer Gefährdung anderer Gläubiger führen könnte, die in Unkenntnis der finanziellen Schwierigkeiten des Schuldners auch weiterhin mit ihm Geschäfte tätigen.[504]

Auf den Fall der vorläufigen Kontenpfändung lässt sich diese Argumentation nicht gänzlich übertragen. Es ist zu unterscheiden ob es sich um eine Maßnahme des vorläufigen Rechtsschutzes handelt, und deshalb in besonderem Maße darauf zu achten ist, dass keine irreparablen Folgen eintreten, oder ob bereits eine Entscheidung in der Hauptsache getroffen wurde. In beiden Fällen sind die berechtigten Interessen des Gläubigers und des Schuldners gegeneinander abzuwägen.

B. Schutz des Schuldners durch Verfahrensgarantien

Im Grünbuch zur Überprüfung der EuGVVO[505] brachte die Kommission noch einmal deutlich zum Ausdruck, dass Teil des Schuldnerschutzes *die Ausgestaltung des Verfahrens selbst* sei. In anderen Rechtsakten der jüngeren Vergangenheit sind diese Verfahrensgarantien durch Implementierung von Mindeststandards verankert.[506] Insofern stellt sich die Frage, ob sich dies auch für in dem Verfahren zur vorläufigen Kontenpfändung wiederfindet und inwieweit die gewählten Standards bestimmten Mindestanforderungen genügen.

I. Rechtliches Gehör

Zu den zentralen Verfahrensgarantien des nationalen Rechts, aber auch der EuGVVO, zählt die Gewährung rechtlichen Gehörs. Dies hat der Europäische Gerichtshof zum vorläufigen Rechtsschutz schon frühzeitig – noch unter

503 BGH Urteil v. 29.03.2001, IX ZR 34/00, BGHZ 147, 193, 201; im Ergebnis ebenso: *Scholl*, DZWIR 2005, 353 ff.

504 *Bruschke*, BB 1999, 2167, 2169.

505 KOM (2009) 175 endgültig.

506 **EuVTVO**: Artt. 12–19; **MahnVO**: Artt. 13–16; **Bagatell-VO**: Art. 18.

Geltung der EuGVÜ – mit seiner *Denilauler*-Entscheidung[507], wonach einstweilige Maßnahmen, die ohne vorheriges rechtliches Gehör ergangen sind, nicht grenzüberschreitend vollstreckbar sind, klargestellt:

1. *Grundzüge der Entscheidung* Denilauler

Der Europäische Gerichtshof hat sich im Jahr 1980 in der Rechtssache „Denilauler/Couchet Frères" mit der grenzüberschreitenden Wirkung von einstweiligen Maßnahmen und deren Einschränkung beschäftigt. Das OLG Frankfurt hatte sich zuvor mit der Frage, ob eine in einem Mitgliedsstaat ohne Ladung der Gegenpartei angeordnete vorläufige Maßnahme gemäß EuGVÜ in einem anderen Mitgliedstaat für vollstreckbar erklärt werden darf, wenn der Gegenpartei die Anordnung zuvor nicht zugestellt wurde, an den EuGH gewandt.

Der Gläubiger des Ausgangsverfahrens – das Unternehmen Couchet Frères – hatte in Frankreich gegen den Schuldner – das Unternehmen Denilauler – den Erlass einer einstweiligen Maßnahme beantragt. Das französische Gericht der Hauptsache hatte daraufhin ohne Anhörung des Schuldners die Sicherungsvollstreckung in ein in Deutschland geführtes Konto des Schuldners in Höhe der streitigen Forderung angeordnet. Nachdem die französische Maßnahme vom LG Wiesbaden für vollstreckbar erklärt wurde, erlangte der Schuldner durch Zustellung des Pfändungsbeschlusses erstmalig Kenntnis von dem Verfahren und legte beim OLG Frankfurt Beschwerde ein. Im Rahmen des Beschwerdeverfahrens wandte sich das OLG Frankfurt dann mit der Vorlagefrage an den EuGH, ob die Artt. 27 Nr. 2 und 46 Nr. 2 EuGVÜ auch diejenigen Verfahren erfasst, in denen ohne Anhörung des Gegners einstweilige, auf eine Sicherung gerichtete Maßnahmen getroffen werden.[508]

Eine Entscheidung wurde gemäß Art. 27 Nr. 2 EuGVÜ nicht anerkannt, sofern das verfahrenseinleitende Schriftstück dem Beklagten, der sich auf das Verfahren nicht eingelassen hat, nicht ordnungsgemäß und nicht rechtzeitig zugestellt worden war, sodass er sich verteidigen konnte. Zudem forderte Art. 46 Nr. 2 EuGVÜ, dass eine Partei, die die Zwangsvollstreckung aus einem Versäumnisurteil betreibt, eine Urkunde vorzulegen hat, aus der sich ergibt, dass das den Rechtsstreit einleitende Schriftstück dem Beklagten zugestellt wurde.

---

507 EuGH, Urteil v. 21.05.1980, Rs. C-125/79 *(Denilauler v. Couchet Frères)*, Slg. 1980, 1553.

508 EuGH, Urteil v. 21.05.1980, Rs. C-125/79 *(Denilauler v. Couchet Frères)*, Slg. 1980, 1553 Rn. 5.

Die Vorlage an den EuGH umfasste darüber hinaus die Frage, ob Art. 47 Nr. 1 EuGVÜ auch in den Fällen von einstweiligen, lediglich auf Sicherung gerichtete Maßnahmen Anwendung finden soll.[509] Nach Art. 47 Nr. 1 EuGVÜ muss der Gläubiger im Falle der Zwangsvollstreckung entsprechende Urkunden vorlegen, aus denen sich ergibt, dass die Entscheidung nach den Vorschriften des Erlassstaates vollstreckbar ist und dass sie dem Schuldner zugestellt wurde.

Der EuGH führt zunächst aus, dass die Artt. 27, 46 und 47 EuGVÜ für kontradiktorische Verfahren ausgelegt seien und keine Anwendung auf im einseitigen Verfahren getroffenen, einstweilige Maßnahmen fänden. Demnach seien Entscheidungen, die in Abwesenheit der Gegenpartei und ohne vorherige Zustellung vollstreckt werden sollen, vom Anwendungsbereich ausgeschlossen.[510]

Im Ergebnis kommt der EuGH jedoch unter Hinweis auf die Systematik des Übereinkommens und seiner Ziele zu dem Schluss, dass die Nichtanwendbarkeit der zuvor genannten Artikel nicht dazu führe, dass die im einseitigen Verfahren getroffenen Maßnahmen grenzüberschreitend anzuwenden und vollstreckbar seien.[511]

Das EuGVÜ gehe davon aus, dass die in ihren Anwendungsbereich fallenden Verfahren unter Wahrung des rechtlichen Gehörs durchgeführt werden. Der EuGH schließt dies sowohl aus den Bestimmungen des EuGVÜ über die Zuständigkeit (Titel II) als auch aus den Bestimmungen über die Anerkennung und Vollstreckung (Titel III). Aus dieser Annahme folge auch die sehr großzügige Anerkennung und Vollstreckung von Urteilen. Allerdings sei in diesem Zusammenhang zu beachten, dass das EuGVÜ im Wesentlichen auf solche gerichtlichen Entscheidungen abstellt, denen im Erlassstaat ein kontradiktorisches Verfahren vorangegangen ist oder hätte vorangehen können.[512]

Unter Berücksichtigung der Grundsätze des EuGVÜ und seiner Systematik ist das in Titel III des Übereinkommens vorgesehene vereinfachte Vollstreckungsverfahren nicht auf einstweilige oder auf Sicherung gerichtete Maßnahmen anwendbar, wenn die Gegenpartei nicht geladen wurde oder die Entscheidung ohne vorherige Zustellung vollstreckt werden soll. Die vereinfachten Regelungen

---

509 EuGH, Urteil v. 21.05.1980, Rs. C-125/79 *(Denilauler v. Couchet Frères)*, Slg. 1980, 1553 Rn. 5.

510 EuGH, Urteil v. 21.05.1980, Rs. C-125/79 *(Denilauler v. Couchet Frères)*, Slg. 1980, 1553 Rn. 8 f.

511 EuGH, Urteil v. 21.05.1980, Rs. C-125/79 *(Denilauler v. Couchet Frères)*, Slg. 1980, 1553 Rn. 10.

512 EuGH, Urteil v. 21.05.1980, Rs. C-125/79 *(Denilauler v. Couchet Frères)*, Slg. 1980, 1553 Rn. 13.

des EuGVÜ sind damit auf einstweilige ex parte ergangene Maßnahmen nicht anwendbar. Eine Anerkennung und Vollstreckung nach der EuGVÜ kommt demnach nicht in Betracht.[513]

2. Grundlegende Kritik an der Entscheidung Denilauler

Die Entscheidung ist in der Literatur auf breite Kritik gestoßen: Durch den Ausschluss der Anerkennung von ex parte-Entscheidungen werde der Rechtsschutz im internationalen Bereich nicht unerheblich gelähmt.[514] Es sei nicht erkennbar, dass die Mitgliedstaaten im internationalen Kontext strengere Maßstäbe aufstellen wollten, als es die eigenen nationalen Rechtsordnungen vorsehen.[515] So berücksichtigte der EuGH nicht hinreichend, dass der Schuldner sich nachträglich rechtliches Gehör verschaffen kann.[516] Bei unveränderter Rechtslage bedeutet das für den Gläubiger, dass er, sofern es ihm auf den Überraschungsmoment ankommt, den Antrag auf Erlass der einstweiligen Maßnahme in dem Staat stellen müsste, in dem diese auch vollzogen werden soll.[517] Die Verordnung trete damit hinter den europäischen Standard zurück.[518]

3. Fortgeltung der Entscheidungsgrundsätze unter der EuGVVO

Lange war in Rechtsprechung und Literatur streitig, ob diese zum EuGVÜ ergangene Rechtsprechung für die EuGVVO fortgelten sollte.[519]

Zum Teil wurde die fehlende Übertragbarkeit der entwickelten Grundsätze bereits darauf gestützt, dass der europäische Verordnungsgeber sie nicht in

513 EuGH, Urteil v. 21.05.1980, Rs. C-125/79 *(Denilauler v. Couchet Frères)*, Slg. 1980, 1553 Rn. 17.

514 *Geimer/Schütze*, EuGVVO, Art. 32 (a. F.) Rn. 35.

515 *Geimer/Schütze*, EuGVVO, Art. 32 (a. F.) Rn. 35.

516 *Schack*, IZVR, Rn. 916.

517 Kropholler/*von Hein*, EuGVO, Art. 32 (a. F.) Rn. 23.

518 *Geimer*, IZPR, Rn. 3107.

519 **Dafür:** BGH, Beschluss v. 21.12.2006, IX ZB 150/05, RIW 2007, 217; MK-ZPO/*Gottwald*, EuGVO, Art. 32 (a. F.) Rn. 16; *Schlosser*, EU-Zivilprozessrecht, EuGVVO Art. 32 (a. F.) Rn. 6; **dagegen:** Zöller/*Geimer*, EuGVVO Art. 32 (a. F.) Rn. 8; Rauscher/*Leible*, Europäisches Zivilprozess- und Kollisionsrecht, Brüssel I-VO, Art. 32 (a. F.) Rn. 12a; *Micklitz/Rott*, EuZW 2002, 15, 16 f.; OLG Schleswig, Beschluss v. 09.05.2005, 16 W 48/05, OLGR Schleswig 2005, 520, 521; *Heinze,* ZZP 120 (2007) 303, 310; *Geimer/Schütze*, EuGVVO, Art. 32 (a. F.) Rn. 35; wohl auch Musielak/*Stadler* Art. 31 (a. F.) Rn. 4; **einschränkend:** Nach Thomas/Putzo/*Hüßtege*, EuGVVO, Art. 32 (a. F.) Rn. 4 sollen jedenfalls dingliche Arreste grundsätzlich anerkennungsfähig sein.

Art. 32 EuGVVO a. F. aufgenommen, sondern stattdessen an der „weiten Fassung des ursprünglichen Art. 25 EuGVÜ" festgehalten habe.[520] Systematisch wurde weiter argumentiert, dass die Vorschriften, auf die der Europäische Gerichtshof seine Entscheidung maßgeblich gestützt habe (Artt. 27 Nr. 2, 46 Nr. 2, 47 Nr. 1 EuGVÜ), wesentlich geändert worden seien.[521] Insbesondere die deutlich engere Fassung des Art. 34 Nr. 2 EuGVVO a. F. gegenüber Art. 27 Nr. 2 EuGVÜ spräche für eine Abkehr von der früheren Rechtsauffassung, da die Nichtgewährung rechtlichen Gehörs dadurch geheilt werden könne, dass der Betroffene es unterlässt, einen Rechtsbehelf einzulegen.[522] Darüber hinaus sei der einstweilige Rechtsschutz auf der Vollstreckungsebene durch Art. 47 Abs. 1 EuGVVO a. F. deutlich erweitert worden.[523] Zudem würde die „durch den vorläufigen Rechtsschutz intendierte Überraschung des Schuldners (...) ad absurdum geführt", nähme man Entscheidungen vom Anwendungsbereich des Art. 32 EuGVVO a. F. aus, bei denen rechtliches Gehör jedenfalls ex post gewährt wurde.[524] Im Übrigen seien in den nationalen Rechtsordnungen aller Mitgliedsstaaten einstweilige Anordnungen mit Überraschungseffekt bekannt.[525]

Man könnte sogar den Eindruck gewinnen, dass auch der Europäische Gerichtshof sukzessive davon abrückt, ex parte-Entscheidungen per se die Anerkennung zu versagen:

In einem Fall hatte der EuGH zu entscheiden, ob ein Beschluss in einem nicht kontradiktorischen Verfahren – konkret ging es um die Beschränkung der Haftung von Schiffseigentümern – eine Entscheidung i. S. d. Verordnung darstellt, wenn dieser Beschluss am Ende eines Verfahrensabschnitts ergeht.[526] Der Gerichtshof bejahte diese Frage mit dem Argument, dass der Beschluss erst dann

---

520 OLG Schleswig, Beschluss v. 09.05.2005, 16 W 48/05, OLGR Schleswig 2005, 520, 521; *Heinze*, ZZP 120 (2007) 303, 310; *Geimer/Schütze*, EuGVVO, Art. 32 (a. F.) Rn. 35.

521 *Heinze*, RIW 2003, 922, 929; *Micklitz/Rott*, EuZW 2002, 15, 16.

522 Musielak/*Stadler*, EuGVVO (9. Auflage), Art. 31 (a. F.) Rn. 4.

523 *Heinze*, ZZP 120 (2007) 303, 311.

524 OLG Schleswig, Beschluss v. 09.05.2005, 16 W 48/05, OLGR Schleswig 2005, 520, 521.

525 OLG Schleswig, Beschluss v. 09.05.2005, 16 W 48/05, OLGR Schleswig 2005, 520, 521.

526 EuGH, Urteil v. 14.10.2004, Rs. C-39/02 *(Mærsk Olie & Gas A/S v. M. de Haan en W. de Boer)*, Rn. 48 ff. (Zweite Vorlagefrage).

wirksam wird, nachdem er dem Gläubiger mitgeteilt worden ist und dieser das Recht hatte, seine Rechte bei dem entscheidenden Gericht geltend zu machen.[527]

In Sachen *Eurofood* stellte der Europäische Gerichtshof zudem klar, dass die konkreten Ausprägungen des Anspruchs auf rechtliches Gehör auch in Relation zu der möglicherweise gegebenen Eilbedürftigkeit einer Entscheidung variieren können.[528] Allerdings müsse jede Beschränkung der Ausübung dieses Anspruchs ordnungsgemäß gerechtfertigt werden und mit Verfahrensgarantien einhergehen, die für die von einem solchen Verfahren betroffenen Personen eine effektive Möglichkeit sicherstellen, getroffene Eilmaßnahmen anzufechten.[529]

Dem wird entgegen gehalten, dass der Verordnungsgeber in Kenntnis der Rechtsprechung des Europäischen Gerichtshofs die Regelung des Art. 25 EuGVÜ schlechterdings nicht unverändert übernommen hätte, wenn an den entwickelten Grundsätzen etwas hätte geändert werden sollen.[530] Die EuGVVO hatte („leider“) keine ausdrückliche Korrektur der EuGH-Rechtsprechung zur Folge.[531] An der Ausgangslage, dass die Anerkennung vorläufiger Maßnahmen, die ohne rechtliches Gehör ergangen seien, nicht mit der Intention des EuGVÜ bzw. der EuGVVO in Einklang zu bringen sei, die auf der Grundlage gegenseitigen Vertrauens in die Justiz im Rahmen der Gemeinschaft basiere, habe sich nichts geändert.[532] Die durch das OLG Schleswig argumentativ herangezogenen Änderungen der EuGVVO gegenüber dem EuGVÜ hätten für die Frage, ob die durch den Europäischen Gerichtshof entwickelten Grundsätze weiterhin Bestand haben sollten, überhaupt keine Relevanz.[533] Die vorherige Durchführung eines kontradiktorischen Verfahrens sei noch immer Grundvoraussetzung für das wechselseitige Vertrauen in die Rechtspflege, und dies müsse „vorrangig vor dem Umstand des in allen Mitgliedsstaaten bekannten Überraschungseffekts betrachtet werden“.[534]

Eine ausdrückliche Korrektur der EuGH-Rechtsprechung durch den Verordnungsgeber der EuGVVO sei – bezogen auf die alte Fassung der EuGVVO –

---

527 EuGH, Urteil v. 14.10.2004, Rs. C-39/02 *(Mærsk Olie & Gas A/S v. M. de Haan en W. de Boer)*, Rn. 51.

528 EuGH, Urteil v. 02.05.2006, Rs. C-341/04 (*Eurofood)*, Slg. 2006, I-3813, Rn. 66.

529 EuGH, Urteil v. 02.05.2006, Rs. C-341/04 (*Eurofood)*, Slg. 2006, I-3813, Rn. 66.

530 BGH, Beschluss v. 21.12.2006, IX ZB 150/05, RIW 2007, 217.

531 *Geimer*, FS Georgiades, S. 490, 499.

532 *Pauly*, S. 162.

533 BGH, Beschluss v. 21.12.2006, IX ZB 150/05, RIW 2007, 217.

534 *Pauly*, S. 163.

nicht erfolgt, und es bleibe daher nur die „(schwache) Hoffnung“, dass der Europäische Gerichtshof von dieser Rechtsprechung abrücke.[535]

4. *Keine Abkehr von der* Denilauler-*Rechtsprechung im Rahmen der EuGVVO-Reform*

Davon ist aktuell jedoch nicht auszugehen. Denn auch im Rahmen der am 12.12.2012 erlassenen Neufassung der EuGVVO wird ausdrücklich klargestellt, dass einstweilige Maßnahmen gerade keine Entscheidung im Sinne der Verordnung darstellen, wenn eine vorherige Zustellung der Vollstreckungsentscheidung an den Schuldner nicht erfolgt ist – selbst wenn ihm eine nachträgliche Anfechtungsmöglichkeit gewährt wird: Im Rahmen der EuGVVO-Reform wurde diese Rechsprechung in Art. 2 lit. a EuGVVO insoweit fortgeschrieben, dass nur solche Maßnahmen als Entscheidungen anerkannt werden, bei denen der Schuldner entweder vor ihrem Erlass angehört oder ihm zumindest die Entscheidung vor ihrer Vollstreckung zugestellt wurde.[536] Mit dieser Formulierung rückt der Verordnungsgeber zwar von dem Erfordernis eines kontradiktorischen Verfahrens ab und gewährt damit einen gewissen Spielraum zur Anerkennung von ex parte Entscheidungen.[537] Den Überraschungseffekt im (vorläufigen) Vollstreckungsverfahren kann der Gläubiger aufgrund der für die Anerkennung zwingend vorgeschriebenen Vorab-Zustellung jedoch nicht nutzen.[538]

Hiervon weicht die Kontenpfändungsverordnung deutlich ab: In Art. 11 EuKPfVO wird klar und kategorisch – also ohne Ermessensspielraum für das Gericht – statuiert, dass der Antragsgegner vor Erlass des Beschlusses keine Kenntnis von dem Antrag erhält. Diese Regelung folgt letztlich auch der Mehrzahl der Stellungnahmen zum Grünbuch, wonach die Anordnung der vorläufigen Kontenpfändung ohne vorherige Anhörung des Antragsgegners erfolgen sollte, um den Überraschungseffekt zu wahren und damit zu vereiteln, dass die zu sichernden Vermögenswerte beiseitegeschafft werden. Keine Regelung trifft Art. 11 EuKPfVO zu der Frage, ob Schutzschriften des Antragsgegners zu

---

535 *Geimer*, IZPR, Rn. 3107.

536 Rauscher/*Wiedemann*, Europäisches Zivilprozess- und Kollisionsrecht, EU-KPfVO, Art. 12 Rn. 3.

537 Vgl. Rauscher/Leible, Europäisches Zivilprozess- und Kollisionsrecht, Brüssel-Ia-VO, Art. 2 Rn. 15.

538 Vgl. Schlosser/Hess, EU-Zivilprozessrecht, EuGVVO, Art. 2 Rn. 12; Schack, IZVR, Rn. 916.

berücksichtigen sind.[539] Überzeugend erscheint die Argumentation, dass die gerichtliche Prüfung einer bereits eingereichten Schutzschrift das Verfahren weder verzögert, noch eine Warnung des Schuldners bedeutet.[540] Insofern schließt Art. 11 EuKPfVO die Berücksichtigung von Schutzschriften nicht aus. Sie ist vielmehr aus Gründen eines adäquaten Schuldnerschutzes geboten.

5. *Regelung zur Information des Schuldners*

Ein effektiver Schutz des Schuldners setzt zunächst voraus, dass dem Schuldner Kenntnis über die veranlasste vorläufige Kontenpfändung verschafft wird. Sämtliche untersuchte Rechtsordnungen der Mitgliedstaaten sehen eine Information des Schuldners über die erfolgte Pfändungsmaßnahme vor.[541]

Die Information des Schuldners bzw. Antragsgegners wird in Art. 28 EuKPfVO geregelt. Danach sind dem Antragsgegner der Beschluss und gemäß Art. 28 Abs. 3 EuKPfVO der Antrag des Gläubigers sowie alle dem Gericht im Rahmen dieses Antrags vorgelegten Unterlagen zuzustellen. Dies erfolgt allerdings erst, nachdem die Zustellung an die Bank erfolgt ist und die Bank die Erklärung nach Maßgabe von Art. 25 EuKPfVO abgegeben hat.

Es ist zweifelsfrei sinnvoll und der Effektivität der Maßnahme dienlich, dass der Antragsgegner erst informiert wird, nachdem die Zustellung an die kontoführende Bank erfolgt ist, weil dadurch der Überraschungseffekt gewahrt wird. Weniger einleuchtend erscheint hingegen, dass die Information erst dann erfolgen soll, wenn die Bank auf den ihr zugestellten Beschluss reagiert hat. Gemäß Art. 25 Abs. 1 EuKPfVO hat sie dafür drei Tage Zeit: Drei Tage, die für den Schuldner möglicherweise gravierende Nachteile bedeuten können, für den Gläubiger aber keinerlei Mehrwert bringen. Denn er ist bereits mit Zustellung des Pfändungsbeschlusses an die Bank geschützt, da diese ihn gemäß Art. 24 Abs. 1 EuKPfVO unverzüglich auszuführen hat, wodurch verhindert wird, dass der Schuldner über das Konto bzw. den blockierten Geldbetrag verfügt.[542]

---

539 Für deren Berücksichtigung plädieren u. a. Rauscher/*Wiedemann*, Europäisches Zivilprozess- und Kollisionsrecht, EU-KPfVO, Art. 11 Rn. 4; *Domej*, GPR 2017, 84, 88; a. A. Schlosser/*Hess*, EU-Zivilprozessrecht, EuKtPVO, Art. 11 Rn. 2.

540 Vgl. Rauscher/*Wiedemann*, Europäisches Zivilprozess- und Kollisionsrecht, EU-KPfVO, Art. 11 Rn. 4.

541 Vgl. bereits *Mössle*, S. 61; Frankreich: *Vincent/Prévault*, S. 226 („la dénonciation de la saisie au débiteur saisi"); England-Wales: *O'Hare/Browne*, Rn. 40.007; Italien: Art. 543[1] ital. cpc.

542 In Art. 24 Abs. 2 EuKPfVO wird klargestellt, dass bereits anhängige Transaktionen (also beispielsweise Überweisungsaufträge, die vor dem Pfändungsbeschluss bei der

Unterbleibt die Information des Schuldners oder wird sie ihm nicht rechtzeitig verschafft, wird gemäß Art. 33 Abs. 1 lit. b, c EuKPfVO bzw. Art. 34 Abs. 1 lit. b iv EuKPfVO der Kontenpfändungsbeschluss auf Rechtsbehelf des Schuldners widerrufen, wenn ihm dieser nicht binnen 14 Tagen nach der vorläufigen Pfändung seines Kontos zugestellt wird oder die zugestellten Schriftstücke nicht den Sprachanforderungen nach Art. 49 EuKPfVO entsprechen.[543] Allerdings besteht die Möglichkeit der Heilung von Zustellungsmängeln binnen weiterer 14 Tage.

Bedenkt man, dass sich im Falle einer Heilung allein die Zustellung aller notwendigen Unterlagen, die für einen effektiv einzulegenden Rechtsbehelf des Schuldners unerlässlich sind, vier Wochen hinauszögern kann, besteht die Gefahr schwerwiegender Nachteile, zumal das eigentliche Rechtsbehelfsverfahren dann erst noch durchzuführen ist.

Das französische Recht sieht demgegenüber für den Fall, dass der Schuldner nicht binnen acht Tagen nach Zustellung des Pfändungsbeschlusses an den Drittschuldner darüber in Kenntnis gesetzt wird, gemäß Art. 58 Abs. 1 Décrét N° 92–755 vor, dass die Pfändung rückwirkend unwirksam wird.[544] Mit einer solchen Regelung wäre sichergestellt, dass im Falle fehlender Information des Vollstreckungsschuldners, jedenfalls keine irreparablen materiellen Nachteile, sondern lediglich ein möglicher Imageschaden bei abgelehnten Abbuchungen für ihn entstünde, während dies allein durch den Verweis auf mögliche Schadensersatzansprüche nicht vollends sicherzustellen ist.

Auch der Gläubiger wäre bei dieser Form der Verfahrensgestaltung hinreichend geschützt: Würde die Pfändung aufgehoben, weil das Vollstreckungsorgan den Vollstreckungsschuldner nicht rechtzeitig in Kenntnis gesetzt hat, entstünde dem Gläubiger – sofern daraus tatsächlich ein Schaden resultiert – ein Ersatzanspruch gegenüber dem Vollstreckungsorgan.

II. Konsequenzen der Aufhebbarkeit vorläufiger Entscheidungen

Dadurch, dass der europäische Gesetzgeber die Möglichkeit einer vorläufigen Kontenpfändung bereits vor einer Entscheidung in der Hauptsache geschaffen hat, waren zugleich zwei weitere Fragen zu klären:

Bank eingegangen sind) noch ausgeführt werden dürfen – nicht aber müssen – sofern dies bis zum Ende des dritten Arbeitstages nach Ausführung des Beschlusses (vgl. Art. 25 Abs. 1 EuKPfVO) vorgenommen wird.

543 Rauscher/*Wiedemann*, Europäisches Zivilprozess- und Kollisionsrecht, EU-KPfVO, Art. 12 Rn. 10.

544 *Sonnabend*, S. 105.

- Wie sollte es sich auswirken, wenn der Schuldner dem durch den Gläubiger behaupteten Anspruch dem Grunde oder der Höhe nach widerspricht?
- Welche Auswirkungen sollte eine gegenüber der – einer vorläufigen Kontenpfändung – zugrunde liegenden Entscheidung abweichende, abschließende Entscheidung in der Hauptsache nach sich ziehen?

1. *Verfahren bei Einspruch des Antragsgegners*

Sofern der Antragsgegner dem durch den Gläubiger behaupteten Anspruch widerspricht, ist ihm die Möglichkeit zu gewähren, die Widerspruchsgründe vorzubringen. Einen entsprechenden Entwurf beinhaltete bereits Art. 35 EuUH-VO-E (dort Abs. 5 S. 2), obwohl diese Norm die vorläufige Kontenpfändung eher rudimentär regelte. In der Kontenpfändungsverordnung finden sich die Rechtsbehelfsmöglichkeiten des Schuldners in Artt. 33 ff. EuKPfVO. Auch hier wird hinsichtlich der Zuständigkeit differenziert zwischen Ursprungs- und Vollstreckungsmitgliedstaat. Gegen die vorläufige (Sach-)Entscheidung in der Hauptsache, die durch die vorläufige Kontenpfändung gesichert wird, sind gemäß Art. 33 Abs. 1 EuKPfVO die Gerichte des Ursprungsmitgliedstaats zuständig.

2. *Auswirkungen einer abweichenden Entscheidung in der Hauptsache*

Eine abweichende Entscheidung in der Hauptsache wirkt sich regelmäßig auch auf die vorangegangene einstweilige Anordnung aus.[545] Die Mehrzahl der europäischen Rechtsordnungen sieht für unberechtigte Maßnahmen des einstweiligen Rechtsschutzes eine verschuldensunabhängige Schadensersatzpflicht des Vollstreckungsgläubigers vor.[546]

Problematisch wäre allerdings, nach dem Recht welchen Staates sich der Anspruch beurteilt und welches Gericht für die Entscheidung über einen möglichen Schadensersatzanspruch des Vollstreckungsschuldners wegen einer unberechtigten Blockade seines Kontos bzw. seiner Konten zuständig wäre, wenn hierfür keine spezielle Regelung getroffen worden wäre. Art. 24 Abs. 5 EuGVVO (bzw.

---

545 *Stürner*, in Storme: Procedural Laws in Europe, S. 143, 177.

546 Z. B. **Deutschland**, vgl. § 945 ZPO; **England-Wales**: In England und Wales haftet der Antragsteller für eingetretene Vollstreckungsschäden, soweit er zuvor ein sog. undertaking in damages abgegeben hat, vgl. oben S. 86 f.; **Frankreich**, vgl. *Stürner*, in Storme: Procedural Laws in Europe, S. 143, 179 Fn. 166; Artt. 31 Abs. 2, 73 Abs. 2 Loi N° 91-650; **Italien**, vgl. Art. 669 ital. cpc; **Niederlande**, vgl. *Seggewiße*, NJW 2008, 2156, 2159; **Österreich**, § 394 EO, vgl. ausführlich dazu: *Rechberger/Oberhammer*, Rn. 535–536; **Spanien**, vgl. Artt. 742, 745 LEC 2000.

Art. 22 Abs. 5 EuGVVO a. F.) hilft in diesem Fall nicht weiter, da die Vorschrift nur Verfahren, die in unmittelbarem Zusammenhang mit der Zwangsvollstreckung stehen, erfasst. Klagen auf Ersatz wegen unberechtigter Zwangsvollstreckung fallen daher nicht darunter.[547]

Mit der Kontenpfändungsverordnung wird nun erstmals eine eigenständige Anspruchsgrundlage für einen Teilbereich des einstweiligen Rechtsschutzes geschaffen: In Art. 13 EuKPfVO sind Haftungsansprüche des Schuldners gegenüber dem Gläubiger geregelt. Insofern unterscheidet sich die tatsächlich beschlossene Kontenpfändungsverordnung von dem ihr vorausgegangenen Kommissionsentwurf, der noch vorsah, die Bedingungen für mögliche Schadensersatzpflichten des Gläubigers vollständig auf das einzelstaatliche Recht zu verweisen.[548] Allerdings statuiert Art. 13 EuKPfVO lediglich einen materiell-rechtlichen Mindeststandard[549] für die Ersatzansprüche des Schuldners, die gemäß Abs. 4 durch das jeweils anwendbare nationale Recht zu gewähren sind.

Art. 13 Abs. 1 S. 1 EuKPfVO setzt ein Verschulden des Gläubigers voraus. Der deutsche Gesetzgeber hat indes – mit der Einführung des § 958 ZPO – von der Möglichkeit des Art. 13 Abs. 3 EuKPfVO Gebrauch gemacht und insoweit das schon in der Vergangenheit aus § 945 ZPO bekannte Modell der verschuldensunabhängigen Schadensersatzpflicht auch auf die vorläufige Kontenpfändung auf der Grundlage der EuKPfVO ausgedehnt. Wie schon in § 945 ZPO knüpft auch im Falle des § 958 ZPO die Haftung daran an, dass die Anordnung sich als von Anfang an unwirksam erweist.

3. *Notwendige Sicherheitsleistungen*

Der Schadensersatzanspruch allein hilft demjenigen, dessen Vermögenswerte unrechtmäßig blockiert wurden, im Zweifel jedoch wenig: Denn in Anbetracht der immensen wirtschaftlichen Schäden, die gerade bei selbstständig wirtschaftlich tätigen Personen durch eine Kontenblockade entstehen können,[550] besteht die Gefahr, dass der aufgrund unrechtmäßiger Vollstreckung Schadensersatzpflichtige diesen Anspruch möglicherweise überhaupt nicht bedienen kann. In

547 *Geimer*, NJW 1980, 1234, 1235; Kropholler/*von Hein*, EuGVO, Art. 22 (a. F.) Rn. 62; Musielak/*Stadler*, EuGVVO (9. Auflage), Art. 22 (a. F.) Rn. 10; *Mauch*, S. 243 f.

548 Rauscher/*Wiedemann*, Europäisches Zivilprozess- und Kollisionsrecht, EU-KPfVO, Art. 13 Rn. 1.

549 Vgl. Erwägungsgrund 19 zur EuKPfVO; Hess/Raffelsieper, IPRax 2015, 46, 48; Rauscher/*Wiedemann*, Europäisches Zivilprozess- und Kollisionsrecht, EU-KPfVO, Art. 13 Rn. 8.

550 Vgl. S. 145 f.

dieser Konstellation hilft nur eine zuvor hinterlegte Sicherheit. Ob zur Sicherung etwaiger Ersatzansprüche vor Anordnung der einstweiligen Maßnahme eine Sicherheitsleistung des Gläubigers zu verlangen ist, steht in den nationalen Rechtsordnungen allgemein im richterlichen Ermessen.[551] So kann etwa im polnischen Recht das Gericht die Vollstreckung nach Art. 739 § 1 S. 1 poln. ZVGB von einer Sicherheitsleistung des Berechtigten wegen möglicher Ansprüche des Schuldners infolge der Vollstreckung abhängig machen.[552] In diesem Fall hat der Berechtigte gemäß Art. 746 poln. ZVGB Sicherheit zu leisten.[553] Der Beschluss über die Gewährung von Sicherungsmaßnahmen wird in diesem Fall erst vollstreckbar, wenn der Berechtigte Sicherheit geleistet hat.[554]

Der Europäische Gerichtshof hat in der Entscheidung *van Uden* für die *vorläufige Erbringung einer vertraglichen Hauptleistung* zum Ausdruck gebracht, dass es sich bei Anordnungen eines nicht zur Entscheidung in der Hauptsache zuständigen Gerichtes nur dann um eine einstweilige Maßnahme handele, „wenn die Rückzahlung des zugesprochenen Betrages an den Antragsgegner in dem Fall, dass der Antragsteller nicht in der Hauptsache obsiegt, gewährleistet ist.“[555] Dies ist nur dann zu bejahen, wenn der Gläubiger Sicherheit leistet, die das Rückzahlungsrisiko vollständig abdeckt.[556] Dieser Ansatz spricht grundsätzlich für eine Sicherheitsleistung als zwingende Voraussetzung der vorläufigen Kontenpfändung.

Andererseits könnte es den gewünschten Erfolg der vorläufigen Kontenpfändung, die Vereitelung eines berechtigten Vollstreckungszugriffs durch Vermögensverschiebung zu unterbinden, in wichtigen Teilbereichen verhindern, statuierte man die Sicherheitsleistung per se als Voraussetzung. Denn der Gläubiger, der wirtschaftlich nicht in der Lage ist, Sicherheit zu leisten, könnte dann auch keine vorläufige Kontenpfändung betreiben.

Aus diesem Dilemma kann es letztlich nur einen Ausweg geben: Ob eine Sicherheit zu leisten ist und falls ja, in welcher Höhe, ist – wie auch in Art. 12 EuKPfVO vorgesehen – in das Ermessen des Gerichtes gestellt werden. Die

---

551 *Stürner*, in Storme: Procedural Laws in Europe, S. 143, 179.

552 *Schlichte*, S. 76 f.

553 *Schlichte*, S. 76 f.

554 *Schlichte*, S. 76 f.

555 EuGH, Urteil vom 17.11.1998, Rs. C-391/95 *(van Uden v. Deco-Line)*, Slg. 1998, I-7091, Rz. 46 f.

556 Rauscher/*Leible*, Europäisches Zivilprozess- und Kollisionsrecht, Brüssel I-VO, Art. 31 (a. F.) Rn. 11; *Schlosser*, IPRax 2009, 416, 417; *Willeitner*, S. 91; *Stadler*, JZ 1999, 1089, 1097; *Hess/Vollkommer*, IPRax 1999, 221.

Verordnung differenziert an dieser Stelle: Ist bereits eine Entscheidung in der Hauptsache ergangen, soll eine Sicherheitsleistung eher die Ausnahme bilden (Abs. 2). Soll das Konto aufgrund einer vorläufigen Entscheidung blockiert werden, stellt die Notwendigkeit einer Sicherheitsleistung den Regelfall dar (Abs. 1). Es bleibt indes die Unsicherheit, dass dieses Ermessen, der jeweiligen Rechtskultur folgend, in den einzelnen Mitgliedstaaten höchst unterschiedlich ausgeübt werden könnte.

C. Schutz des Schuldners durch Pfändungsbeschränkungen

Neben den bislang dargestellten Voraussetzungen zum Erlass einer vorläufigen Kontenpfändung und die dem Verfahren immanenten Prüfungspunkte auf diesem Weg, die bereits aus sich selbst heraus – zumindest auch – dem Schutz des Schuldners dienen, stellt sich die Frage, wie ein (darüber hinausgehender) Schuldnerschutz auszugestalten wäre.

Die Europäische Kommission sieht als Anknüpfungspunkte für Maßnahmen zum Schutz des Schuldners Art. 6 EMRK und Art. 47 der EU-Grundrechtscharta, die das Recht des Schuldners auf ein faires Verfahren sichern, sowie Art. 8 EMRK und Art. 7 der Charta, welche die Würde und das Familienleben des Schuldners schützen.[557] Die Kontenpfändungsverordnung verweist in Art. 31 Abs. 1 EuKPfVO auf das nationale Recht des jeweiligen Vollstreckungsmitgliedstaates.

Es ist allerdings fraglich, ob dieser Verweis wirklich ausreichend ist, oder ob der Verordnungsgeber einheitliche Regelungen zum Schutz des Schuldners schaffen sollte.

I. Eigenständige europäische Schuldnerschutzvorschriften

Die überwiegende Mehrzahl der eingereichten Stellungnahmen[558] zum Grünbuch sprach sich für eine einheitliche EU-Regelung zum Pfändungsschutz aus.

557 Arbeitsdokument SEK (2006) 1341, S. 9 (2.2.2.).

558 Vgl. Bundesrepublik Österreich, Stellungnahme zur vorläufigen Kontenpfändung, Frage 1; BRAK, Stellungnahme zur vorläufigen Kontenpfändung, Frage 1; Bundesverband Deutscher Inkasso-Unternehmen e.V., Stellungnahme zur vorläufigen Kontenpfändung, Frage 1; Civil Justice Council, Attachment of Bank Accounts, Frage 1; DRB, Stellungnahme zur vorläufigen Kontenpfändung, Frage 1; Europäische Bausparkassenvereinigung, Stellungnahme zur vorläufigen Kontenpfändung, Frage 1; Europäisches Parlament, Stellungnahme zur vorläufigen Kontenpfändung, S. 1; Europäischer Wirtschafts- und Sozialausschuss, Stellungnahme zur vorläufigen

Dies wurde damit begründet, dass dieses Verfahren in allen Mitgliedsstaaten gleichermaßen gelten und eine Gleichstellung der vollstreckenden Gläubiger herstellen würde.[559] Zwar bestünden in nahezu allen Mitgliedsstaaten Regelungen zur vorläufigen Kontenpfändung, diese Vollstreckungsmaßnahmen seien aber im Fall der grenzüberschreitenden Kontenpfändung nur in komplizierten und langwierigen Verfahren durchsetzbar.[560] Einer europäischen Regelung in Form einer Verordnung sei daher der Vorzug zu gewähren, da bei einer Harmonisierung der mitgliedstaatlichen Vorschriften durch eine Richtlinie die Gefahr bestünde, dass es aufgrund möglicher Gestaltungsspielräume nationale Abweichungen gebe, die einzelne Pfändungsgläubiger benachteiligen würden.[561] Aufgrund der unterschiedlichen Ausgestaltung der in den einzelnen Mitgliedsstaaten bestehenden Regelungen zur vorläufigen Kontenpfändung sei zudem eine Angleichung schwierig.[562] Ein unionsweit geltendes Verfahren könne dagegen schneller eingeführt werden.[563]

Eine entsprechende – auch in der Sache naheliegende – Gelegenheit, jedenfalls für Verbraucher eine derartige Regelung zu schaffen, hätte sich im Zuge der Richtlinie über die Vergleichbarkeit von Zahlungskontoentgelten, den Wechsel von Zahlungskonten und den Zugang zu Zahlungskonten mit grundlegenden Funktionen vom 23.07.2014[564] geboten, indem Art. 16 oder Art. 17 der Richtlinie um entsprechende Passagen ergänzt worden wären.

Der Regelungsansatz über eine Richtlinie wäre auch ohne Zweifel zielführender als der über eine Verordnung, weil die höchst unterschiedlichen Lebensbedingungen in den Mitgliedstaaten kaum eine gemeinsame Basis für einen in absoluten Zahlen zu beziffernden Pfändungsfreibetrag geboten hätten. Dies spiegelt sich zum einen in den unterschiedlichen Einkommensverhältnissen

---

Kontenpfändung, S. 6; Regierung der BRD, Stellungnahme zur vorläufigen Kontenpfändung, Frage 1, S. 2; Zentraler Kreditausschuss, Stellungnahme zur vorläufigen Kontenpfändung, Frage 1, S. 3. **dagegen:** Deutscher Anwaltverein, Stellungnahme zur vorläufigen Kontenpfändung, Frage 1, S. 12 f.; vzbv, Stellungnahme zur vorläufigen Kontenpfändung, Frage 1 S. 2 f.

559 Vgl. BRAK, Stellungnahme zur vorläufigen Kontenpfändung, Frage 1.

560 Europäisches Parlament, Stellungnahme zur vorläufigen Kontenpfändung, S. 1.

561 Bundesverband Deutscher Inkasso-Unternehmen e.V., Stellungnahme zur vorläufigen Kontenpfändung, Frage 1.

562 DRB, Stellungnahme zur vorläufigen Kontenpfändung, Frage 1.

563 Bundesverband Deutscher Inkasso-Unternehmen e.V., Stellungnahme zur vorläufigen Kontenpfändung, Frage 1.

564 Vgl. ABl. EU 2014 L 257/215.

wider. Zum anderen sind die Lebenshaltungskosten in den europäischen Staaten noch immer deutlich heterogen.

Setzt man Einkommensverhältnisse und Lebenshaltungskosten miteinander in Relation, zeigt sich, dass selbst bei rein mathematischer Betrachtung – die individuelle Besonderheiten der Mitgliedstaaten vollständig außer Acht lassend – auch kein einheitlicher Quotient zu errechnen ist, der die Pfändungsfreibeträge anhand von Referenzwerten für jeden Mitgliedstaat festlegen ließe.

II. Schuldnerschutz durch das Recht der Mitgliedsstaaten

Grundsätzlich sehen alle Mitgliedstaaten im Bereich der Forderungspfändung Regelungen zum Schuldnerschutz vor. Sie sind in den einzelnen Staaten allerdings deutlich unterschiedlich ausgestaltet[565] und für Gläubiger oder Vollstreckungsorgane aus anderen Mitgliedstaaten nur schwerlich ermittelbar.[566] Zum Teil besteht kraft Gesetzes Schuldnerschutz derart, dass die Einkünfte (Arbeitsentgelt, Pension usw.) des Schuldners bis zu einer bestimmten Höhe von der Pfändung ausgenommen sind. In anderen Mitgliedstaaten dagegen kann zunächst das gesamte Vermögen des Schuldners gepfändet werden, dem Schuldner stehen aber bestimmte Rechtsmittel zur Verfügung.[567]

Generell gilt, dass die Mitgliedstaaten den Pfändungsschutz konzeptionell auf das Arbeitseinkommen bzw. entsprechende Ersatzleistungen konzentrieren. Explizite Regelungen zum Schutz bei Kontenpfändungen bilden die Ausnahmen. Im Folgenden sind einige Regelungen exemplarisch dargestellt[568]:

1. Bulgarien

Nach Art. 341 Abs. 1 des bulgarischen ZPGB werden die Pfändungsgrenzen für Arbeitslöhne bzw. andere Arbeitsvergütungen oder Renteneinkünfte, die die gesetzlich festgelegten Mindestlöhne überschreiten, wie folgt festgelegt: Je höher das monatliche Einkommen, desto größer wird der zu pfändende Anteil. Ferner erhöht sich dieser Anteil, sofern der Schuldner kinderlos und somit nicht unterhaltspflichtig ist.[569] Die genannten Pfändungsgrenzen entfallen gemäß Art. 341 Abs. 3 ZPGB bei einer Pfändung wegen Unterhaltsforderungen. In diesem Fall

565 *Gottwald*, FS Lindacher, S. 13, 23.

566 Der justizielle Atlas hilft insoweit bislang auch nicht weiter, weil dort keine detaillierten Informationen zum Schuldnerschutz veröffentlicht sind.

567 Vgl. dazu: *Hess*, Study JAI/A3/2002/02 – General Report, S. 67.

568 Zur Rechtslage in Deutschland siehe unten § 5/C. / III.

569 *Ivanova*, forost Arbeitspapier, Nr. 33 (2005), S. 63.

kann in voller Höhe gepfändet werden.[570] Gemäß Art. 341 Abs. 5 ZPGB darf hingegen in Unterhaltsforderungen nicht vollstreckt werden. Einnahmen aus Stipendien dürfen einzig wegen Unterhaltsschulden vollstreckt werden.[571] Inwieweit sich dieser Pfändungsschutz nach Überweisung der Beträge auf das Konto des Vollstreckungsschuldners fortsetzt, ist bislang weitgehend ungeklärt.

2. *Dänemark*

In Dänemark kann auch der Arbeitslohn gepfändet werden, auch dann wenn er bereits auf ein Bankkonto des Schuldners eingezahlt wurde.[572] Der Zugriff des Gläubigers auf das Konto des Schuldners ist jedoch auf die Höhe des Vollstreckungstitels einschließlich Zinsen und Vollstreckungsnebenkosten begrenzt.[573] Zum Schutz des Schuldners ist weder eine Pfändung des zukünftigen Lohns noch die Einbehaltung des Lohns beim Arbeitgeber möglich.[574] Die Schuldnerschutzvorschriften werden von Amts wegen berücksichtigt (vgl. § 509 Abs. 3 Rpl.).[575] Eine gesetzlich bestimmte Pfändungsfreigrenze (ca. 403 €) gibt es nur für Aktiva, die für die Erwerbstätigkeit oder die Ausbildung erforderlich sind (§ 509 Abs. 2 Rpl.); im Übrigen wird die Freigrenze individuell vom Vollstreckungsgericht im Hinblick auf einen bescheidenen Lebensstil bestimmt (§ 509 Abs. 1 Rpl.).[576]

3. *England-Wales*

In England-Wales ist die Vollstreckung in Forderungen und mit ihr die Kontenpfändung, die allerdings in der Praxis eine untergeordnete Rolle spielt,[577] in den *Civil Procedure Rules part 72* (CPR 72) geregelt. Diese finden allerdings auf die Pfändung des Arbeitseinkommens keine Anwendung.[578] Der Gläubiger kann die Pfändung des Lohns beim Gericht beantragen.[579] Dabei handelt es sich um

---

570 *Ivanova*, forost Arbeitspapier, Nr. 33 (2005), S. 63

571 *Ivanova*, forost Arbeitspapier, Nr. 33 (2005), S. 63.

572 *Müller*, Study JAI/A3/2002/02 – Länderbericht Dänemark, S. 81 f.; *Hess*, Study JAI/A3/2002/02 – General Report, S. 67 f.

573 *Hess*, Study JAI/A3/2002/02 – General Report, S. 69 f.

574 Europäisches Justizielles Netz – Vollstreckung von Gerichtsentscheidungen – Dänemark, 3.1.; *Müller*, Study JAI/A3/2002/02 – Länderbericht Dänemark, S. 82.

575 *Müller*, Study JAI/A3/2002/02 – Länderbericht Dänemark, S. 83.

576 *Müller*, Study JAI/A3/2002/02 – Länderbericht Dänemark, S. 82 f.

577 Vgl. *Wolber*, S. 78.

578 Vgl. *Wolber*, S. 78.

579 *O'Hare/Browne*, Rn. 40.006; Europäisches Justizielles Netz – Vollstreckung von Gerichtsentscheidungen – England und Wales, 1.

ein stark formalisiertes Verfahren (geregelt im *Attachment of Earnings Act 1971* (AEA) und in *Schedule 2, Order 27* der *County Court Rules*).[580] Das Gericht weist, sofern es dem Antrag des Gläubigers stattgibt, den Arbeitgeber an, regelmäßig einen bestimmten Teil des Lohns auf das in dem Beschluss bezeichnete Gerichtskonto zu überweisen.[581] Bei der Bestimmung des gepfändeten Betrages wird von Amts wegen berücksichtigt, dass dem Schuldner noch die finanziellen Mittel zur Deckung der erforderlichen Lebenshaltungskosten als Pfändungsfreibetrag verbleiben (*protected earnings rate*).[582]

Sofern der Schuldner mangels überschüssigen Kontoguthabens kein Geld von seinem gepfändeten Konto abheben kann und zum Lebensunterhalt erforderliche Zahlungen anstehen, kann sich der Schuldner gemäß CPR r. 72.7 an das Gericht wenden und die Freigabe eines Teils der gepfändeten Forderung beantragen (*hardship payment order*).[583] Schuldnerschutz von Amts wegen besteht nur in den Fällen, in denen der Erlass einer Pfändungsanordnung unbillig wäre.[584] Darüber hinausgehender Schuldnerschutz besteht im Rahmen der vorläufigen Kontenpfändung nicht, sondern wird erst im abschließenden Verfahren gewährt.[585]

4. *Finnland*

Als vorläufige Vollstreckungsmaßnahme in Finnland ist auch die Pfändung des Arbeitslohns vorgesehen.[586] Von der Pfändung ist grundsätzlich ein Drittel des Gehalts ausgenommen. Allerdings kann der Gerichtsvollzieher einen geringeren Betrag als dieses Drittel als pfändungsfrei bestimmen. Dem Schuldner verbleibt jedoch in jedem Fall ein Minimalbetrag, der sich am Tagesbedarf orientiert und

---

580 Vgl. dazu: *O'Hare/Browne*, Rn. 40.006.

581 *Weinert*, S. 302; *O'Hare/Browne*, Rn. 40.006; *Kuck*, Study JAI/A3/2002/02 – Länderbericht England, S. 16 f.

582 *O'Hare/Browne*, Rn 40.007; *Weinert*, S. 302; *Baur/Stürner/Bruns*, Zwangsvollstreckungsrecht, Rn. 59.40; *Kuck*, Study JAI/A3/2002/02 – Länderbericht England, S. 16 f.

583 *O'Hare/Browne*, Rn. 40.005; *Bunge*, Zivilprozess und Zwangsvollstreckung in England und Schottland, S. 225; *Wolber*, S. 77 f.; Europäisches Justizielles Netz – Vollstreckung von Gerichtsentscheidungen – England und Wales, 3.1.

584 *Kuck*, Study JAI/A3/2002/02 – Länderbericht England, S. 18.

585 *Kuck*, Study JAI/A3/2002/02 – Länderbericht England, S. 19.

586 *Johansson*, Study JAI/A3/2002/02 – Länderbericht Finnland, S. 5; Europäisches Justizielles Netz – Vollstreckung von Gerichtsurteilen – Finnland, 3.1.

einen minimalen Lebensunterhalt sichern soll.[587] Schuldnerschutzvorschriften wie die Beachtung des Minimalbetrags werden von Amts wegen vom Gerichtsvollzieher berücksichtigt.[588]

5. *Frankreich*

Das französische Recht sieht für die Kontenpfändung Freigrenzen zum Schutze des Schuldners vor.[589] Allerdings wird dieser Schutz nicht von Amts wegen gewährt: In Frankreich wird der gepfändete Betrag nach einem Zeitraum von 15 Tagen automatisch an den Gläubiger ausgezahlt. Während dieses Zeitraums kann sich der Schuldner mit dem Hinweis an das Gericht wenden, dass es sich um ein Gehalts- oder Pensionskonto handelt, um eine Freigabe zu erlangen. Des Weiteren kann durch einfachen schriftlichen Antrag die Freistellung eines Minimal-Betrages zur Deckung der notwendigen Lebenserhaltungskosten erwirkt werden.[590]

Auch in Frankreich wird zwischen der Lohnpfändung beim Arbeitgeber und der Pfändung des Kontos, auf das das Gehalt überwiesen wird, differenziert. Regelmäßig erfolgt daher die Pfändung des Gehalts an der Quelle, also beim Arbeitgeber.[591]

Seit der Reform des Zwangsvollstreckungsrechts im Herbst 2002 besteht ein Kontenschutz dergestalt, dass pfändungsfreies Einkommen, das auf dem Konto des Schuldners eingeht, geschützt wird. Sofern in diesem Fall eine Kontenpfändung erfolgt, kann der Schuldner durch Antrag dieser Pfändung durch entsprechenden Nachweis der Unpfändbarkeit widersprechen.[592]

In Frankreich wird zwischen einem absolut unpfändbaren, einem relativ pfändbaren und einem voll pfändbaren Teil unterschieden.[593] Absolut unpfändbar ist der Teil des Einkommens, der dem Existenzminimum vergleichbar dem deutschen Sozialhilfesatz entspricht.

---

587 Europäisches Justizielles Netz – Vollstreckung von Gerichtsurteilen – Finnland, 3.1.; *Johansson*, Study JAI/A3/2002/02 – Länderbericht Finnland, S. 5.

588 *Johansson*, Study JAI/A3/2002/02 – Länderbericht Finnland, S. 5.

589 Baur/Stürner/Bruns, Zwangsvollstreckungsrecht, Rn. 59.7.

590 *Hess*, Study JAI/A3/2002/02 – General Report, S. 68 f.

591 *Kothe*, Gutachten Verbraucherzentrale, S. 29 f (III. 3. a) cc)); vgl. auch *Woopen*, S. 183.

592 *Kothe*, Gutachten Verbraucherzentrale, S. 31 (III. 3. a) dd)).

593 Vgl. *Wolber*, S. 106.

6. *Griechenland*

In Griechenland kann das auf das Konto eingezahlte Gehalt nicht gepfändet werden (Art. 982(2) CCP).[594] Allerdings besteht auch keine Pfändungsfreigrenze, die dem Schuldner einen bestimmten Betrag zur Deckung der erforderlichen Lebenshaltungskosten sichert.[595] Soweit geschützte Gegenstände (vgl. Art. 982(2) CCP) gepfändet werden, ist diese Pfändung nichtig und kann durch entsprechende Rechtsmittel widerrufen werden. Dieses Rechtsmittel kann der Schuldner einlegen. Eine Berücksichtigung von Amts wegen ist nicht vorgesehen (Art. 933 CCP). Im Übrigen bestehen keine Schuldnerschutzvorschriften.[596]

7. *Litauen*

Artt. 733 ff. lit. CPK sehen Pfändungsschutz für das Arbeitseinkommen vor, der sich gemäß Art. 737 lit. CPK auch auf äquivalente Einkommensformen erstreckt. Der von der Pfändung ausgenommene Teil des Einkommens wird anhand des Nettolohns bzw. der entsprechenden monatlichen Geldleistung berechnet.[597] Nach Überweisung des Lohns auf das Bankkonto des Arbeitnehmers ist ein Pfändungsschutz nicht ausdrücklich gesetzlich normiert. Die Rechtsprechung hat diesen Schutz jedoch dergestalt vervollständigt, dass sich die Unpfändbarkeit an der entsprechenden Forderung gegenüber dem kontoführenden Kreditinstitut fortsetzt.[598] Die Pfändungsschutzvorschriften sind von dem zuständigen Gerichtsvollzieher von Amts wegen zu berücksichtigen.[599]

8. *Niederlande*

Eine Gehaltspfändung wird in den Niederlanden ausschließlich beim Arbeitgeber vorgenommen. Gegenstand der Lohnpfändung ist der Nettolohn, abzüglich eines pfändungsfreien Betrages, der anhand der Sozialgesetze zu bestimmen

---

594 Europäisches Justizilles Netz – Vollstreckung von Gerichtsentscheidungen – Griechenland, 3; *Kerameus/Koussoulis*, Study JAI/A3/2002/02 – Länderbericht Griechenland, S. 15.

595 *Kerameus/Koussoulis*, Study JAI/A3/2002/02 – Länderbericht Griechenland, S. 15.

596 *Kerameus/Koussoulis*, Study JAI/A3/2002/02 – Länderbericht Griechenland, S. 15.

597 Vgl. Art. 735 lit. CPK.

598 Interview mit *Prof. Dr. Negrosius*, Vilnius, 15.04.2008.

599 Interview mit der Geschäftsführerin der litauischen Gerichtsvollzieherkammer, *Frau Asta Astrauskienė*, Vilnius, 16.04.2008.

ist.[600] Dabei ist die Pfändung nicht auf die Gläubigerforderung begrenzt; insbesondere beim Vollstreckungszugriff mehrerer konkurrierender Gläubiger kann die Pfändung über den vollstreckbaren Betrag hinausgehen.[601]

Sozialleistungen sind in der Regel zu 90 % von der Pfändung ausgenommen. Diese Pfändungsfreigrenze gilt grundsätzlich für alle regelmäßigen Zahlungen, soweit der Schuldner in den Niederlanden ansässig ist. Das Gesetz enthält einen Katalog aller als regelmäßige Zahlungen geltenden Leistungen. Die Pfändungsfreigrenze wird vom Gerichtsvollzieher berechnet, der die persönlichen und familiären Verhältnisse des Schuldners von Amts wegen zu berücksichtigen hat.[602] Darüber hinaus kann gemäß Art. 438 der niederländischen Zivilprozessordnung jederzeit Schuldnerschutz bei Gericht geltend gemacht werden.[603]

Sobald das Gehalt oder etwaige Sozialleistungen auf dem Girokonto eingehen, finden die allgemeinen Vorschriften der Kontenpfändung Anwendung. In diesem Fall besteht keine Pfändungsfreigrenze, die dem Schuldner die zur Lebensführung erforderlichen Mittel belässt.[604]

9. Österreich

In Österreich ist gemäß § 290a der Exekutionsordnung (EO) die Pfändung des Arbeitseinkommens möglich. Für den Schuldner bestehen jedoch detaillierte Schuldnerschutzvorschriften (insbesondere § 290 Abs. 1, § 291a und § 292i Abs. 1 EO), die das Existenzminimum des Schuldners abhängig von seinen Einkommensverhältnissen und Unterhaltspflichten sichern sollen.[605] So kann der Schuldner gemäß § 292i Abs. 1 EO beim Vollstreckungsgericht die Aufhebung der Pfändung beantragen, sofern beschränkt pfändbare Geldforderungen (insbesondere Lohneinkünfte) auf seinem Konto eingehen. Das Vollstreckungsgericht hat dann die Pfändung insoweit aufzuheben, als der Schuldner das Kontoguthaben benötigt, um seinen notwendigen Unterhalt zu bestreiten und möglichen Unterhaltszahlungen nachzukommen.[606]

---

600 *Seggewiße*, NJW 2008, 2156, 2158; Europäisches Justizielles Netz – Vollstreckung von Gerichtsentscheidungen – Niederlande, 3.1.

601 *Hess*, Study JAI/A3/2002/02 – General Report, S. 69 f.

602 *Freudenthal*, Study JAI/A3/2002/02 – Länderbericht Niederlande, S. 7.

603 Europäisches Justizielles Netz – Vollstreckung von Gerichtsentscheidungen – Niederlande, 4.; *Freudenthal*, Study JAI/A3/2002/02 – Länderbericht Niederlande, S. 7.

604 *Freudenthal*, Study JAI/A3/2002/02 – Länderbericht Niederlande, S. 7.

605 *Kothe*, Gutachten Verbraucherzentrale, S. 20 (III. 1. d) aa)).

606 *Oberhammer*, Study JAI/A3/2002/02 – Länderbericht Österreich, S. 15.

In Höhe des ermittelten Existenzminimums besteht gemäß § 291a EO eine absolute Pfändungsfreigrenze.[607] Dieser allgemeine Grundbetrag entspricht dem Ausgleichszulagenrichtsatz gemäß § 293 Abs. 1 lit. a ASVG.[608] Grundsätzlich ist es Aufgabe des Drittschuldners, die nicht pfändbaren Beträge des Schuldners zu berechnen und den überschießenden Betrag an den Gläubiger zu überweisen.[609] Sofern die Pfändung nicht direkt beim Arbeitgeber erfolgt und Geldbeträge auf das Bankkonto eingezahlt werden, ist es der Bank für einen Zeitraum von zwei Wochen untersagt, Beträge an die Gläubiger auszukehren. Dem Schuldner soll in dieser Zeit die Möglichkeit gegeben werden, gerichtlichen Schutz einzuholen.[610]

10. Polen

Der Pfändungsschutz ist im polnischen Recht uneinheitlich geregelt. Rechtsquellen dafür sind insbesondere die Artt. 829–839 poln. ZVGB. Darüber hinaus finden sich speziellere Regelungen in Art. 87 des Arbeitsgesetzbuches (*Ustawa – kodeks pracy*) und in Art. 56 des Bankgesetzbuches (*Ustawa – prawo bankowe*).

Die Vollstreckung kann sich grundsätzlich auf das Arbeitseinkommen beziehen.[611] Art. 56 des polnischen Bankgesetzbuches sieht vor, dass das Guthaben natürlicher Personen auf Bankkonten in Höhe des dreifachen monatlichen Durchschnittslohnes unpfändbar ist.[612] Der monatliche Durchschnittslohn wird durch den Präsidenten des Hauptamtes für Statistik im Amtsblatt veröffentlicht.[613] Die Beurteilung dessen, was unpfändbar ist, obliegt dem Vollstreckungsorgan.[614]

11. Rumänien

Die Pfändung von Löhnen und weiteren regelmäßigen Einkünften, wie Renten oder Pensionen zur Sicherung des Lebensunterhalts des Schuldners werden in

607 *Kothe*, Gutachten Verbraucherzentrale, S. 19 (III. 1. c)).
608 *Rechberger/Oberhammer*, Rn. 397.
609 *Oberhammer*, Study JAI/A3/2002/02 – Länderbericht Österreich, S. 15.
610 *Hess*, Study JAI/A3/2002/02 – General Report, S. 68.
611 Europäisches Justizielles Netz – Vollstreckung von Gerichtsurteilen – Polen, 3.1.
612 *Treder*, in: Lubińskiego: Egzekucja Sadowa Świadczeń Pieniężnych w Polsce, S. 167, 183; *Liebscher/Zoll*, § 17 Fn. 40.
613 Vgl. Art. 890 § 2 poln. ZVGB; Interview mit *Prof. Dr. Karol Weitz*, Warschau, 24.07.2008.
614 Interview mit *Prof. Dr. Karol Weitz*, Warschau, 24.07.2008 unter Verweis auf: Pietrzkowski/Ercinski, Kodeks postepowania cywilnego, Art. 829.

der rumänischen ZPO durch Art. 409 besonders geregelt.[615] Generell darf maximal die Hälfte des Einkommens gepfändet werden, dies auch nur dann, wenn es sich um Unterhaltspflichten handelt. Aufgrund anderweitiger Ansprüche darf höchstens ein Drittel des Gesamteinkommens gepfändet werden.[616] Es gilt eine absolute Pfändungsgrenze in Höhe von 50 Prozent des gesetzlichen Mindestlohnes.[617] Im Falle mehrerer Pfändungen unterschiedlicher Gläubiger darf der Gesamtbetrag der Pfändung höchstens die Hälfte des Nettoeinkommens des Schuldners betragen. Ausnahmen müssen durch gesetzliche Sonderregelungen zugelassen werden. Kinder- und Mutterschaftsgeld, staatliche Stipendien sowie Leistungen der Sozialhilfe unterliegen einem vollständigen Pfändungsschutz.[618] Für Sozialleistungen wie beispielsweise das Arbeitslosengeld gilt dieser Pfändungsschutz nur, sofern es sich nicht um privilegierte Forderungen wie Unterhalt oder bestimmte Schadensersatzforderungen handelt. In diesem Fall darf jedoch maximal die Hälfte der erhaltenen Sozialleistung gepfändet werden.[619]

12. Schweden

In Schweden ist die Pfändung des auf ein Konto eingezahlten Gehalts nicht möglich.[620] Jedoch gibt es ein gesetzlich geregeltes Verfahren zur Pfändung von Gehalt und vergleichbaren Einkünften (geregelt im: Enforcement Code), das von dem sog. „Enforcement Service“ durchgeführt wird. In Kapitel 7 des Enforcement Code ist für die Gehaltspfändung eine gesetzlich bestimmte Pfändungsfreigrenze zu berücksichtigen, die sich am Existenzminimum orientiert und zur Deckung der erforderlichen Lebenshaltungskosten gewährt wird.[621] Die Schuldnerschutzvorschriften werden von Amts wegen durch die Beamten des „Enforcement Services“ berücksichtigt.[622]

---

615 *Bormann*, forost Arbeitspapier 39 (2007), S. 26.

616 Europäisches Justizielles Netz – Vollstreckung von Gerichtsentscheidungen – Rumänien, 3.1.

617 Vgl. Art. 409 Abs. 2 der rum. ZPO.

618 Vgl. Art. 409 Abs. 7 rum. ZPO; Europäisches Justizielles Netz – Vollstreckung von Gerichtsentscheidungen – Rumänien, 3.1.

619 *Bormann*, forost Arbeitspapier, 39 (2007), S. 26.

620 *Berglund*, Study JAI/A3/2002/02 – Länderbericht Schweden, S. 24 f.

621 Europäisches Justizielles Netz – Vollstreckung von Gerichtsentscheidungen – Schweden, 3.1.; *Berglund*, Study JAI/A3/2002/02 – Länderbericht Schweden, S. 26 f.

622 *Berglund*, Study JAI/A3/2002/02 – Länderbericht Schweden, S. 27.

13. Spanien

In Spanien ist die Vollstreckung in Löhne und Gehälter insoweit zulässig, als sie den Mindestlohn übersteigt.[623] Der Mindestlohn wird jedes Jahr von der Regierung festgelegt. Zu berücksichtigen ist bei der zuvor genannten Vollstreckung allerdings, dass diese nicht uneingeschränkt erfolgen kann, sondern gestaffelt ist: Beträgt der Lohn bzw. das Gehalt das Zweifache des Mindestlohnes, so kann der übersteigende Betrag bis zu 30 % gepfändet werden; beim Dreifachen bis zu 50 %; beim Vierfachen bis zu 60 %, beim Fünffachen bis zu 75 % und darüber hinaus bis zu 90 %.[624]

Sofern das Einkommen des Schuldners aus verschiedenen Quellen stammt, sind diese für die Berücksichtigung des unpfändbaren Teils zusammenzurechnen. Auch Einkünfte des Ehegatten werden bei dieser Berechnung berücksichtigt, es sei denn, die Ehegatten haben Gütertrennung vereinbart.[625]

14. Ungarn

Die ungarischen Schuldnerschutzvorschriften sehen insbesondere für den Fall der Lohnpfändung Pfändungsfreigrenzen vor, die prozentual anhand des Nettolohns zu bestimmen sind (§ 61 Abs. 1 uZwVollstrG).[626] Es dürfen gemäß §§ 61 Abs. 2, 65 Abs. 1 uZwVollstrG maximal 33 % des Nettolohns gepfändet werden, sofern nicht die Vollstreckung aufgrund Kindesunterhaltes oder aufgrund von Lohnansprüchen des Gläubigers gegenüber dem Schuldner betrieben wird: Dann erhöht sich der pfändbare Betrag auf die Hälfte des Nettolohns (§ 63 Abs. 3 uZwVollstrG).[627] Neben diesen relativen Pfändungsfreigrenzen sieht § 62 Abs. 1 uZwVollstrG eine absolute Beschränkung der Zwangsvollstreckung vor. Bis zur Höhe der durch den Gesetzgeber festgelegten Mindestrente ist der Lohn keinesfalls pfändbar.[628] Diese ist im ungarischen Haushaltsgesetz geregelt und betrug im Jahr 2008 28.500 HUFt. (das entspricht etwa 180,00 EUR).[629]

---

623 Europäisches Justizielles Netz – Vollstreckung von Gerichtsentscheidungen – Spanien, 3.1.

624 Europäisches Justizielles Netz – Vollstreckung von Gerichtsentscheidungen – Spanien, 3.1.

625 Europäisches Justizielles Netz – Vollstreckung von Gerichtsentscheidungen – Spanien, 3.1.

626 *Küpper, forost Arbeitspapier, Nr. 28* (2005), S. 36.

627 *Küpper, forost Arbeitspapier, Nr. 28* (2005), S. 37.

628 *Küpper, forost Arbeitspapier, Nr. 28* (2005), S. 37.

629 Interview mit *Prof. Dr. Miklós Kengyel*, Budapest, 25.09.2008.

Dieser für den Arbeitslohn geltende Pfändungsschutz wird durch §§ 67–74 ff. uZwVollstrG auf einkommensersetzende bzw. -ergänzende Leistungen ausgedehnt.[630]

Das Verfahren zur Kontenpfändung ist im ungarischen Zwangsvollstreckungsrecht ausdrücklich geregelt und findet seine Grundlage in §§ 79/A ff. uZwVollstrG. Dort sind auch Pfändungsfreigrenzen statuiert. Der Pfändungsschutz orientiert sich allein an der monatlichen Altersrente: Bis zur Höhe des einfachen Satzes (2008: 28.500 HUFt.) ist eine Pfändung nicht möglich.[631] Der darüber hinausgehende Betrag ist bis zur Höhe der vierfachen Altersrente lediglich hälftig und im Übrigen jedoch vollständig pfändbar.[632] Der Schutz gilt lediglich für natürliche Personen.[633]

Die Pfändungsschutzvorschriften sind unmittelbar von den Kreditinstituten zu berücksichtigen.[634] Dies folgt mittelbar aus § 191 Abs. 4 i. V. m. Abs. 2 uZwVollstrG.

III. Das „P-Konto“ in Deutschland

Durch das Gesetz zur Reform des Kontenpfändungsschutzes vom 07.07.2009[635] hat der deutsche Gesetzgeber den Pfändungsschutz für Bankkonten in Deutschland maßgeblich reformiert und ein sog. Pfändungsschutzkonto eingeführt, verbunden mit dem Ziel, den Schutz des Schuldners einfacher und effektiver zu gestalten.[636] Es soll dem Schuldner ermöglicht werden, seine Geldgeschäfte trotz erfolgter Kontenpfändung im Rahmen der Pfändungsfreigrenzen zu erledigen. Gleichzeitig wollte der Gesetzgeber durch diese Reform die Vollstreckungsgerichte entlasten, denen bei der Kontenpfändung aufgrund der bisherigen Rechtsgrundlage jegliche Bestimmung und Entscheidung zufällt.[637]

---

630 *Küpper, forost Arbeitspapier, Nr. 28* (2005), S. 37.
631 *Küpper, forost Arbeitspapier, Nr. 28* (2005), S. 37.
632 *Küpper, forost Arbeitspapier, Nr. 28* (2005), S. 37.
633 *Küpper, forost Arbeitspapier, Nr. 28* (2005), S. 37.
634 Interview mit *Prof. Dr. Miklós Kengyel*, Budapest, 25.09.2008.
635 BGBl. 2009 I 1707.
636 BTDr. 16/12714 S. 1; *Hess*, JZ 2009, 662, 664.
637 Vgl. zur Belastung der Vollstreckungsgerichte: *Zimmermann/Zipf*, ZVI 2006, 275, 277.

1. *Das Girokonto als Pfändungsschutzkonto*

Das Girokonto wird durch eine vertragliche Vereinbarung zwischen dem Kreditinstitut und dem Kunden zum Pfändungsschutzkonto (§ 850k Abs. 7 S. 1 ZPO). In diesem Fall entsteht der Kontopfändungsschutz des Schuldners automatisch. Ein Antrag des Schuldners an das Vollstreckungsgericht entfällt.[638] Dementsprechend entsteht die Pfändungsschutzfunktion ohne Mitwirkung des Vollstreckungsgerichts.[639] Nur eine natürliche Person kann ein P-Konto führen. Ein gemeinsames P-Konto, etwa bei Eheleuten, ist nicht möglich, weder als „Oder-Konto" noch als „Und-Konto".

Der Schutz von unpfändbarem Guthaben soll unabhängig davon eintreten, woher das Guthaben stammt (Arbeitseinkommen, Sozialleistungen, Leistungen Dritter). Damit wird der Schutz von unpfändbarem Guthaben auch auf Selbstständige erweitert.[640] Diese konnten in der Vergangenheit lediglich einen Antrag gemäß § 765a ZPO auf Härteausgleich stellen.[641]

2. *Umfang des Pfändungsschutzes*

Das Pfändungsschutzkonto gewährt dem Schuldner die Möglichkeit, seinen Lebensunterhalt trotz Pfändung seines Kontos weiterhin zu bestreiten.[642] Durch die Einführung eines solchen Pfändungsschutzkontos wird sichergestellt, dass der Schuldner bis zum Ablauf eines Kalendermonats über einen Freibetrag, dessen Höhe sich nach § 850c Abs. 1 S. 1 ZPO i. V. m. § 850c Abs. 2a ZPO bestimmt, verfügen kann. Dies wird allgemein als „Sockelfreibetrag" bezeichnet.[643] Er beträgt seit dem 1. Juli 2017 € 1.133,80.[644] Insbesondere wiederkehrende Ausgaben wie Miete, Kosten für Energie, Telefon und Versicherungen können weiterhin problemlos vom Konto des Schuldners abgebucht werden. Situationen, in denen der Schuldner keine Barauszahlung mehr erhält, werden vermieden.[645]

---

638 *Brox/Walker*, § 17 Rn. 595j; *Remmert*, NZI 2008, 70, 71; *Fölsch/Janca*, ZRP 2007, 253.

639 Zöller/*Stöber*, ZPO Anh. § 850k, § 850k neu Rn. 2; *Kothe*, Vortrag im Rahmen des 7. Deutschen Insolvenzrechtstags, Berlin, 17.–19.03.2010, Folie 26.

640 *Bitter*, WM 2008, 141, 144; *Kohte*, Vortrag im Rahmen des 7. Deutschen Insolvenzrechtstags, Berlin, 17–19.03.2010, Folie 26.

641 *Schumacher*, ZVI 2007, 455, 458.

642 *Strunk*, ZVI 2006, 494, 498.

643 Thomas/Putzo/*Seiler*, § 850k Rn. 10; Zöller/*Stöber*, ZPO, § 850k Rn. 4.

644 Vgl. § 850c Abs. 1 ZPO.

645 *Zimmermann/Zipf*, ZVI 2006, 275, 278; *Brox/Walker*, § 17 Rn. 588b.

3. *Die Bedeutung des Pfändungszeitpunktes*

Für die Ermittlung, ob sich das Kontoguthaben noch im Bereich des Sockelfreibetrages bewegt, kommt es maßgeblich darauf an, wann die Pfändung ihre Wirksamkeit entfaltet. Besteht in diesem Augenblick ein Guthaben, das den Sockelfreibetrag übersteigt, so ist der Mehrbetrag pfändbar. Andernfalls darf für den laufenden Kalendermonat eine Auskehr an den Gläubiger nicht erfolgen. Dementsprechend werden sowohl Gutschriften, die vor der Zustellung des Pfändungsbeschlusses an das Kreditinstitut erfolgen, als auch Zahlungsabgänge vor diesem Zeitpunkt berücksichtigt.[646] Maßgeblich ist mithin der sog. Zustellungssaldo.

Beispiel: Das Girokonto des Schuldners weist am fünfzehnten Tag eines Monats einen Saldo von € 950,00 aus. An diesem Tag wird die durch einen Gläubiger beantragte Kontenpfändung wirksam. Bereits am ersten Werktag des Monats hatte er seine Miete in Höhe von € 300,00 an den Vermieter überwiesen. Für den laufenden Kalendermonat darf das Kreditinstitut dementsprechend keinen Betrag an den Gläubiger auskehren, da zu dem Zeitpunkt der wirksamen Pfändung der Sockelfreibetrag nicht überschritten wird.

Unklarheiten bestehen hinsichtlich der Frage, wie im Falle der Überziehung des P-Kontos der pfändungsfreie Betrag zu bestimmen ist. Da in diesem Fall auch bei Eingang des Arbeitseinkommens der pfändungsfreie Betrag in der Regel nicht überschritten wird, läuft die Pfändung an dieser Stelle ins Leere.[647] Zwar ist anerkannt, dass auch in den Dispositionskredit eines Schuldners gepfändet werden darf. Jedoch bedarf es hierzu eines Beschlusses des Vollstreckungsgerichtes. Sofern das Konto des Schuldners zur Zeit der Pfändung debitorisch geführt wird, hat der Vollstreckungsgläubiger jedenfalls bis zu einem entsprechenden Beschluss des Vollstreckungsgerichts einen Nachteil, weil der Schuldner trotz Pfändung weiterhin auch über den Dispositionskredit verfügen kann.

Als weiterer Kritikpunkt im Zusammenhang mit dem Pfändungskonto wird genannt, dass auch Beträge, die zugunsten eines Dritten auf dem P-Konto des Schuldners eingehen, bei der Berechnung des Sockelbetrages miteinbezogen werden. Dies erscheint aber insbesondere im Hinblick auf die Tatsache, dass der Schuldner diesen Betrag wohl an den Dritten weiterzuleiten hat, ungerecht, da dies den ihm zur Verfügung stehenden Sockelbetrag vermindert.[648]

---

646 Zöller/*Stöber*, ZPO, § 850k Rn. 4.

647 *Bitter*, WM 2008, 141, 145.

648 So auch *Fölsch/Janca*, ZRP 2007, 253.

4. *Zeitliche Übertragbarkeit von Pfändungsfreigrenzen*

Sofern der Schuldner während des laufenden Kalendermonats nicht über den unpfändbaren Teil seines Kontoguthabens verfügt, so kann er ihn in den Folgemonat übertragen.[649] Der pfändungsfreie Teil des Kontoguthabens erhöht sich für diesen Monat entsprechend.

Auf diese Art und Weise kann der Schuldner Ansparungen in maximal doppelter Höhe des Pfändungsfreibetrages vornehmen. Guthaben, das über diesen Wert hinaus geht, steht den Gläubigern zu.[650] Dieses Ergebnis ergibt sich unmittelbar aus dem Wortlaut des § 850k Abs. 1 S. 2 ZPO („in dem folgenden Kalendermonat") und dient dem Zweck, Guthaben anzusammeln. Denn nicht alle Ausgaben fallen monatlich an: Dies gilt etwa für Versicherungsbeiträge, Kfz-Steuern oder Reparaturkosten.[651]

5. *Anpassung der Pfändungsfreigrenzen*

a. *Anpassung aufgrund von Unterhaltsverpflichtungen*

§ 850k Abs. 2 ZPO sieht eine Erhöhung der Pfändungsfreigrenzen um bestimmte „Aufstockungsbeträge"[652] vor, unter anderem bei Unterhaltsverpflichtungen, Empfang von Geldleistungen nach dem SGB und Kindergeld. Der Vollstreckungsschuldner muss in diesem Fall gegenüber dem Kreditinstitut nachweisen, dass sich der Pfändungsfreibetrag um diesen Aufstockungsbetrag erhöht. Dies geschieht gemäß § 850k Abs. 5 Satz 1 ZPO durch Vorlage einer entsprechenden Bescheinigung des Arbeitgebers, der Familienkasse, des Sozialleistungsträgers oder einer geeigneten Person oder Stelle im Sinne von § 305 Abs. 1 Nr. 1 InsO. Wird der Nachweis erbracht, berücksichtigt das Kreditinstitut die um den Sockelbetrag erhöhte Freigrenze automatisch.[653] Kann der Schuldner eine solche Bescheinigung nicht beibringen, hat gemäß § 850k Abs. 5 Satz 4 ZPO das Vollstreckungsgericht auf Antrag diese Beträge zu bestimmen. Die somit erhöhten nicht von der Pfändung umfassten Beträge können ebenso wie der Sockelfreibetrag in den Folgemonat übertragen werden, § 850k Abs. 2 S. 2, Abs. 1 S. 2 ZPO.

---

649 *Schumacher*, ZVI 2007, 455, 458.

650 BTDr. 16/12714 S. 19.

651 So auch *Knobloch*, VuR 2008, 364, 366.

652 Zöller/*Stöber*, ZPO, § 850k Rn. 6.

653 *Kohte*, Vortrag im Rahmen des 7. Deutschen Insolvenzrechtstags, Berlin, 17.–19.03.2010, Folie 19.

b. Anpassung aufgrund von Sozialleistungen

Die Pfändungsfreigrenze erhöht sich gemäß § 850k Abs. 2 Nr. 2 ZPO darüber hinaus im Falle einmaliger sozialer Geldleistungen wie Rentenabfindungen, Witwen-, Witwer- oder Waisenbeihilfen. Der Pfändungsschutz ist hier jedoch nicht mehr, wie nach alter Rechtslage, zeitlich beschränkt, sondern gilt über die Ein-Monats-Grenze hinaus.[654]

c. Anpassung aufgrund höheren Arbeitseinkommens

Demgegenüber hat der Gesetzgeber eine Anpassung des Freibetrages in Anlehnung an die Tabelle zu § 850c ZPO zur Unpfändbarkeit von Arbeitseinkommen, hinsichtlich eines erhöhten Freibetrages aufgrund eines höheren Verdienstes nicht vorgesehen. In diesem Fall bleibt dem Schuldner nur die Möglichkeit, gemäß § 850k Abs. 4 ZPO bei dem Vollstreckungsgericht einen Antrag zu stellen, einen abweichenden pfändungsfreien Betrag festzusetzen.[655]

In dem Entwurf der Bundesregierung des Gesetzes zur Reform des Kontenpfändungsschutzes[656] lautete Abs. 3 der Neufassung des § 850k ZPO noch wie folgt:

„An die Stelle der nach Absatz 1 und Absatz 2 Nr. 1 pfändungsfreien Beträge tritt

- *bei der Gutschrift von Arbeitseinkommen oder anderen wiederkehrenden Einkünften der überwiesene Betrag, wenn er den pfändungsfreien Teil des Arbeitseinkommens oder der Einkünfte darstellt;*
- *der vom Vollstreckungsgericht im Pfändungsbeschluss belassene Betrag, wenn das Guthaben wegen der in § 850d bezeichneten Forderungen gepfändet wird."*

Ziffer 1 dieser Regelung wurde auf Empfehlung des Rechtsausschusses mit der Begründung gestrichen, dass dadurch erhebliche praktische Probleme dergestalt entstünden, dass es für die Kreditinstitute nicht zweifelsfrei ersichtlich sei, ob es sich bei den eingehenden Beträgen um Arbeitseinkommen handelt oder nicht.[657] Nachteile für den Schuldner entstünden dadurch nicht, weil ihm ohnehin der Betrag zur Verfügung stünde, der den für die Pfändung von Arbeitseinkommen geltenden Freigrenzen entspricht.[658] Als weiteres Argument gegen eine Anpassung der Freigrenzen wird angeführt, dass es bei der Einführung des Pfändungsschutzkontos vornehmlich um die Existenzsicherung des

---

654 *Schumacher*, ZVI 2007, 455, 459.

655 Zöller/*Stöber*, ZPO, § 850k Rn. 10.

656 BTDr. 16/7615, S. 6.

657 BTDr. 16/12714, S. 19 f.

658 BTDr. 16/12714, S. 20.

Vollstreckungsschuldners und seiner Familie gehe. § 850c Abs. 1 ZPO gewähre jedoch über den zur Existenzsicherung erforderlichen Betrag hinaus dem Vollstreckungsschuldner weitere Zuschläge, insbesondere als Arbeitsanreiz. Damit orientiere sich die Pfändungsgrenze nicht mehr am Existenzminimum und begünstige die Interessen des Vollstreckungsschuldners zulasten der Vollstreckungsgläubiger.[659] Sobald das Arbeitseinkommen dem (Pfändungsschutz-) Konto gutgeschrieben wurde, lässt sich dieser Schutz allerdings auf Antrag durch Beschluss des Vollstreckungsgerichts erreichen.[660]

6. *Kritikpunkte an der Neuregelung*

Die Kritik reicht von redaktionellen Verbesserungsvorschlägen bis hin zu dem vernichtenden Urteil: „Bei Licht besehen erweist sich der Entwurf (…) als Schuss in den Ofen.“[661]

a. *Missbrauchsgefahr*

Missbrauchsgefahr besteht zum einen darin, dass der Vollstreckungsschuldner mehrere P-Konten eröffnet und dadurch den pfändungsfreien Sockelbetrag mehrfach in Anspruch nimmt.[662] Diese Missbrauchsgefahr wird dadurch vermindert, dass § 850k Abs. 8 Satz 2 ZPO vorsieht, dass der Vollstreckungsschuldner gegenüber dem Kreditinstitut zu versichern hat, dass er ein weiteres Pfändungsschutzkonto nicht führt. Ob diese Vorschrift in der Praxis den Missbrauch verhindert, wird in Teilen der Literatur bezweifelt.[663]

Zwar ergibt sich in dem Fall, dass der Schuldner ein weiteres Pfändungsschutzkonto eröffnet und auch den darauf entfallenden pfändungsfreien Sockelbetrag nutzt, möglicherweise eine Strafbarkeit nach § 263 StGB sowie nach § 288 StGB. Jedoch erscheint zweifelhaft, ob diese Strafbewehrung den Schuldner in Anbetracht der drohenden Zwangsvollstreckung davon abhalten wird, ein weiteres P-Konto zu errichten.

Leidtragender ist in diesem Fall der Vollstreckungsgläubiger, dem der Zugriff auf eigentlich pfändbare Beträge verwehrt wird. Diesen Nachteil vermag auch ein zivilrechtlicher Schadensersatzanspruch (etwa gemäß § 823 Abs. 2 BGB i. V. m. StGB; § 826 BGB) nicht zu kompensieren. Denn es besteht die Gefahr,

---

659 *Remmert,* NZI 2008, 70, 72.
660 Zöller/*Stöber*, ZPO, § 850k Rn. 8.
661 *Bitter*, WM 2008, 141.
662 *Fölsch/Janca*, ZRP 2007, 253; *Jäger*, ZVI 2007, 544, 546.
663 *Remmert,* NZI 2008, 70, 73.

dass bevor dieser Schadensersatzanspruch seinerseits vollstreckbar ist, das vormalige Vollstreckungssubstrat nicht mehr vorhanden ist, weil das Guthaben durch den Schuldner verbraucht wurde.

In der Literatur wird daher auf die Nutzung eines elektronischen Melde- und Abfragesystems durch die Kreditinstitute hingewiesen.[664] Um den möglichen Missbrauch einzudämmen, sieht § 850k Abs. 8 Satz 3, 4 ZPO die Möglichkeit der Kreditinstitute vor, Informationen von Auskunfteien hinsichtlich bestehender Pfändungsschutzkonten vor Errichtung eines solchen einzuholen.

Zum anderen besteht die Gefahr, dass sich der Schuldner seinen Arbeitslohn bar auszahlen lässt und dieser damit nicht in die Bemessung des Sockelfreibetrages einbezogen wird. Folglich hätte der Schuldner in diesem Fall den bar ausgezahlten Arbeitslohn – jedenfalls in Höhe des unpfändbaren Teils – sowie den Sockelfreibetrag auf seinem P-Konto zur freien Verfügung.[665] Dem wird entgegengehalten dass, dem von einer Kontopfändung betroffenen Personenkreis in der Regel ohnehin nicht mehrere Einkommensquellen zur Verfügung stünden.[666] Dieses Argument vermag jedoch nicht zu überzeugen, da auch bei Geringverdienern – nicht zuletzt im Niedriglohnsektor – mehrere Einkunftsquellen bestehen können.[667] Darüber hinaus sind die laufenden Kosten der Lebensführung wie Miete und Strom regelmäßig über ein Girokonto abzuwickeln, sodass der Schuldner den in diesem Fall bar erhaltenen Arbeitslohn ohnehin wieder auf sein P-Konto einzahlen müsste.

b. Mehraufwand für die Kreditinstitute

Durch die Einführung der Neuregelung zum Pfändungsschutzkonto wird die Aufgabe der Gerichte zur Bestimmung des pfändungsfreien Betrages auf die Kreditinstitute verlagert. Diese sollen nunmehr die Berechnung der Pfändungsfreigrenze vornehmen. Die Kreditinstitute müssen demnach vor jeder Belastung des Kontos durch den Schuldner prüfen, ob die Überweisung noch vom Sockelfreibetrag gedeckt ist. Neben der Berechnung des im laufenden Monats pfändungsfreien Betrages der Gutschriften ist dabei auch der gegebenenfalls aus dem Vormonat mit übernommene, nicht verwendete Betrag zu berücksichtigen. Dadurch wird den Kreditinstituten – entgegen der Auffassung der Bundesregierung,

---

664 *Remmert,* NZI 2008, 70, 73.
665 *Bitter*, WM 2008, 141, 144.
666 Vgl. *Knobloch*, VuR 2008, 364, 366.
667 So auch *Goebel*, ZVI 2007, 294, 296.

die von einem vertretbaren Mehraufwand ausgeht – ein erheblich höherer Arbeitsaufwand entstehen, was in der Literatur auf Bedenken stößt.[668]

Darüber hinaus wurde die Frage, wie die durch den erhöhten Aufwand der Kreditinstitute entstehenden Mehrkosten zu behandeln sind, kontrovers diskutiert. Die Bundesregierung hatte in ihrem Entwurf keine Regelung vorgesehen, wonach die Kreditinstitute die Kosten für diesen vermehrten Aufwand vom Schuldner ersetzt verlangen können.

Nach in der Literatur vertretener Auffassung spricht gegen eine Aufwandsentschädigung, dass die Kreditinstitute für den Schuldner keine eigentliche Dienstleistung erfüllen, sondern in Erfüllung von gesetzlichen Verpflichtungen im Rahmen von Kontenpfändungen handeln.[669] Des Weiteren sei in diesem Zusammenhang zu berücksichtigen, dass die Kreditinstitute grundsätzlich an der Eröffnung von Bankkonten durch Kunden interessiert sind, da sie dadurch die Möglichkeit erhielten, mit dem Geld zu arbeiten und Gewinn zu erwirtschaften. Dass sich diese Gewinnrealisation nicht bei jedem Kunden ergebe, sei letztlich das wirtschaftliche Risiko der Bank.[670] Gegen einen Aufwandsersatzanspruch der Banken spreche zudem, dass dieser häufig zulasten der Vollstreckungsgläubiger gehe, da das P-Konto selten über den Sockelbetrag hinausgehende Beträge enthalte, auf die das Kreditinstitut betreffend seines Erstattungsanspruches zurückgreifen könnte. Insofern würde die Aufwanderstattung den an die Vollstreckungsgläubiger auszukehrenden Betrag vermindern.[671]

Nach anderer Ansicht sei es sachgerecht, den Gläubiger mit den Kosten für den Mehraufwand der Banken zu belasten, da dies den Gläubiger zumindest davon abhalten würde, Verdachtspfändungen allein zu dem Zweck vorzunehmen, eine Kontoverbindung ihres Schuldners ausfindig zu machen. Dies sei insbesondere im Hinblick darauf zu rechtfertigen, dass dem ohnehin schon wirtschaftlich angeschlagenen Schuldner zumindest eine Kündigung des P-Kontos durch das Kreditinstitut erspart bliebe.[672]

Mit seiner Entscheidung vom 13.11.2012[673] dürfte der Bundesgerichtshof dieser Diskussion ein Ende gesetzt haben. Das Gericht stützt sich dabei im Wesentlichen darauf, dass die Banken mit der Führung eines Kontos als Pfändungsschutzkonto lediglich eine ihnen gesetzlich durch § 850k Abs. 7 ZPO auferlegte

668 *Bitter*, WM 2008, 141, 146; *Eggert*, ZRP 2008, 66; *Remmert*, NZI 2008, 70, 73.
669 So *Fölsch/Janca*, ZRP 2007, 253, 254.
670 *Remmert*, NZI 2008, 70, 73.
671 *Remmert*, NZI 2008, 70, 73.
672 *Bitter*, WM 2008, 141, 147.
673 BGH, Urteil v. 13.11.2012, XI ZR 500/11.

Pflicht erfüllen.[674] Diese Pflichterfüllung im Zusammenhang mit Kontenpfändungen war den Banken schon vor Einführung des Pfändungsschutzkontos nicht zu ersetzen.[675] Zudem habe der Rechtsausschuss des Deutschen Bundestages in seiner vom Bundestag gebilligten Beschlussempfehlung[676] eindeutig zum Ausdruck gebracht, dass der gesetzliche Pfändungsschutz nicht von einem gesonderten Entgelt abhängig gemacht werden dürfe.[677]

Darüber hinaus wurden gegen die Einführung des P-Kontos die mit der Berechnung der Pfändungsfreigrenzen einhergehenden Haftungsrisiken der Kreditinstitute im Falle einer Falschberechnung eingewendet.[678] Sofern etwa der Schuldner aufgrund einer falschen Berechnung Überweisungen tätigt, die betragsmäßig über den pfändungsfreien Sockelbetrag hinausgehen, ist das Kreditinstitut dem Vollstreckungsgläubiger zum Ersatz des daraus entstehenden Schadens verpflichtet. Teilweise wird in der Literatur eine Verschärfung des Haftungsproblems für die Kreditinstitute in dem Umstand gesehen, dass diese sich bei der Berechnung der Pfändungsschutzfreigrenze auf Bescheinigungen von Arbeitgebern oder Sozialleistungsträgern verlassen sollen.[679] Allerdings hat die Leistung des Kreditinstituts an den Schuldner gemäß § 850k Abs. 5 Satz 3 ZPO dann befreiende Wirkung, wenn dem Kreditinstitut die Unrichtigkeit einer solchen Bescheinigung weder bekannt noch infolge grober Fahrlässigkeit unbekannt ist (Haftungsprivilegierung). Kritisch werden in der Literatur vor allem die möglichen Folgen gesehen, die mit dem vermehrten Aufwand der Banken und der fehlenden Regelung zur Kostenübernahme einhergehen. Dies berge die Gefahr, dass die Kreditinstitute das P-Konto kündigten und der Schuldner den damit verbundenen Pfändungsschutz verlieren würde.[680] Darüber hinaus könnten sich Kreditinstitute vollends weigern, P-Konten für ihre Kunden zu führen.

In diesem Zusammenhang stellt sich die Frage eines gesetzlichen Kontrahierungszwangs. So wird hierzu vertreten, dass sich aus dem Gesetzesentwurf ein partieller Kontrahierungszwang auf Abschluss eines Pfändungsschutzkontos herleiten lasse. Tatsächlich begründet § 850k Abs. 7 Satz 2 ZPO für den Fall, dass

---

674 BGH, Urteil v. 13.11.2012, XI ZR 500/11, Rn. 45.

675 BGH, Urteil v. 13.11.2012, XI ZR 500/11, Rn. 45 unter Verweis auf die Urteile vom 18.05.1999, XI ZR 219/98 und vom 19.10.1999, XI ZR 8/99.

676 BTDr. 16/12714, S. 17.

677 BGH, Urteil v. 13.11.2012, XI ZR 500/11, Rn. 47.

678 Vgl. *Fölsch/Janca*, ZRP 2007, 253, 255.

679 *Jungmann*, ZVI 2009, 1, 3.

680 *Knobloch*, VuR 2008, 364, 365; *Eggert*, ZRP 2008, 66; *Bitter*, WM 2008, 141, 146; *Fölsch/Janca*, ZRP 2007, 253.

der Schuldner bereits ein Girokonto bei dem Kreditinstitut führt und dessen Umwandlung in ein P-Konto wünscht, eine entsprechende Verpflichtung für die Bank. Besteht hingegen noch keine Bankverbindung, ergibt sich aus § 850k ZPO kein Anspruch des Kunden gegenüber dem Kreditinstitut, eine solche für ihn einzurichten.[681] Außerdem lässt sich der Regelung kein Kündigungsschutz hinsichtlich des Pfändungsschutzkontos entnehmen.[682] Für den Schuldner bestehe daher die Gefahr, dass das Kreditinstitut ihm als Kontoinhaber unter Androhung der Kündigung des Kontos nahelegt, sich mit dem Gläubiger dahin gehend zu einigen, Ratenzahlungen zu leisten. Von der damit einhergehenden Ruhend-Stellung der Pfändung profitiert zum einen das Kreditinstitut, das damit jeglichen Arbeitsaufwand umgeht, als auch der Gläubiger, der auf das gesamte Kontoguthaben des Schuldners ohne Beachtung eines pfändungsfreien Betrages zurückgreifen kann. Verlierer dieser Konstellation ist der Schuldner, der sich unter Umständen auf eine existenzgefährdende Ratenvereinbarung einlässt und dem sein Pfändungsschutz genommen wird.[683] Unter Berücksichtigung der zuvor genannten Bedenken, bleibt abzuwarten, ob sich die Auffassung der Bundesregierung bewahrheitet, dass gerade das P-Konto mit seinem unantastbaren Sockelfreibetrag dazu führe, dass die Kreditinstitute dieses Konto nicht mehr kündigen, da Pfändungsmaßnahmen nicht mehr dazu führen, dass das Konto lahmgelegt wird.

7. Das „P-Konto" im Kontext zu einem europäischen Verfahren zur vorläufigen Kontenpfändung

Das in Deutschland zum 01.07.2010 neu eingeführte Pfändungsschutzkonto könnte sich im Zusammenhang mit der Kontenpfändungsverordnung als „Modell für Europa" erweisen.

Dies gilt nicht zuletzt vor dem Hintergrund, dass der (vermeintliche) Schuldner durch die in Art. 31 Abs. 2 EuKPfVO getroffene Regelung als Inhaber eines „P-Kontos" nicht auf ein Rechtsbehelfsverfahren angewiesen und er insoweit tatsächlich effektiv geschützt ist. Umso wichtiger wäre es, die leider im Rahmen der Richtlinie über die Vergleichbarkeit von Zahlungskontoentgelten, den Wechsel von Zahlungskonten und den Zugang zu Zahlungskonten mit grundlegenden

681 Prütting/Gehrlein/*Ahrens*, § 850k Rn. 14; Musielak/*Becker*, § 850k Rn. 8.

682 *Eggert*, ZRP 2008, 66; kritisch hierzu *Goebel*, ZVI 2007, 294, 200.

683 *Zimmermann/Zipf*, ZVI 2006, 275, 278; *Bitter*, WM 2008 141, 143; *Eggert*, NJ 2008, 58, 59.

Funktionen unterbliebene Regelung zur Schaffung eines dem deutschen Pfändungsschutzkonto vergleichbaren Instrumentariums nachzuholen.

IV. Bestimmung des maßgeblichen Rechts zum Schutz des Schuldners

Die überwiegende Zahl der Mitgliedstaaten gewährt dem Schuldner im Rahmen der Vollstreckung eine Pfändungsfreigrenze. Dabei orientiert sich der Pfändungsschutz regelmäßig am Existenzminimum des jeweiligen Mitgliedstaates, das dem Schuldner eine bescheidene Lebensführung unter Verbleib der finanziellen Mittel zur Deckung der erforderlichen Lebenshaltungskosten ermöglicht. Im Übrigen wird die Pfändungsfreigrenze in den anderen Mitgliedstaaten anhand sehr unterschiedlicher Kriterien berechnet. Als Maßstab werden das monatliche Einkommen, die monatliche Altersrente, ein Minimalbetrag oder die persönlichen und familiären Umstände des Schuldners als Grundlage herangezogen.

In vielen Mitgliedstaaten berücksichtigt das zuständige Gericht oder die zuständige Behörde die von der Pfändung ausgenommenen Beträge von Amts wegen, nur in wenigen Mitgliedstaaten muss der Schuldner für den Schutz des zum Lebensunterhalt erforderlichen Betrages das Gericht oder die zuständige Behörde anrufen.

Die Pfändung des Gehalts ist – nachdem es auf ein Bankkonto eingezahlt oder überweisen wurde – lediglich in einem Teil der Mitgliedstaaten möglich.

Die unterschiedliche Gestaltung der Pfändungsfreigrenzen führt für Verfahrensbeteiligte, die nicht mit dem jeweiligen Landesrecht vertraut sind, zu einer unüberschaubaren Vielfalt. Hinzu kommt, dass die Regelungen nur in Ausnahmefällen unmittelbar dem Vollstreckungsrecht zu entnehmen sind und stattdessen entweder gar nicht oder nur an anderer Stelle gesetzlich geregelt sind. Ob und inwieweit etwa ein Handbuch zum Vollstreckungsrecht oder vergleichbare Online-Veröffentlichungen geeignet sind, den Verfahrensbeteiligten hinreichend Kenntnis über das anzuwendende Recht verschaffen können, erscheint zweifelhaft. Vor diesem Hintergrund bildet die Frage, welche Pfändungsschutzvorschriften Anwendung finden, nicht allein für den Schuldner einen entscheidenden Aspekt. Gläubiger und Vollstreckungsorgan sind von ihr gleichermaßen tangiert.

1. Anwendbares Recht

Die Frage, welche Pfändungsschutzvorschriften Anwendung finden, gehört zu den zentralen Fragen im Zusammenhang mit der vorläufigen Kontenpfändung.

In Anbetracht der erheblichen Unterschiede[684] zwischen den Regelungen der Mitgliedstaaten besteht hier zwingender Regelungsbedarf.[685] Die Kontenpfändungsverordnung verweist in Art. 31 Abs. 1 EuKPfVO auf das Recht des Vollstreckungsmitgliedstaates. Fraglich ist allerdings, ob dieser Lösungsweg tatsächlich der bestmögliche ist:

a. *Anknüpfung an die lex fori*

Naheliegend wäre möglicherweise, die Anwendbarkeit der Schuldnerschutzvorschriften in Anknüpfung an das *lex fori*-Prinzip nach dem Recht des Staates zu bestimmen, dessen Gerichte die vorläufige Kontenpfändung aussprechen, unabhängig vom Wohnsitz des Schuldners oder dem Ort der Vollstreckung.[686] Dies stünde in Einklang mit den allgemeinen Grundsätzen des internationalen Zivilverfahrensrechts, die vorsehen, dass für die anzuordnende Maßnahme hinsichtlich Art, Voraussetzungen, Inhalt und Wirkung die nationale *lex fori* des angerufenen Gerichts gelten.[687]

Das *lex fori*-Prinzip besagt, dass ein Verfahren vor den eigenen Gerichten grundsätzlich nur nach der eigenen Prozessordnung abgewickelt wird.[688] In den meisten Mitgliedsstaaten der Europäischen Union wird dieses Prinzip noch immer als selbstverständlich angesehen.[689] In einigen Mitgliedstaaten ist es ausdrücklich normiert.[690] Tragend für dieses Prinzip sind weniger rechtstheoretische oder gar völkerrechtlich zwingende Gründe, sondern vielmehr Praktikabilitätsgesichtspunkte, Rechtssicherheit und Prozessökonomie.[691] Für das Vollstreckungsrecht lässt sich darüber hinaus damit argumentieren, dass es sich dabei um die Tätigkeit von Staatsorganen auf ihrem Staatsgebiet handele und daher – jedenfalls dieser Teil des Verfahrensrechts – öffentlich-rechtlicher Natur sei.[692]

---

684 *Gottwald*, FS Lindacher, S. 13, 23.

685 Vgl. auch *Kothe*, VuR 2011, 361.

686 OLG Stuttgart, Beschluss v. 23.06.2005, 8 W 246/05, MDR 2005, 1253.

687 *Geimer/Schütze*, EuGVVO, Art. 31 Rn. 37.

688 BGH, Urteil v. 27.06.1984, IVb ZR 2/83; NJW 1985, 552, 553; Urteil v. 27.04.1977, VIII ZR 184/75, WM 1977, 793, 794; *Geimer*, IZPR, Rn. 319 m. w. N.

689 *Nagel/Gottwald*, IZPR § 1 Rn. 41 m. w. N.; a. A. *Schack*, IZVR, Rn. 44 ff. m. w. N. zur Gegenansicht.

690 **Italien:** Art. 12 IPRG; **Spanien:** Art. 8 Nr. 2 Código Civil; **Tschechien:** § 48 IPRG; **Ungarn:** § 63 IPRG.

691 *Nagel/Gottwald*, IZPR § 1 Rn. 41; *Geimer*, IZPR, Rn. 322 jeweils m. w. N.

692 *Schack*, IZVR, Rn. 46 m. w. N.

Diese Argumentation überzeugt indes nur eingeschränkt, weil einzelne Verfahrensnormen ein hohes Maß materiell-rechtlicher Prägung aufweisen.[693] Insofern muss die Frage gestattet sein, ob das *lex fori*-Prinzip für den Schuldnerschutz überhaupt zwingend Relevanz entfaltet. Dies hängt maßgeblich davon ab, ob man die Pfändungsschutzvorschriften generell dem Prozessrecht zuzuordnen vermag. Auf den ersten Blick erscheint dies zwar unproblematisch zu bejahen zu sein, andererseits ist der Pfändungsschutz auch Ausprägung des Sozialstaatsprinzips.[694] Pfändungsverbote dienen dem Schutz des Schuldners aus sozialen Gründen im öffentlichen Interesse.[695] In Deutschland folgert man seine Notwendigkeit aus dem Schutz der Menschenwürde aus Art. 1 GG und der freien Entfaltung der Persönlichkeit gemäß Art. 2 GG.[696] Ferner enthalten die Pfändungsschutzvorschriften eine Konkretisierung des Sozialstaatsprinzips (Artt. 20 Abs. 1, 28 Abs. 1 GG).[697] Durch sie soll insbesondere gewährleistet werden, dass der Schuldner und seine Familienangehörigen in die Lage versetzt werden, ihre wirtschaftliche Existenz – unabhängig von Sozialhilfe – zu bewahren.[698] „Die von §§ 850 ff. ZPO definierte äußerste Grenze der Belastbarkeit eines Schuldners stellen vielmehr eine den deutschen Lebensverhältnissen (und Preisen) angepasste Ausprägung des Sozialstaatsprinzips dar, auf das sich der in Deutschland Beschäftigte – und i. d. R. dort lebende – bei seiner Lebensplanung verlassen können muss."[699] Für die Auslegung von Schuldnerschutzvorschriften sind systematisch daher auch die entsprechenden Sozialgesetze heranzuziehen. Im internationalen Vergleich kommt hinzu, dass verschiedene Rechtsordnungen die Schuldnerschutzvorschriften außerhalb des Prozessrechts geregelt haben, wodurch die Einordnung weiter erschwert wird.

Vor diesem Hintergrund muss man konstatieren, dass Pfändungsschutzvorschriften immer auch im öffentlichen Interesse liegen und darauf zu achten ist, dass auf die Verhältnisse am Wohnsitz des Schuldners abgestellt wird.[700] Daran schließen sich für die vorläufige Kontenpfändung zwei Fragen an:

---

693 *Schack*, IZVR, Rn. 49.

694 BGH, Urteil v. 19.03.2004, IXa ZB 321/03, NJW-RR 2004, 789, 790.

695 BGH, Urteil v. 20.11.1997, IX ZR 136/97, BGHZ 137, 193, 197.

696 BGH, Urteil v. 19.03.2004, IXa ZB 321/03, NJW-RR 2004, 789, 790; Zöller/*Stöber*, ZPO § 811 Rn. 1.

697 BGH, Urteil v. 19.03.2004, IXa ZB 321/03, NJW-RR 2004, 789, 790.

698 BGH, Urteil v. 19.03.2004, IXa ZB 321/03, NJW-RR 2004, 789, 790.

699 *Mack*, Study JAI/A3/2002/02 – Länderbericht Deutschland, S. 49.

700 Vgl. BAG, Urteil v. 19.03.1996, 9 AZR 656/94, IPRax 1997, 335, 338; *Stamm* benennt als Begründung den Verhältnismäßigkeitsgrundsatz, S. 83 ff.; *Wolber*, S. 162 f.

- Gewährleistet das *lex fori*-Prinzip, dass die „richtigen" Schuldnerschutzvorschriften angewendet werden?
- Welche Möglichkeiten bestünden für den Verordnungsgeber, die anwendbaren Schuldnerschutzvorschriften durch Kollisionsnormen zu bestimmen?

b. Systematische Erwägungen zu den anwendbaren Schuldnerschutzvorschriften

Die Frage, welche Schuldnerschutzvorschriften Anwendung finden, ist in anderem Zusammenhang ebenfalls von erheblicher Bedeutung und gleichermaßen umstritten: Sie stellt sich im Hinblick auf die Verwertbarkeit der im Ausland belegenen Insolvenzmasse im Anwendungsbereich der EuInsVO.

Aus deutscher Sicht konzentriert sich das Problem auf § 36 Abs. 1 InsO. Demnach gehören die Gegenstände des Schuldners nicht zur Insolvenzmasse, sofern sie nicht der Zwangsvollstreckung unterliegen. Bei grenzüberschreitenden Sachverhalten schließt sich hier die Frage an, welche Pfändungsschutzvorschriften gelten – die des Staates, in dem das Hauptinsolvenzverfahren eröffnet wurde oder diejenigen des Belegenheitsortes des entsprechenden Gegenstandes.

Der Wortlaut des Art. 7 Abs. 2 lit. b) EuInsVO (der inhaltsgleich dem Art. 4 Abs. 2 lit. b) EuInsVO a. F. entspricht) legt den Schluss nahe, dass für die Bestimmung der Insolvenzmasse des Recht des Staates maßgeblich ist, in dem das (Haupt-)Verfahren eröffnet wurde.[701] Es entspricht dem Sinn und Zweck der Vorschrift, den angestrebten „Entscheidungseinklang" zu erreichen.[702]

Für eine Anknüpfung an das Recht des Staates, in dem die zu pfändenden Gegenstände belegen sind, spricht insbesondere das Territorialitätsprinzip. Im Wesentlichen wurde dieses Prinzip schon im Rahmen der EuInsVO a. F. aufgegeben und war dort nur in Art. 18 Abs. 3 EuInsVO a. F. noch als – eng auszulegende Ausnahme – manifestiert. Diese Vorschrift statuierte, dass die Regelungen des Lageortes zur Anwendung staatlichen Zwangs, der zum Zwecke der Verwertung angewendet werden muss, durch das Recht des Eröffnungsortes nicht verdrängt werden.[703] Teilweise wird vertreten, dass es den Arbeitgeber überfordern würde, ein anderes als das eigene nationale Recht anzuwenden.[704] Zu überzeugen vermag dieses Argument nicht. Im Rahmen des Insolvenzverfahrens kann der

701 *Haas*, FS Gerhardt, S. 319, 325.

702 *Haas*, FS Gerhardt, S. 319, 325.

703 *Haas*, FS Gerhardt, S. 319, 326; *Griedl/Mack*, ZInsO 2007, 558, 559.

704 *Griedl/Mack*, ZInsO 2007, 558, 559.

Insolvenzverwalter entsprechende Hilfestellung leisten.[705] In der Neufassung der EuInsVO wurde die Regelung des vormaligen Art. 18 Abs. 3 EuInsVO a. F. unverändert in Art. 21 Abs. 3 EuInsVO übernommen.

Die Argumentation, die dafür spricht, das Recht des Staates anzuwenden, in dem die zu pfändenden Gegenstände belegen sind, überzeugt, soweit es sich um körperliche Gegenstände handelt.[706] Sie lassen sich auf einfache Art und Weise lokalisieren. Darüber hinaus besteht kein Zweifel, dass ihre Inbesitznahme gegebenenfalls zwangsweise durchgesetzt werden muss. Dieser Zwang wirkt physisch, und insofern betrifft die Maßnahme unmittelbar das Gewaltmonopol des Belegenheitsstaates. Auch mögen die Unterschiede zwischen den Mitgliedstaaten in der Ausgestaltung des Pfändungsschutzes für körperliche Gegenstände hier kaum divergieren.[707]

Für den Schuldnerschutz bei Forderungspfändungen gilt dies jedoch nicht. Die nationalen Regelungen weisen – teilweise erhebliche – Unterschiede auf, die insbesondere auf die unterschiedlichen Lebensbedingungen in den Mitgliedstaaten zurückzuführen sind.[708]

Insbesondere vermag das Argument, dieses Problem sei von untergeordneter Relevanz,[709] nicht zu überzeugen. Zutreffender Weise ist bei Arbeitnehmern der Mittelpunkt ihrer hauptsächlichen Interessen im Sinne des Art. 3 Abs. 1 S. 1 EuInsVO an deren Wohnsitz und regelmäßig nicht an deren Arbeitsstätte zu lokalisieren.[710] Dementsprechend ist dem Gedanken Rechnung zu tragen, dass dem Schuldner die Möglichkeit gegeben werden soll, nach dem Bedürfnis an dem Ort seines Lebensmittelpunktes seinen Unterhalt zu bestreiten.[711] Dementsprechend bleibt vor dem Hintergrund der Belegenheitsfiktion der EuInsVO für Forderungen die Streitfrage der anzuwendenden Pfändungsschutzvorschriften hier virulent. Es kommt maßgeblich darauf an.

---

705 LG Traunstein, NZI 2009, 818, 819.

706 LG Traunstein, NZI 2009, 818, 819.

707 *Haas*, FS Gerhard, S. 319, 325.

708 Vgl. oben § 8 C. II.

709 *Haas*, FS Gerhard, S. 319, 327.

710 Vgl. etwa: *Mankowski*, NZI 2005, 368, 369; *Knof*, ZInsO 2005, 1017, 1025; Gottwald/*Gerhard*, Insolvenzrechts-Handbuch, § 129 Rn. 13; Rauscher/*Mäsch*, Europäisches Zivilprozess- und Kollisionsrecht, EG-InsVO, Art. 3 Rn. 13.

711 LG Traunstein, NZI 2009, 818, 819.

Im Ergebnis ist daher jedenfalls im Rahmen einer Insolvenz das zum Schutz des Schuldners anwendbare Recht nach dem Recht des Staates der Verfahrenseröffnung zu bestimmen.[712]

Würde man diesen Ansatz konsequent auf das Verfahren zur vorläufigen Kontenpfändung übertragen, also mithin die Zuständigkeit grundsätzlich an den (Wohn-)Sitz des Schuldners koppeln, so bedeutete dies, dass sich der Schuldnerschutz nach dem Recht des Staates bestimmt, dessen Gerichte die Maßnahme erlassen. Mit anderen Worten: Die Frage des Schuldnerschutzes wäre gleichzeitig eine Frage der Zuständigkeit.

Die Kontenpfändungsverordnung führt allerdings nicht generell zu diesem Ergebnis: Über Art. 6 Abs. 1 EuKPfVO finden – sofern noch keine gerichtliche Entscheidung in der Hauptsache, kein Vergleich oder keine entsprechende öffentliche Urkunde vorliegen – für den Erlass eines Beschlusses zur vorläufigen Kontenpfändung die Zuständigkeitsregeln der EuGVVO Anwendung. Es gelten mithin die Artt. 4 ff. EuGVVO. Dies kann – in einer Vielzahl von Fällen – dazu führen, dass der Gläubiger die Wahl hat zwischen dem allgemeinen Gerichtsstand des Schuldners und den besonderen Gerichtsständen der Art. 7 ff. EuGVVO. Insbesondere der Gerichtsstand der unerlaubten Handlung i. S. d. Art. 7 Nr. 3 EuGVVO birgt hier ein gewisses Missbrauchspotential.

Nach dem Zuständigkeitsmodell der Kontenpfändungsverordnung wird dieses Missbrauchspotential allerdings „nur" auf der Ebene der vorläufigen Sachentscheidung relevant. Die anzuwendenden Pfändungsschutzvorschriften werden auf der zweiten Ebene, auf der der Beschluss ausgeführt wird, geprüft.[713] Dadurch ist sichergestellt, dass der Schuldner – sofern er das zu pfändende Konto in seinem (Wohn-) Sitzstaat führt – immer auch den dort gültigen Pfändungsschutz genießt.

2. *Belegenheitsfiktion führt zu adäquatem Schuldnerschutz*

Es lässt sich jedoch auch konstatieren, dass eine Fiktion der Belegenheit der zu pfändenden Forderung am Sitz des Schuldners dazu führen würde, dass die dortigen Pfändungsschutzvorschriften Anwendung finden. Auch dies bietet einen

712 Im Ergebnis ebenso: *Mankowski*, NZI 2009, 785; AG Deggendorf, Beschluss vom 14.02 und 08.03.2007, IK 255/03, ZInsO 2007, 558 (1. Leitsatz); LG Traunstein, NZI 2009, 818; a. A. AG Passau, Urteil v. 15.01.2009, 15 C 1980/08, NZI 2009, 820.

713 Dies ergibt sich unmittelbar aus Art. 31 EuKPfVO, der auf die Pfändungsschutzvorschriften des Vollstreckungsmitgliedstaats verweist.

adäquaten Schuldnerschutz, nämlich den des (Wohn-)Sitzes,[714] und es erleichtert gleichermaßen – wie die Regelung des Art. 31 EuKPfVO – den (formalisierten) Pfändungsvorgang, weil die zuständigen Vollstreckungsorgane das ihnen vertraute Recht anzuwenden haben. Hinzu kommt allerdings, dass auch der Gläubiger geschützt würde, nämlich davor, dass der Vollstreckungsschuldner allein durch die Auswahl seines Bankkontos in einem anderen als dem Wohnsitzstaat eine nicht zu rechtfertigende Privilegierung erfährt.

714 Ebenfalls für Vollstreckungsschutz nach Maßgabe des Wohnsitzes: *Kothe*, VuR 2011, 361, 362.

§ 6 Erfordernis der Zustellung

Um eine (vorläufige) Kontenpfändung zu bewirken, bedarf es der Zustellung des Pfändungsbeschlusses an den Drittschuldner, sprich das Kreditinstitut. Dies folgt allerdings nicht unmittelbar aus der Kontenpfändungsverordnung, die – anders als noch im Kommissionsentwurf vorgesehen – kein eigenständiges Verfahren normiert.[715] Stattdessen richtet sich die Vollstreckung gemäß Art. 23 Abs. 1 EuKPfVO nach dem jeweils nationalen Recht des Vollstreckungsmitgliedstaats. Das hat auch unmittelbare Auswirkungen auf das Erfordernis der Zustellung und die Ausgestaltung des Zustellungsverfahrens.

A. Zustellung an den Drittschuldner

Die im Rahmen der *Hess*-Studie untersuchten Mitgliedsstaaten gehen davon aus, dass die Kontenpfändung primär den Gläubiger und das Kreditinstitut als Drittschuldner betrifft.[716] Dementsprechend hängt in diesen Staaten die Wirksamkeit der Kontenpfändung von der Zustellung des Pfändungsbeschlusses an die Bank ab.[717] So verhält es sich etwa in Deutschland[718], England-Wales[719], Frankreich[720], Italien[721], den Niederlanden[722], Österreich[723] und Spanien[724]. Auch in Bulgarien wird die Pfändung eines Bankkontos durch Zustellung an das Kreditinstitut vollzogen.[725] Für die gesondert untersuchten Länder Litauen[726], Polen[727] und Ungarn gilt diese Einschätzung ebenso. Dementsprechend ist in all diesen Ländern die

---

715 Vgl. Rauscher/*Wiedemann*, Europäisches Zivilprozess- und Kollisionsrecht, EU-KPfVO, Art. 23 Rn. 4.

716 *Hess*, Study JAI/A3/02/2002 – General Report, S. 64.

717 *Hess*, Study JAI/A3/2002/02 – General Report, S. 64; vgl. bereits *Mössle*, S. 61.

718 Vgl. § 829 ZPO

719 Vgl. CPR r. 72.4; *O'Hare/Browne*, Rn. 40.005; *Baur/Stürner/Bruns*, Zwangsvollstreckungsrecht, Rn. 59.39.

720 Vgl. Art. 56 Décrét N° 92–755; *Sonnabend*, S. 103: *Stamm*, S. 430.

721 Vgl. Art. 543[1] CPC; *Baur/Stürner/Bruns*, Zwangsvollstreckungsrecht, Rn. 59.62.

722 *Seggewiße*, NJW 2008, 2156, 2158.

723 Vgl. §§ 294 Abs. 3, 295 Abs. 1 S. 2 EO.

724 *Baur/Stürner/Bruns*, Zwangsvollstreckungsrecht, Rn. 59.88.

725 *Stoimenov/Ivanov*, S. 59.

726 Vgl. Art. 689 Abs. 2, Abs. 6 lit. CPK.

727 Vgl. Art. 890 poln. ZVGB; *Treder*, in: Lubińskiego: Egzekucja Sadowa Świadczeń Pieniężnych w Polsce, S. 167, 171.

Zustellung des Pfändungsbeschlusses an den Drittschuldner Wirksamkeitserfordernis.

Der Verordnungsgeber hat sich für ein zweitgeteiltes Zuständigkeitssystem entschieden, das insbesondere in Art. 23 Abs. 3 EuKPfVO deutlich wird. Dort wird zwischen dem Beschluss zur vorläufigen Pfändung und der Vollstreckung dieses Beschlusses differenziert. Dementsprechend ergeben sich zweierlei Konstellationen: Entweder führen die Zuständigkeitsregelungen zu einem Zusammentreffen von Erlass- und Vollstreckungszuständigkeit in ein und demselben Mitgliedstaat oder der Beschluss zur vorläufigen Pfändung ist grenzüberschreitend an die zuständige Vollstreckungsbehörde zu übermitteln.

I. Auslandszustellung

Die Zustellung des Pfändungsbeschlusses über die Grenzen der Mitgliedsstaaten hinweg, ist grundsätzlich nach der EuZVO zu beurteilen.[728] Insofern überrascht es, dass – anders als noch im Kommissionsentwurf vorgesehen – die Kontenpfändungsverordnung keinen direkten, wenn auch schlussendlich nur deklaratorisch wirkenden, Verweis auf die EuZVO enthält.[729] Stattdessen sieht die Verordnung eine eigene – eher rudimentäre – Regelung in Art. 29 EuKPfVO vor. Die EuZVO findet gemäß Art. 48 lit. a EuKPfVO subsidiär nur dann Anwendung, wenn und soweit Art. 29 EuKPfVO keine Regelung enthält.[730] Dabei hat sich die Zustellungsverordnung in weiten Teilen bewährt: Bereits seit Inkrafttreten der alten EuZVO[731] hat sich die Dauer für Auslandszustellungen innerhalb der Europäischen Union maßgeblich verkürzt. War zuvor noch von einer durchschnittlichen Zeitspanne von 4–6 Monaten auszugehen, hat sich diese inzwischen auf 1–3 Monate reduziert.[732] Inwieweit durch die am 13.11.2008 in Kraft getretene neue EuZVO[733] eine weitere Beschleunigung des Zustellungswesens erreicht wird, bleibt zwar auch heute noch abzuwarten, erscheint jedoch – nicht zuletzt aufgrund der stetig steigenden Erfahrung der Behörden im Umgang mit Auslandszustellungen – wahrscheinlich.

---

728 So auch noch der Regelungsentwurf der Kommission in Art. 24 Abs. 3.

729 Rauscher/*Wiedemann*, Europäisches Zivilprozess- und Kollisionsrecht, EU-KPfVO, Art. 29 Rn. 2.

730 Rauscher/*Wiedemann*, Europäisches Zivilprozess- und Kollisionsrecht, EU-KPfVO, Art. 29 Rn. 2; Schlosser/*Hess*, EU-Zivilprozessrecht, EuKtPVO, Art. 29 Rn. 1.

731 VO (EG) 1348/2000.

732 *Schack*, RLR 2009, 111, 120.

733 VO (EG) 1393/2007.

Art. 14 EuZVO lässt die Zustellung auf dem Postwege per Einschreiben mit Rückschein oder einem gleichwertigen Beleg zu. Entgegen Art. 14 Abs. 2 EuZVO a.F., der den Mitgliedsstaaten die Möglichkeit überließ die postalische Zustellung selbst zu regeln, was zu einer unübersichtlichen Vielfalt geführt hat,[734] ist durch die Neuregelung ein hohes Maß an Rechtssicherheit gewährleistet.[735]

Auch die elektronische Form der Zustellung dürfte in dieser Konstellation an Bedeutung gewinnen:

Die Kommission verweist darauf, dass die elektronische Übermittlung von Schriftstücken mit der EuZVO (Art. 4) zu vereinbaren sei.[736] Dies ergibt sich daraus, dass die Vorschrift, die durch die reformierte Fassung unverändert geblieben ist, auf Beglaubigungen und sonstige Formalitäten der Schriftstücke verzichtet.[737] Allerdings bezieht sich Art. 4 EuZVO ausdrücklich nur auf die in Art. 2 EuZVO bezeichneten Übermittlungs- und Empfangsstellen. Die Vorschrift soll den direkten Verkehr zwischen den Justizbehörden erleichtern.[738] Aufgrund der im Rahmen der Kontenpfändungsverordnung gewählten zweigeteilten Zuständigkeit und der sich daraus ableitenden Konsequenz, dass zum Zwecke der vorläufigen Kontenpfändung grenzüberschreitend grundsätzlich immer nur zwischen (Justiz-)Behörden zuzustellen ist, würde die Zustellungsverordnung die Möglichkeit der elektronischen Übermittlung bieten.

Zwar eröffnet auch die in der Kontenpfändungsverordnung gewählte Regelung in Art. 29 Abs. 1 EuKPfVO diese Möglichkeit – „Übermittlung mit geeigneten Mitteln". Dieser gesonderten Normierung neben der EuZVO hätte es im Ergebnis allerdings überhaupt nicht bedurft.

II. Inlandszustellung

Obwohl ein europäisches Verfahren zur vorläufigen Kontenpfändung nur bei grenzüberschreitenden Sachverhalten – bezogen auf das Rechtsverhältnis zwischen (Vollstreckungs-)Gläubiger und Schuldner – in Betracht kommt, dürfte sich die Mehrzahl der sich aus der Kontenpfändungsverordnung ergebenden Zustellungsvorgänge künftig nach nationalem Recht richten.

734 Eine Übersicht über die nationale Regelung findet sich bei *Stadler*, IPRax 2001, 514, 519.

735 *Sujecki*, NJW 2008, 1628, 1630.

736 SEK (2006) 1341, S. 21 a. E.

737 *Stadler*, IPRax 2001, 514, 517.

738 *Stadler*, IPRax 2001, 514, 517.

Dies folgt einerseits aus einer gewissen Wahrscheinlichkeit dafür, dass die Zuständigkeit für den Erlass und die Vollstreckung des Beschlusses in einem Mitgliedstaat zusammenfallen.[739] Zwingend ist ein solches Zusammenfallen allerdings nicht, weil sich aus den Artt. 7 ff. EuGVVO besondere Gerichtsstände für das Verfahren in der Hauptsache ergeben können, wobei insbesondere dem Gerichtsstand der unerlaubten Handlung, Art. 7 Nr. 2 EuGVVO, hier besondere Bedeutung zukommen dürfte, zumal der Europäische Gerichtshof die Begrifflichkeit der unerlaubten Handlung autonom und sehr weit auslegt.[740]

Andererseits führt die zweitgeteilte Zuständigkeit (vgl. Art. 23 EuKPfVO) dazu, dass jedenfalls die Zustellung von der Vollstreckungsbehörde an den Drittschuldner – also das Kreditinstitut – sich immer innerstaatlich vollzieht. Dies ergibt sich aus Art. 23 Abs. 5 EuKPfVO, der die zuständige Behörde im Vollstreckungsmitgliedstaat verpflichtet, die erforderlichen Maßnahmen zu treffen, um den Beschluss gemäß ihrem nationalen Recht vollstrecken zu lassen. Damit wird der europäische Kontenpfändungsbeschluss letztlich dem jeweils nationalen Funktionsäquivalent gleichgestellt, in Deutschland beispielsweise § 829 ZPO.[741] Sofern die Zustellung im Inland erfolgt, ist jedenfalls der Anwendungsbereich der EuZVO nicht eröffnet, weil es sich nicht um eine Zustellung „von einem in einen anderen Mitgliedsstaat" handelt. Die Zustellung wäre vielmehr ausschließlich nach nationalem Recht des entsprechenden Mitgliedsstaates vorzunehmen. In Deutschland wären insoweit die allgemeinen Zustellungsvorschriften der ZPO anzuwenden – für die Zustellung an den Drittschuldner, sprich das Kreditinstitut, speziell die §§ 191 ff. ZPO.[742] Für die Effektivität der Maßnahme bedeutet das aktuell Chance und Risiko zugleich, wie das nachfolgende Beispiel zur elektronischen Zustellung belegt:

Während im Anwendungsbereich des Art. 4 EuZVO die elektronische Zustellung nur an einen eingeschränkten Adressatenkreis – praktisch ausschließlich im behördlichen Verkehr – ermöglicht, kann nach § 174 Abs. 1 ZPO im deutschen Recht, die vereinfachte Zustellung grundsätzlich – gemäß Abs. 3 auch

739 Das ergibt sich bereits daraus, dass die Zuständigkeit für den Erlass des Pfändungsbeschlusses in einer Vielzahl von Fällen bei einem Gericht innerhalb des Staates liegen wird, in der der Schuldner seinen Sitz hat (vgl. Art. 4 Abs. 1 EuGVVO). Dass der Schuldner dort auch eine Bankverbindung unterhält, erscheint wahrscheinlich.

740 Vgl. Rauscher/*Leible*, Europäisches Zivilprozess- und Kollisionsrecht, Brüssel Ia-VO, Art. 7 Rn. 109, 110; Schlosser/*Schlosser*, EU-Zivilprozessrecht, EuGVVO, Art. 7 Rn. 13.

741 Vgl. Schlosser/*Hess*, EU-Zivilprozessrecht, EuKtPVO, Art. 23 Rn. 1.

742 Vgl. statt vieler: Thomas/Putzo/*Seiler*, ZPO, § 829 Rn. 24.

in elektronischer Form – an solche Personen erfolgen, bei denen aufgrund ihres Berufes von einer erhöhten Zuverlässigkeit ausgegangen werden kann. Allerdings ist auch nach § 174 Abs. 1 ZPO fraglich, ob damit die Zustellung an ein Kreditinstitut diesem vereinfachten Verfahren folgen kann. Während dies für die Landesbanken und die Mehrzahl der Sparkassen als Anstalten des öffentlichen Rechts[743] zweifelsfrei möglich sein muss, stellt sich die Frage für privatrechtlich organisierte Banken komplexer dar: In der deutschsprachigen Literatur werden als Personen, die von Berufs wegen eine erhöhte Zuverlässigkeit verkörpern, im Wesentlichen solche angesehen, die einem Standesrecht unterliegen.[744] Banken und Versicherungen bzw. deren gesetzliche Vertreter finden sich demgegenüber in den Aufzählungen der einschlägigen Kommentierungen nicht. Die Rechtsprechung hatte sich mit dieser Frage bislang – soweit ersichtlich – nicht zu befassen. Tatsächlich würde es dem Ziel des Gesetzes, das Massengeschäft der Zustellung möglichst zu vereinfachen, entsprechen, auch diese (juristischen) Personen in den Anwendungsbereich einzubeziehen.

Gerade im Bereich der Banken bestehen erhebliche Anforderungen an die Zuverlässigkeit der leitenden Mitarbeiter, die – jedenfalls in gesetzlich, formaler Hinsicht – diejenigen anderer als besonders zuverlässig i. S. d. § 174 ZPO anerkannter Berufsgruppen übersteigen.

Zweifelsohne würde eine elektronische Übermittlung des Pfändungsbeschlusses an die kontoführenden Banken zu einer erheblichen Beschleunigung und damit zur Effektuierung des Verfahrens führen. Die Kreditinstitute dürften dazu technisch und organisatorisch grundsätzlich in der Lage sein, nicht zuletzt vor dem Hintergrund, dass in aller Regel zentrale Einheiten zur Betreuung der Kontenpfändungen und Insolvenzen gebildet werden.

Für die einzelnen Kreditinstitute – insbesondere für Großbanken – könnte es sich sogar anbieten, den Vollstreckungsbehörden eine zentrale (elektronische) Anlaufstelle zu nennen, weil dadurch der Verwaltungsaufwand erheblich gesenkt und potenzielle Fehlerquellen (und damit Haftungsrisiken) umgangen würden. Denn andernfalls liefen überregional tätige, mit einem großen Filialnetz

---

743 Demgegenüber sind folgende sechs Sparkassen privatrechtlich organisiert: Bordesholmer Sparkasse AG, Spar- und Leihkasse zu Bredstedt AG, Die Sparkasse Bremen AG, Hamburger Sparkasse AG, Sparkasse zu Lübeck AG und Sparkasse Mittelholstein AG (vgl. www.verband-freier-sparkassen.de).

744 Vgl. etwa Zöller/*Stöber*, § 174 Rn. 3 (bspw. Patentanwälte oder Wirtschaftsprüfer); Thomas/Putzo/*Hüßtege*, § 174 Rn. 4 (nennt zudem Hochschullehrer und öffentliche Mandatsträger); B/L/A/H, ZPO, § 174 Rn 4 (schließt auch den Assessor in den Kreis der erhöht Zuverlässigen mit ein).

ausgestattete Institute wie bislang Gefahr, dass Zustellungen an die einzelnen kontoführenden Filialen erfolgen, die dann in der Regel intern den Vorgang an die zuständige (Zentral-)Stelle weitergeben. Zum gegenwärtigen Zeitpunkt erscheint es jedoch zu weitgehend, die Banken zu verpflichten, eine entsprechende Zentralstelle, an die elektronische Zustellungen erfolgen können, einzurichten. Stattdessen sollte im Wege eines freiwilligen Modelverfahrens die Bereitschaft der Kreditinstitute, ein solches Verfahren mitzutragen, untersucht werden. Die Banken, die sich dafür entscheiden, müssten mitsamt den relevanten Kontaktdaten in einem Katalog bzw. in einer Datenbank erfasst werden, der allen Vollstreckungsbehörden zugänglich ist.

Eine Harmonisierung der nationalen Zustellungsvorschriften ist politisch allerdings nicht in absehbarer Zeit zu erwarten.[745] Insofern schließt sich die Frage an, ob es zulässig wäre, im Rahmen einer Verordnung zur vorläufigen Kontenpfändung eine Regelung zu treffen, die auch die Inlandszustellung regelt. Zweifel an der Kompetenz zur Vereinheitlichung des Zustellungsrechts in den Mitgliedsstaaten waren bereits Grund dafür, dass sich der europäische Gesetzgeber einer entsprechenden Regelung im Rahmen der EuVTVO[746] und der EuMahnVO[747] enthielt. Stattdessen wurden in Artt. 12 ff. EuVTVO bzw. Art. 13 ff. EuMahnVO Mindeststandards aufgestellt.

Für die Effektivität der vorläufigen Kontenpfändung bedeutet das, dass der wichtigste Verfahrensschritt, nämlich die Zustellung an den Drittschuldner, auch weiterhin von der Effektivität der nationalen Regelungen abhängen wird.

B. Benachrichtigung des Vollstreckungsschuldners

Die Benachrichtigung des Vollstreckungsschuldners bildet eine zwingende Voraussetzung für eine vorläufige Kontenpfändung. Im Hinblick auf die Zustellung an den Schuldner, die in Art. 28 EuKPfVO geregelt ist, ergeben sich im Vergleich zur Zustellung an den Drittschuldner keine wesentlichen Unterschiede: Auch hier hat sich der Verordnungsgeber für den Fall einer grenzüberschreitenden Zustellung für die indirekte Zustellung, also eine Zustellung über die Behörden im Wohnsitzstaat, entschieden. Vor dem Hintergrund, dass eine zügige Information des Schuldners im gesamten Konsultationsprozess und dem späteren

745 Obwohl sich durch eine Vereinheitlichung der Zustellungsvorschriften sicher – jedenfalls für standardisierte Verfahren – eine Steigerung der Effektivität erreichen ließe (vgl. Sujecki, ZEuP 2006, 124,126).

746 Vgl. nur Zöller/*Geimer*, EuVTVO, Art. 12 Rn. 2.

747 Vgl. nur *Kormann*, S. 129 ff.

Gesetzgebungsverfahren als wesentlich eingestuft wurde, überrascht diese Regelung, zumal Art. 14 EuZVO für derartige Fallkonstellationen eine direkte Zustellung und damit eine zügige Information des Schuldners ermöglicht hätte.[748]

748 Vgl. Rauscher/*Wiedemann*, Europäisches Zivilprozess- und Kollisionsrecht, EU-KPfVO, Art. 28 Rn. 8.

§ 7 Schutz des Drittschuldners

Neben dem Schutz des Schuldners stellt sich das Problem, wie der Drittschuldner, das Kreditinstitut, im Rahmen eines Verfahrens zur vorläufigen Kontenpfändung zu schützen ist.[749] Ein konkretes Schutzbedürfnis besteht insbesondere dergestalt, dass die Bank ohne entsprechende Verfahrensgestaltung Gefahr laufen könnte, doppelt in Anspruch genommen zu werden – durch den Schuldner und durch den (späteren) Vollstreckungsgläubiger.[750] Weiterhin muss definiert werden, welche Anforderungen an die Bezeichnung der Kontoverbindung zu stellen sind, und schließlich ist zu klären, ob und falls ja in welcher Höhe dem Kreditinstitut die durch die vorläufige Kontenpfändung entstehenden Kosten zu ersetzen sind.

A. Grenzüberschreitende Anerkennung der vorläufigen Kontenpfändung

Die Gefahr einer doppelten Inanspruchnahme wäre ausgeschlossen, wenn sichergestellt wäre, dass die vorläufige Kontenpfändung grenzüberschreitend anerkannt wird. Nach dem Anerkennungssystem der EuGVVO wäre dies nicht gewährleistet. Denn soweit es sich dabei um einen Vollstreckungsakt handelt, ist dies nach gegenwärtiger Rechtslage keine anerkennungsfähige Entscheidung im Sinne der EuGVVO.[751] Dementsprechend musste das Verfahren zur (vorläufigen) Kontenpfändung so ausgestaltet werden, dass die durch das jeweils zuständige Vollstreckungsorgan durchgeführten Pfändungen wechselseitig anerkannt werden und gleichzeitig sichergestellt ist, dass das Kreditinstitut dem Kontoinhaber (als Vollstreckungsschuldner) die Pfändung bei einem Auszahlungsverlangen entgegenhalten kann. Diese Problematik hat der Verordnungsgeber erkannt und in Art. 22 EuKPfVO einer Regelung zugeführt. Danach wird der Vollstreckungsteil des Beschlusses in den anderen Mitgliedstaaten anerkannt,

749 Innerhalb des bestehenden Zuständigkeitssystems der EuGVVO wäre die Zuständigkeit für Rechtsbehelfe des Kreditinstituts anhand Art. 22 Nr. 5 EuGVVO a. F. bzw. Art. 24 Nr. 5 EuGVVO n. F. zu beurteilen, vgl. Kuwait Oil Tanker v. Qabazard (2003) 3 All ER 501, 504, 507 (HL).

750 Vgl. ausführlich dazu *Domej*, Internationale Zwangsvollstreckung und Haftungswirklichkeit, S. 425 ff.

751 *Geimer/Schütze*, EuGVVO, Art. 32 (a. F.) Rn. 49; *Schack*, RLR 2009, 111, 125.

ohne dass es eines besonderen Verfahrens bedarf.[752] Systematisch stellt diese Regelung ein Novum dar.

B. Anforderungen an die Bezeichnung der Kontoverbindung

Die möglichst exakte Bezeichnung der Bankverbindung des Vollstreckungsschuldners dient letztlich – zumindest auch – dem Schutz des Drittschuldners. Denn mit jedem Pfändungsvorgang, mag sie auch ins Leere gehen, werden Ressourcen gebunden und Kosten verursacht.[753] Auch im Hinblick auf die Bezeichnung der zu pfändenden Konten bestehen erhebliche Unterschiede zwischen den einzelnen Mitgliedstaaten, wie die folgende Auswahl zeigt:

In Dänemark muss die kontoführende Bank, nicht aber die konkrete Filiale angegeben werden. Unterhält der Vollstreckungsschuldner mehrere Konten bei einem Institut, müssen die zu pfändenden eindeutig bestimmt werden.[754] Verdachtspfändungen sind nicht zulässig.[755]

In Deutschland stellte der Bundesgerichtshof mit einer Entscheidung aus dem Jahr 2004 klar, dass die Anzahl der Kreditinstitute, an die die Pfändungsbeschlüsse gerichtet werden könnten, zu limitieren sei: Bei privaten Schuldnern dürfen dies maximal drei Banken sein. Die Entscheidung wurde in der Literatur vor dem Hintergrund kritisiert, dass sie die berechtigten Interessen des Gläubigers nicht hinreichend berücksichtige.[756] Zumindest in größeren Städten seien bis zu zehn parallele Pfändungsbeschlüsse zulässig.[757] Es genügt, wenn die Person des Vollstreckungsschuldners und die Art der Ansprüche, in die gepfändet werden soll, eindeutig bezeichnet werden.[758] Im Übrigen ist weder die Angabe einer Kontonummer, noch die einer konkreten Filiale notwendig.[759]

In England-Wales muss das Antragsformular auf Erlass einer vorläufigen Kontenpfändung den Namen und die Adresse der Bankniederlassung enthalten, bei dem der Schuldner das entsprechende Konto führt. Zudem muss der

---

752 Rauscher/*Wiedemann*, Europäisches Zivilprozess- und Kollisionsrecht, EU-KPfVO, Art. 22 Rn. 2.

753 *Hess*, NJW 2004, 2350, 2351.

754 *Müller*, Study JAI/A3/2002/02 – Länderbericht Dänemark, S. 62 (2.2.).

755 *Müller*, Study JAI/A3/2002/02 – Länderbericht Dänemark, S. 63 (2.2.1.1.).

756 *Hess*, NJW 2004, 2350.

757 *Hess*, NJW 2004, 2350.

758 *Huken*, KKZ 1986, 171; im Ergebnis ebenso: MK-ZPO/*Smid*, § 829 Rn. 20.

759 *Huken*, KKZ 1986, 171.

Antragsteller die Kontonummer sowie alle ihm über dieses Konto bekannten Informationen angeben.[760]

In Griechenland verlangte die früher herrschende Meinung, dass der Gläubiger die Forderung exakt bezeichnet und u. a. ihre genaue Rechtsgrundlage benennen musste.[761] Dieses Erfordernis wurde weitgehend aufgegeben. Stattdessen genüge nunmehr die Angabe des Schuldners und der Art des Kontos (Spar-, Giro- oder Termingeldkonto).[762] Eine Besonderheit des griechischen Rechts besteht darin, dass der Gläubiger die konkrete kontoführende Filiale angeben muss.[763] Gleiches gilt, sofern es sich um ein Konto bei einer griechischen Filiale einer ausländischen Bank handele.[764] Allerdings führe die Zustellung des Pfändungsbeschlusses an die Zentrale nicht ipso iure zu deren Unwirksamkeit, sondern käme erst nach erfolgreicher Rüge des Kreditinstituts zum Tragen.[765] Eine Ausforschungspfändung lässt das griechische Recht nicht zu.[766]

In Litauen stellt sich von der Gesamtkonzeption des Vollstreckungswesens nicht das Problem, der Kontenbezeichnung, da der Gerichtsvollzieher die Bankverbindung selbst ermittelt.[767]

Das niederländische Recht geht davon aus, dass die Forderung des Vollstreckungsschuldners gegenüber dem Drittschuldner nicht genau umschrieben werden müsste, da der Drittschuldner den Gegenstand und Umfang der Forderung deutlich einfacher und schneller bestimmen könne als der Vollstreckungsgläubiger.[768]

Im polnischen Recht soll der Gerichtsvollzieher die Pfändung auch dann nicht ablehnen, wenn der Gläubiger beim Pfändungsersuchen keine konkrete Bankverbindung angibt, sondern durch Befragung des Schuldners (Art. 801 ZVGB) oder durch Auskunftsverlangen an die Bank (Art. 761 ZVGB) den Pfändungsauftrag erfüllen.[769]

---

760 *O'Hare/Browne*, Rn. 40.005.

761 *Giovannopoulos*, RIW 2002, 509, Fn. 48.

762 *Giovannopoulos*, RIW 2002, 509, 514.

763 *Giovannopoulos*, RIW 2002, 509, 515.

764 *Giovannopoulos*, RIW 2002, 509, 515.

765 *Giovannopoulos*, RIW 2002, 509, 515.

766 *Giovannopoulos*, RIW 2002, 509, 515.

767 Interview mit *Prof. Dr. Nekrosius*, Vilnius, 15.04.2008.

768 *Seggewiße*, NJW 2008, 2156, 2158.

769 Interview mit *Prof. Dr. Karol Weitz*, Warschau, 24.07.2008 unter Verweis auf: *Pietrzkowski/Ercinski*, Kodeks postepowania cywilnego, Art. 889.

Dieser Überblick belegt, dass für den (Vollstreckungs-)Gläubiger verschiedene Anforderungen an die exakte Benennung des zu pfändenden Kontos gestellt werden. Gleichzeitig sind seine Möglichkeiten, pfändbare Vermögenswerte zu ermitteln bzw. ermitteln zu lassen, in den Mitgliedstaaten höchst unterschiedlich ausgestaltet. Die Bestrebungen zur Verbesserung der Transparenz des Schuldnervermögens bilden insoweit einen entscheidenden Zwischenschritt auf dem Weg zu einer effektiven (vorläufigen) Kontenpfändung.

Dem trägt die Kontenpfändungsverordnung weitgehend Rechnung. So wurde eine EU-einheitliche Regelung geschaffen: In Art. 8 Abs. 2 lit. d) – f) EuKPfVO sind die erforderlichen Mindestangaben, die der Antragsteller zu machen hat, definiert. Letztlich reduzieren sich seine Spezifikationspflichten auf die Benennung von Name und Anschrift der Bank. Ist er selbst dazu nicht in der Lage, hat er gemäß Art. 14 EuKPfVO die Möglichkeit, die im Vollstreckungsmitgliedstaat zuständigen Behörden um Einholung der erforderlichen Informationen zu ersuchen. An dieser Stelle wird die Brücke zur geplanten – aber bislang noch nicht (auch nicht als Entwurf) vorliegenden – Verordnung zur Transparenz des Schuldnervermögens geschlagen.

An dieser Stelle entsteht ein Spannungsverhältnis zwischen dem Interesse des Gläubigers an einer effektiven Vollstreckung und dem Interesse des Schuldners am Schutz seiner Daten und an der Wahrung des Bankgeheimnisses. Vor diesem Hintergrund unterscheidet sich die Kontenpfändungsverordnung in einem wesentlichen Punkt ganz maßgeblich von dem ihr vorausgegangenen Kommissionsentwurf: Dieser sah noch (in Art. 17) vor, dass der Gläubiger in jeder Verfahrenssituation einen Auskunftsantrag hätte stellen können – also auch dann, wenn er noch nicht über einen Titel verfügte. Gegen eine solch weitgehende Informationsbeschaffungsmöglichkeit bestanden jedoch seitens der Mitgliedstaaten erhebliche Vorbehalte,[770] sodass die Möglichkeit der Kontenabfrage schließlich daran geknüpft wurde, dass bereits eine vollstreckbare gerichtliche Entscheidung, ein gerichtlicher Vergleich oder eine öffentliche Urkunde, aus der vollsteckt werden kann, vorliegt (Art. 14 Abs. 1 Unterabs. 1 EuKPfVO). Lediglich in Ausnahmefällen, die in Art. 14 Abs. 1 Unterabs. 2 EuKPfVO geregelt sind, kann der Gläubiger, der bereits einen Titel erwirkt hat, der aber noch nicht vollstreckbar ist, ebenfalls einen Antrag auf Einholung von Kontoinformationen stellen.

770 Vgl. Rauscher/*Wiedemann*, Europäisches Zivilprozess- und Kollisionsrecht, EUKPfVO, Art. 14 Rn. 6.

C. Kosten der vorläufigen Kontenpfändung

Mit der Zustellung des Beschlusses über die vorläufige Kontenpfändung und der daran anknüpfenden Pflicht des Kreditinstituts, Auskunft über das bestehende Guthaben zu erteilen, entsteht ein erheblicher organisatorischer und personeller Aufwand bei den Banken, der – auf die Menge der Fälle gesehen – mit beträchtlichen Kosten verbunden ist. Hinzu kommt, dass die Kreditinstitute sicherstellen müssen, dass der Kunde sodann nicht mehr über sein Kontoguthaben verfügen kann.[771] Folgendes Beispiel möge dies verdeutlichen:

Die Deutsche Postbank verzeichnete 2008 einen täglichen Eingang von ca. 1.300 Kontenpfändungsbeschlüssen. Zur Bearbeitung der Beschlüsse wurde eine zentrale Abteilung in Dortmund eingerichtet, die ca. 170 Mitarbeiter beschäftigt.[772]

Daher ist zu fragen, ob und falls ja, in welchem Umfang die Kreditinstitute von dem Vollstreckungsgläubiger bzw. dem Vollstreckungsschuldner eine Aufwandsentschädigung verlangen können.

I. Die Rechtslage in den Mitgliedstaaten

In den Mitgliedstaaten ist die Frage, wer die durch eine Kontenpfändung entstandenen Kosten zu tragen hat, unterschiedlich zu beantworten. Explizite Regelungen finden sich kaum. Letztlich existieren drei verschiedene Modelle:

Das Kreditinstitut kann keinen Ersatz der ihm entstehenden Kosten verlangen.

Eine Aufwandsentschädigung wird mit dem bestehenden Guthaben verrechnet. Dieser Weg wird etwa in Dänemark[773] beschritten.

Der Vollstreckungsgläubiger ist gegenüber der Bank verpflichtet, deren Kosten zu ersetzen.

1. Deutschland

In Rechtsprechung und Literatur entzündet sich der Streit um die Frage, wer für die Kosten, die den Kreditinstituten durch Kontenpfändungen entstehen, aufzukommen hat – mangels einer eigenständigen Regelung – im Zusammenhang mit der Drittschuldnererklärung nach § 840 ZPO. Der Bundesgerichtshof geht davon aus, dass § 840 ZPO dem Drittschuldner eine gesetzliche Pflicht auferlege,

---

771 *Brehm/Kleinheisterkamp*, JZ 2000, 59.

772 *Bitter*, Bankrechtliches Praktikerseminar, Universität Bonn, 24.04.2008, Folie 3.

773 *Müller*, Study JAI/A3/2002/02 – Länderbericht Dänemark, S. 81 (6. 5. 3.).

die auch wirtschaftlich von ihm zu tragen sei.[774] Dementsprechend kann es sich auch nicht um Kosten der Zwangsvollstreckung im Sinne des § 788 ZPO handeln. Auch eine (formularmäßige) Abwälzung der Kosten auf den Schuldner sei unzulässig.[775] In Teilen der Wissenschaft ist diese Gerichtspraxis auf Kritik gestoßen.[776]

Auch den Gläubiger treffe keine Erstattungspflicht.[777] Die Gegenansicht hält hingegen entsprechende Ansprüche aus §§ 261 Abs. 3, 811 Abs. 2 BGB für gegeben.[778] Dies überzeugt jedoch ebenso wenig, wie eine analoge Anwendung des § 670 BGB.[779] Für eine Analogie fehlt die Vergleichbarkeit, weil § 670 BGB nur solche Angelegenheiten erfasst, die der Auftraggeber selbst hätte erledigen können.[780] § 261 Abs. 3 BGB stellt seinerseits eine Ausnahmevorschrift dar, die schlechterdings nicht herangezogen werden kann, um eine allgemeine Verpflichtung zur Kostentragung des Berechtigten zu konstruieren.[781]

Für einen Kostenerstattungsanspruch fehlt im deutschen Recht die Anspruchsgrundlage. Mithin müssen die Kreditinstitute ihre Auskunftspflicht nach § 840 ZPO solange unentgeltlich erbringen, bis der Gesetzgeber eine entsprechende Regelung schafft.

2. *England-Wales*

Soweit Banken als Drittschuldner herangezogen werden, sind diese angewiesen, sämtliche Konten des Vollstreckungsschuldners, deren Guthaben oder falls das Kreditinstitut keine Geschäftsbeziehung zu dem Schuldner unterhält eine entsprechende Negativerklärung mitzuteilen.[782] Für den dadurch entstehenden

---

774 BGH, Urteil v. 18.05.1999, XI ZR 219/98, BGHZ 141, 380 = NJW 1999, 2276.

775 BGH Urteil v. 19.10.1999, XI ZR 8/99, NJW 2000, 651 f.; zustimmend: *Marly*, BB 1999, 1990, 1992 ff. Das Bundesarbeitsgericht hatte einen ähnlich gelagerten Fall im Zusammenhang mit einer Lohnpfändung zu entscheiden – mit gleichem Ergebnis: BAG Urteil v. 18.07.2006, 1 AZR 578/05, NJW 2007, 1302.

776 *Brehm/Kleinheisterkamp*, JZ 2000, 59 f.; *Hess*, NJW 2004, 2350, 2351; *Bitter*, Bankrechtliches Praktikerseminar, Universität Bonn, 24.04.2008, Folie 6: Dies führe zu einer gezielten Vermeidung von „Problemkunden".

777 Vgl. BAG Urteil v. 16.05.1990, 4 AZR 56/90, NJW 1990, 2643, 2644.

778 B/L/A/H, ZPO, § 840 Rn. 13; *Baur/Stürner/Bruns*, Rn. 30.24.

779 Für eine analoge Anwendung des § 670 BGB mit dem Argument, dass die Erfüllung der Auskunftspflicht im Interesse des Gläubigers läge: MK-ZPO/*Smid*, § 840, Rn. 9.

780 *Marly*, BB 1999, 1990, 1992; Stein/Jonas/*Brehm*, ZPO, § 840 Rn. 34; Musielak/*Becker*, ZPO, § 840 Rn. 6.

781 *Marly*, BB 1999, 1990, 1991.

782 *Weinert*, S. 298.

Aufwand dürfen die Banken gemäß *Attachment of Debts (Expenses) Order 1996 (Sl. 1996/3098) art. 2* einen Betrag von GBP 55,00 mit dem Guthaben des Schuldners verrechnen.[783]

3. *Litauen*

In Litauen werden gemäß Art. 689 lit. CPK sämtliche inländische Banken durch den Gerichtsvollzieher angeschrieben und zur Auskunftserteilung aufgefordert, ob und falls ja, in welcher Höhe der Schuldner dort ein Bankguthaben unterhält.[784] Die Kreditinstitute erhalten keine Aufwandsentschädigung.[785]

4. *Österreich*

Das österreichische Recht sieht in § 302 Abs. 2, 3 EO ausdrücklich vor, dass für den Drittschuldner für die von ihm zu erteilende Auskunft eine Aufwandsentschädigung in Höhe von EUR 25,00 bzw. EUR 15,00 zu gewähren ist.[786] Verpflichtet wird insoweit vorläufig der Gläubiger. Die vom Gericht zuerkannten Beträge sind jedoch von Amts wegen als Kosten des Exekutionsverfahrens zu bestimmen, § 302 Abs. 2 S. 2 EO.

II. Stellungnahmen zum Grünbuch

Die Mehrzahl der eingereichten Stellungnahmen sprach sich für einen Vergütungs- bzw. Kostenersatzanspruch der Banken im Falle der vorläufigen Kontopfändung aus.[787]

Nach Auffassung verschiedener Stellungnahmen solle der Vergütungsanspruch der Banken auf einen festen Tarif festgelegt werden, da der Bearbeitungsaufwand

---

783 *O'Hare/Browne*, Rn. 40.005; *Weinert*, S. 298 Fn. 157.

784 Interview mit *Prof. Dr. Vytautas Nekrosius*, Vilnius, 15.04.2008.

785 Interview mit Prof. Dr. Vytautas Nekrosius, Vilnius, 15.04.2008.

786 *Sonnabend*, S. 96.

787 Republik Österreich, Stellungnahme zur vorläufigen Kontenpfändung, S. 9; BRAK, Stellungnahme zur vorläufigen Kontenpfändung, S. 6; Bundesverband Deutscher Inkasso-Unternehmen e.V., Stellungnahme zur vorläufigen Kontenpfändung, S. 11; Civil Justice Council, Attachment of Bank Accounts, S. 6; DRB, Stellungnahme zur vorläufigen Kontenpfändung, Frage 11; Deutscher Anwaltverein, Stellungnahme zur vorläufigen Kontenpfändung, S. 17; Europäische Bausparkassenvereinigung, Stellungnahme zur vorläufigen Kontenpfändung, S. 3 f; Max-Planck-Working-Group, Attachment of Bank Accounts, S. 24; Zentraler Kreditausschuss, Stellungnahme zur vorläufigen Kontenpfändung, S. 8 f.

betragsunabhängig gleich sei.[788] Schließlich erhalte ein Amtsträger wie etwa der Gerichtsvollzieher, dessen Tätigkeit mit der der Bank vergleichbar sei, auch die Kosten der Vollstreckung erstattet. Darüber hinaus bestehe die Gefahr, dass Kreditinstitute anderenfalls die durch die vorläufige Kontenpfändung entstehenden Kosten auf alle Kunden umlegen würden, was nicht sachgerecht sei.[789] Hilfsweise könne bei der Festlegung des Tarifes die in dem jeweiligen Mitgliedsstaat üblichen Gebühren für eine vorläufige Kontopfändung herangezogen werden. Jedenfalls solle ein Höchstbetrag festgelegt werden, der vom Antragsteller/Gläubiger zu tragen sei.[790] Sofern die Bank den gepfändeten Betrag auf eine im Vollstreckungsstaat befindliche staatliche Hinterlegungsstelle überweist, sollte sich der Erstattungsantrag der Bank erheblich minimieren.[791]

Die BRAK und der Deutsche Richterbund sind der Ansicht, dass der typische Aufwand der Banken für die vorläufige Kontenpfändung zu pauschalieren sei und damit verbundenen Kosten dem Vollstreckungsgläubiger aufzuerlegen seien.[792] Anderenfalls liefe die Bank Gefahr, auf den Kosten sitzen zu bleiben, sofern die Vollstreckung ins Leere liefe.[793] Sofern der Gläubiger mit seinem Anspruch durchdringt, soll er nach Auffassung des Deutschen Richterbundes die vorab geleisteten Kosten erstattet bekommen.[794]

Der Deutsche Bundesverband Deutscher Inkasso-Unternehmen e.V. spricht sich für eine Vergütung der Banken in Höhe eines bestimmten Prozentsatzes des an den Gläubiger abzuführenden Betrages aus, ist jedoch der Ansicht, dass der Schuldner die Kosten der Vollstreckung tragen solle, um die Effektivität der Forderungspfändung durch den Gläubiger zu fördern.[795]

---

788 Civil Justice Council, Attachment of Bank Accounts, S. 6; Deutscher Anwaltverein, Stellungnahme zur vorläufigen Kontenpfändung, S. 17; Europäische Bausparkassenvereinigung, Stellungnahme zur vorläufigen Kontenpfändung, S. 3 f.; Zentraler Kreditausschuss, Stellungnahme zur vorläufigen Kontenpfändung, S. 8 f.

789 Europäische Bausparkassenvereinigung, Stellungnahme zur vorläufigen Kontenpfändung, S. 3 f.; Zentraler Kreditausschuss, Stellungnahme zur vorläufigen Kontenpfändung, S. 8 f.

790 Republik Österreich, Stellungnahme zur vorläufigen Kontenpfändung, S. 9.

791 Deutscher Anwaltverein, Stellungnahme zur vorläufigen Kontenpfändung, S. 17.

792 DRB, Stellungnahme zur vorläufigen Kontenpfändung, Frage 11; BRAK, Stellungnahme zur vorläufigen Kontenpfändung, S. 6.

793 BRAK, Stellungnahme zur vorläufigen Kontenpfändung, S. 6; Deutscher Anwaltverein, Stellungnahme zur vorläufigen Kontenpfändung, S. 17.

794 DRB, Stellungnahme zur vorläufigen Kontenpfändung, Frage 11.

795 Bundesverband Deutscher Inkasso-Unternehmen e.V., Stellungnahme zur vorläufigen Kontenpfändung, S. 11.

Gegen einen Vergütungsanspruch der Banken hat sich hingegen die Regierung der Bundesrepublik Deutschland ausgesprochen, da aufgrund der deutschen Gesetzgebung auch für eine innerstaatliche Vollstreckung keine Kostenerstattung der Banken vorgesehen sei. Sofern das neue Rechtsinstrument zur grenzüberschreitenden Kontenpfändung allerdings eine Kostenübernahme enthalte, sollten zunächst dem Gläubiger die Kosten auferlegt werden.[796]

Auch nach Ansicht der Verbraucherzentrale Bundesverband ist ein Vergütungsanspruch der Banken nicht sinnvoll, da diese dann gegenüber anderen Drittschuldnern, wie zum Beispiel der Arbeitgeber privilegiert seien. Darüber hinaus erfüllten die Banken mit der Durchführung der Kontenpfändung einen öffentlichen Auftrag, sodass es sich bei den damit verbundenen Kosten um Betriebsaufwendungen handele, die nicht auf den Schuldner abgewälzt werden dürfe. Sollte eine Kostenübernahme vorgesehen sein, so müsse der Gläubiger als Verursacher einen EU-weit gültigen und pauschalierten Vorschuss an die Bank leisten. Sofern der Gläubiger seinen Anspruch gegen den Schuldner rechtswirksam durchsetzen könne, solle er die Kosten vom Schuldner ersetzt verlangen können.[797]

III. Die Regelung der Kontenpfändungsverordnung

Die Kontenpfändungsverordnung regelt die Erstattung der den Banken entstehenden Kosten in Art. 43 EuKPfVO. Dabei handelt es sich in erster Linie um einen Verweis auf das jeweils nationale Recht des Vollstreckungsmitgliedstaats. Dementsprechend darf sich eine Bank die ihr entstehenden Kosten nur vergüten oder erstatten lassen, wenn sie bei nach nationalem Recht ergangenen Beschlüssen mit gleicher Wirkung Anspruch auf eine solche Vergütung oder Erstattung hat (Absatz 1). Damit erschöpft sich der Regelungsgehalt des Art. 43 EuKPfVO neben dem Verweis ins nationale Recht in einem Diskriminierungsverbot zum Schutze des europäischen Kontenpfändungsbeschlusses.

IV. Pauschaler Kostenersatz

In Anbetracht der unterschiedlichen nationalen Regelungen hätte sich eine Harmonisierung nur durch eine europäische Regelung erreichen lassen, die einen pauschalierten Ersatz der Aufwendungen der Kreditinstitute vorsieht. Anspruchsberechtigt sollen allerdings nur die Kreditinstitute sein, bei denen der

796 Regierung der BRD, Stellungnahme zur vorläufigen Kontenpfändung, S. 7.
797 vzbv, Stellungnahme zur vorläufigen Kontenpfändung, S. 18 f.

Schuldner auch tatsächlich ein Konto unterhält. Andernfalls könnten die Kosten völlig unverhältnismäßig ausfallen, wenn besonders viele Banken angeschrieben werden. Außerdem hält sich der organisatorische und personelle Aufwand für eine Negativerklärung in derart geringem Umfang, dass ein Ersatzanspruch entbehrlich erscheint. Kostenpflichtig ist insoweit der Vollstreckungsgläubiger, dem diese Kosten schlussendlich als Kosten der Zwangsvollstreckung (nach dem jeweiligen nationalen Recht) vom Schuldner zu ersetzen sind. Eine solche abgestufte Kostentragungspflicht trägt einerseits dem Umstand Rechnung, dass es einem Kreditinstitut nicht zuzumuten ist, mit Kosten aus einem Rechtsverhältnis bzw. -streit belastet zu werden, an dem es nicht beteiligt ist. Andererseits stellt die Regelung sicher, dass dem Schuldner keine Kosten auferlegt werden, die er nicht verursacht hat; erst wenn sich die Vollstreckungsmaßnahme als rechtmäßig erweist, schlagen die Kosten auf ihn durch.

Durch die Pauschalierung der Kosten wird sichergestellt, dass der Gläubiger die Kosten der vorläufigen Kontenpfändung verlässlich abschätzen kann und nicht durch – national höchst unterschiedlich ausgestaltete – Kostenstrukturen abgeschreckt wird. Die angemessene Höhe dieser Aufwandspauschale zu beziffern, ist im Ergebnis nur nach einer detaillierten Analyse der den Kreditinstituten entstehenden Kosten möglich. Vertretbar erscheinen € 15,00 für jede veranlasste Kontenpfändung. Dementsprechend könnte eine konkrete Regelung nach dem Vorbild des österreichischen § 302 EO wie folgt lauten:

(1) Für die mit der vorläufigen Kontenpfändung verbundenen Kosten steht dem Drittschuldner ein pauschaler Ersatzanspruch von € 15,00 zu, etwaig anfallende Umsatzsteuer ist in diesem Betrag enthalten.

(2) Die Kosten sind vorläufig vom betreibenden Gläubiger zu tragen; ihm ist deren Ersatz an den Drittschuldner vom Gericht aufzuerlegen. Die zuerkannten Beträge sind von Amts wegen als Kosten der Zwangsvollstreckung zu bestimmen. Mehrere betreibende Gläubiger haben die Kosten zu gleichen Teilen zu tragen.

(3) Der Drittschuldner ist im Fall des Abs. 1 berechtigt, den ihm als Kostenersatz zustehenden Betrag von dem dem Verpflichteten zustehenden Betrag der überwiesenen Forderung einzubehalten, sofern dadurch der unpfändbare Betrag nicht geschmälert wird; sonst von dem dem betreibenden Gläubiger zustehenden Betrag.

§ 8 Wirkung der vorläufigen Kontenpfändung

Die Wirkung der vorläufigen Kontenpfändung kann nicht losgelöst von der abschließenden Wirkung einer Forderungspfändung in den einzelnen Mitgliedstaaten beurteilt werden. Denn davon hängt der gewünschte Schutz des Gläubigers ab. Schließlich kommt es letztlich darauf an, inwieweit die Maßnahme sich Rang wahrend auswirkt und welche Sonderrechte sich im Falle einer Insolvenz des Schuldners daraus ableiten.

Tatsächlich ist die Umwandlung des europäischen Pfändungsbeschlusses in eine endgültige Vollstreckungsmaßnahme aber nicht vorgesehen.[798] Denn die Verordnung enthält – anders als der Entwurf der Kommission, der eine dingliche Wirkung *(in rem)* des Pfändungsbeschlusses vorsah – keine Aussage zur Rechtsnatur des Beschlusses.[799] Man muss daher davon ausgehen, dass der Verordnungsgeber diese Frage – über Art. 23 EuKPfVO, der in Abs. 1 auf die Verfahren, die in dem Vollstreckungsmitgliedstaat für die Vollstreckung gleichwertiger nationaler Beschlüsse gelten, verweist – in das jeweils nationale Recht verlagern möchte.[800] Hinsichtlich der Rang wahrenden Funktion des Pfändungsbeschlusses ist dies in Art. 32 EuKPfVO ausdrücklich geregelt.

Es ist also nach der Rechtsnatur einer funktionsäquivalenten nationalen Maßnahme zu fragen.[801] Damit bleibt insoweit auch die Vielfältigkeit der Verfahren, mit der sich der Gläubiger auseinandersetzen muss, erhalten:

A. Prioritäts- oder Gruppenprinzip

I. Unterschiedliche Situation in den Mitgliedstaaten

Während die meisten Mitgliedsstaaten (z. B. Österreich[802], Dänemark, England-Wales[803], Deutschland, Irland, Finnland[804], Portugal, Spanien, Schottland und

798 Vgl. Rauscher/*Wiedemann*, Europäisches Zivilprozess- und Kollisionsrecht, EU-KPfVO, Art. 47 Rn. 3; Schack, IZVR, Rn. 1092c.

799 Vgl. Rauscher/*Wiedemann*, Europäisches Zivilprozess- und Kollisionsrecht, EU-KPfVO, Art. 23 Rn. 5.

800 Vgl. *Domej*, GPR 2017, 84, 90.

801 Vgl. *Hess*, Europäisches Zivilprozessrecht, § 10 Rn. 161; Rauscher/*Wiedemann*, Europäisches Zivilprozess- und Kollisionsrecht, EU-KPfVO, Art. 23 Rn. 7.

802 Europäisches Justizielles Netz – Vollstreckung von Gerichtsurteilen – Österreich, 3.1.; *Baur/Stürner/Bruns*, Zwangsvollstreckungsrecht, Rn. 59.146.

803 *Baur/Stürner/Bruns*, Zwangsvollstreckungsrecht, Rn. 59.35.

804 Europäisches Justizielles Netz – Vollstreckung von Gerichtsurteilen – Finnland, 1.

Schweden) für die Wirkung der Pfändung auf das Prioritätsprinzip abstellen, werden die konkurrierenden Gläubiger, insbesondere in Belgien[805], Griechenland[806], Italien[807], Luxemburg und den Niederlanden[808], gemeinschaftlich zu gleichen Teilen nach dem Gruppenprinzip befriedigt.[809] Im französischen Recht gilt im Bereich der allgemeinen Forderungspfändung nunmehr das Prioritätsprinzip – es ist an die Stelle des bis zur Reform des Zwangsvollstreckungsrechts[810] in den Jahren 1991 und 1992 geltenden Prinzips der Verlustgemeinschaft getreten.[811]

1. Polen

Das polnische Recht sieht in Artt. 1025, 1026 ZVGB eine Kombination aus Prioritäts- und Gruppenprinzip vor. Gemäß Art. 1025 ZVGB genießen die Verfahrenskosten (Kat. 1), Unterhaltsansprüche (Kat. 2) und gegen den Schuldner gerichtete Lohnforderungen (für maximal drei rückständige Monate, Kat. 3) Vorrang vor sonstigen Ansprüchen.[812] Bei mehreren Gläubigern innerhalb der gleichen dieser Kategorien, findet das Gruppenprinzip Anwendung.[813] Danach werden die übrigen Gläubiger nach dem Prioritätsprinzip befriedigt.[814]

2. Ungarn

Im ungarischen Zwangsvollstreckungsrecht ist das *Prioritätsprinzip* nicht ausdrücklich verankert. Seine Bedeutung erschöpft sich nach ungarischem Rechtsverständnis darin, dass abgeschlossene Vollstreckungsverfahren nicht noch

---

805 *Hess/Hub*, IPRax 2003, 93, 94.

806 *Baur/Stürner/Bruns*, Zwangsvollstreckungsrecht, Rn. 59.166

807 Vgl. art. 2741 ital. cc; *Baur/Stürner/Bruns*, Zwangsvollstreckungsrecht, Rn. 59.60; *Stamm*, S. 163; Für die Zwangsvollstreckung in eine Geldforderung sehen Artt. 498 ff. ital. cpc die Möglichkeit des Beitritts weiterer Gläubiger (Dell'intervento dei creditori) vor, vgl. *Kindler*, S. 91.

808 *Seggewiße*, NJW 2008, 2156 spricht von einem „kleinen Konkursverfahren".

809 Zum Ganzen: *Hess*, Study JAI/A3/2002/02 – General Report, S. 72.

810 Zu den Hintergründen: *Traichel*, S. 2 ff.

811 *Sonnabend*, S. 106; *Stamm*, S. 165, 430; *Baur/Stürner/Bruns*, Zwangsvollstreckungsrecht, Rn. 59.7.

812 Interview mit *Prof. Dr. Karol Weitz*, Warschau, 24.07.2008.

813 Interview mit *Prof. Dr. Karol Weitz*, Warschau, 24.07.2008, unter Verweis auf Art. 1026 poln. ZVGB.

814 Interview mit *Prof. Dr. Karol Weitz*, Warschau, 24.07.2008.

einmal zugunsten später auftretender Gläubiger geöffnet werden.[815] Solange das Vollstreckungsverfahren noch andauert, werden die geltend gemachten Vollstreckungsansprüche zu einem Verfahren, das gemäß § 225 Abs. 3 uZwVollstrG durch den Gerichtsvollzieher[816] durchgeführt wird, verbunden.[817] Der erzielte Vollstreckungserlös wird unter den beteiligten Gläubigern aufgeteilt. Dabei sind die Vollstreckungskosten, Unterhaltsforderungen, Arbeitslohn und diverse öffentliche Abgaben privilegiert, §§ 164–171 uZwVollstrG.[818] Die übrigen Gläubiger werden quotal - und nicht nach zeitlicher Priorität - bedient.[819]

II. Unterschiedliche Wirkung der Forderungspfändung unterstreicht die Notwendigkeit einheitlicher Lokalisierung

Davon ausgehend, dass ein europäisches Verfahren zur vorläufigen Kontenpfändung nicht die Vollharmonisierung der nationalen Zwangsvollstreckungsrechte zum Ziel hat, ist festzustellen, dass auch eine Teilharmonisierung in diesem Bereich nicht in Betracht kommt. Theoretisch wäre dies zwar möglich, doch handelt es sich letztlich um eine politische Frage: Die Entscheidung, ob das Prioritäts- oder das Gruppenprinzip - jeweils auf sehr unterschiedlich ausgestaltete Art und Weise - Anwendung findet, zählt zu den gesetzgeberischen Grundentscheidungen eines jeden Vollstreckungsrechts. Sie korrespondiert regelmäßig mit Fragen des nationalen Insolvenzrechts,[820] die zwar grundsätzlich auch nach unterschiedlichen Prinzipien beantwortet werden können, letztlich aber systematisch miteinander in Einklang stehen müssen.

Ob andererseits eine Angleichung der unterschiedlichen materiellen Pfandrechte zwingend erforderlich ist, um ein europäisches Verfahren zur Forderungspfändung zu schaffen,[821] darf zumindest infrage gestellt werden. Davon ausgehend, dass zum Zwecke der Zuständigkeitsbestimmung für den Vollzug der grenzüberschreitenden Forderungspfändung in der EU nach der hier vertretenen Ansicht wünschenswert gewesen wäre, die Belegenheit der zu pfändenden Forderung am Sitz des Vollstreckungsschuldners zu fingieren und die

---

815 *Küpper, forost Arbeitspapier, Nr. 28* (2005), S. 22.

816 Seit dem Jahr 2003 ist eine Hochschulausbildung Voraussetzung für die Ernennung zum Gerichtsvollzieher. Sie ist vergleichbar mit der Ausbildung der Rechtspfleger in Deutschland.

817 *Küpper, forost Arbeitspapier, Nr. 28* (2005), S. 22.

818 *Küpper, forost Arbeitspapier, Nr. 28* (2005), S. 31.

819 *Küpper, forost Arbeitspapier, Nr. 28* (2005), S. 31.

820 Vgl. auch *Stamm*, S. 188 f.

821 So noch *Hess*, JZ 2001, 573, 579.

Zuständigkeit für den Vollzug der vorläufigen Kontenpfändung ausschließlich bei den Gerichten des Mitgliedstaates am Mittelpunkt der Interessen des Schuldners bestehen sollten, hätten die hier aufgeworfenen Fragen einheitlich nach dem Recht eben dieses Mitgliedstaates beurteilt werden können. Damit wäre zwar keine einheitlich-europäische Regelung zu Rangfragen innerhalb des Zwangsvollstreckungsrechts sichergestellt, doch für den Gläubiger hätte die Rechtssicherheit bestanden, dass diese Fragen einheitlich nach dem Recht *eines* Staates zu beurteilen gewesen wären.

So weit geht die Kontenpfändungsverordnung nicht. Sie verweist gemäß Art. 23 EuKPfVO auf das Recht des jeweiligen Vollstreckungsmitgliedstaats, wobei sich insoweit für ein und denselben Schuldner, sofern er Konten in unterschiedlichen Mitgliedstaaten unterhält, entsprechend unterschiedliche Ergebnisse zu Rechtsnatur und Wirkung der Pfändung ergeben können.

B. Die spätere Einziehung der gepfändeten Forderung

Eine abschließende Beurteilung eines europäischen Verfahrens zur vorläufigen Kontenpfändung sollte nicht außer Acht lassen, wie die spätere Einziehung der gepfändeten Forderung zu erfolgen hat. Es stellen sich insbesondere die Fragen, welches Recht Anwendung findet und welche Gerichte im Falle einer streitigen Auseinandersetzung über die gepfändete Forderung zuständig sind.

I. Anwendbares Recht

Hinsichtlich des auf die Forderungseinziehung anwendbaren Rechts gilt im Grundsatz, dass der Vollstreckungsgläubiger in die Position des Vollstreckungsschuldners gegenüber dem Drittschuldner eintritt. Maßgeblich ist insoweit die *lex causae*.

Problematisch ist allerdings in diesem Zusammenhang, dass einzelne Rechtsordnungen bereits mit der Pfändung im Rahmen der Drittschuldnererklärung eine materiell-rechtliche Wirkung vorsehen.[822] Fraglich ist, welche Wirkung derartigen Maßnahmen zuzuerkennen ist. In Betracht käme, ähnlich wie im internationalen Insolvenzkollisionsrecht, die Geltung aller vollstreckungstypischen materiell-rechtlichen Wirkungen der Pfändungsmaßnahme vorzusehen und

822 Dies gilt insbesondere für die französiche *saisie-attribution*. Gemäß Art. 29 Loi N° 91-650 geht die gepfändete Forderung kraft Gesetzes in das Vermögen des Vollstreckungsgläubigers über, vgl. *Sonnabend*, S. 105.

insoweit die *lex causae* zu verdrängen.[823] Konsequenz dieser Beurteilung wäre, dass im Falle einer Anerkennung der gepfändeten Forderung durch das Kreditinstitut im Rahmen der Pfändungsmaßnahme allein dieses Anerkenntnis für den Bestand und die Höhe der einzuziehenden Forderung relevant wäre.

II. Zuständigkeit im Rahmen eines Einziehungsprozesses

Die Zuständigkeit im Rahmen eines möglichen Einziehungsprozesses ist strikt von der Zuständigkeit für die vorangegangenen Maßnahmen der Zwangsvollstreckung zu trennen. Im Anwendungsbereich der EuGVVO beurteilt sich die internationale Zuständigkeit nach Artt. 2 ff. EuGVVO.[824] Sofern der Vertrag zwischen Vollstreckungsschuldner und Kreditinstitut eine Zuständigkeitsvereinbarung beinhaltet, wirkt diese für und gegen den Vollstreckungsgläubiger.[825] Demgegenüber wirken die gesetzlichen Zuständigkeitsanknüpfungen nicht für und wider dem Pfändungsgläubiger. Stattdessen ist allein an die Person des jeweiligen Klägers bzw. Beklagten anzuknüpfen.[826]

823 Vgl. zum Insolvenzkollisionsrecht: *Geimer*, IZPR, Rn. 3374.

824 *Sonnabend*, S. 115; *Geimer*, IZPR, Rn. 3273.

825 *Geimer*, IZPR, Rn. 1723.

826 *Geimer*, IZPR, Rn. 3278.

§ 9 Gesamtergebnis

Stimmt die Richtung? Diese Frage, die sich in der Europäischen Union in praktischen allen Bereichen stellt und sich durch politische Veränderungen und Tendenzen der jüngeren Vergangenheit in vielen Mitgliedstaaten stellt, verdient auch im Bereich der stetig fortschreitenden Integration im Bereich des Europäischen Zivilrechts und speziell im Zivilprozess- und Zwangsvollstreckungsrecht besondere Beachtung. Mit der Kontenpfändungsverordnung ist – anknüpfend an die Tradition „kleinerer Einzelfallverordnungen" wie der Bagatell- oder der Mahnverordnung – einmal mehr ein Teilbereich des Verfahrensrechts herausgegriffen und einer Regelung zugeführt worden.

Dabei war zu Verfahrensbeginn noch völlig offen, ob man die mit dem Grünbuch zur vorläufigen Kontenpfändung ausgegebenen, ambitionierten Ziele tatsächlich erreichen würde. Die Erfahrungen aus der Vergangenheit, insbesondere mit den ersten Versuchen, die vorläufige Kontenpfändung im Zuge des Entwurfes zur Unterhaltsverordnung aus dem Jahr 2005 einzuführen, sprachen eher dafür, dass schlussendlich ein solches Verfahren hätte nicht konsensfähig sein können. Im Ergebnis muss man sagen: Vielleicht wäre das auch besser gewesen.

Denn das – schon dem Grünbuch zugrunde liegende – Modell, das ohnehin im höchsten Maße umstrittene und in den einzelnen Mitgliedstaaten völlig unterschiedlich geregelte System des einstweiligen Rechtsschutzes mit einer Sicherungsmaßnahme im Zuge des Zwangsvollstreckungsverfahrens gemeinsam zu regeln, erscheint wenig ausgewogen. Jedes der beiden Ziele ist für sich genommen sicher regelungswürdig. Einen plausiblen Grund, beides gemeinsam zu regeln, gibt es indes nicht.

Insofern wäre es besser gewesen, das Verfahren zur vorläufigen Kontenpfändung in einem ersten Schritt darauf zu beschränken, nur Sicherungsmaßnahmen nach – aber keinesfalls vor – einer Entscheidung in der Hauptsache zuzulassen. Ist aber eine Entscheidung in der Hauptsache bereits gefällt, bedürfte es gar keiner besonderen – über die Regelungen der neu gefassten EuGVVO hinausgehenden – Verordnung, um eine effektive Sicherung des Gläubigers zu erreichen. Denn durch den weitgehenden Verzicht auf das Exequaturverfahren bietet Art. 40 EuGVVO (vormals Art. 47 EuGVVO a. F.) dem Gläubiger die gleichen Möglichkeiten: Denn es ist gewährleistet, dass jede Entscheidung, die im Ausgangsstaat vollstreckbar ist, Sicherungsmaßnahmen in der gesamten Europäischen Union ermöglicht, mithin auch eine vorläufige Kontenpfändung.

Diese nun effektiv zu gestalten, ist tatsächliche eine Frage des Verfahrens. Ihr Erfolg und ihre Effizienz hängen maßgeblich davon ab, ob es gelingt, eine einheitliche Zuständigkeit und in konsequenter Umsetzung des lex fori-Grundsatzes ein einheitliches Verfahren zu schaffen. Entscheidend ist, dass die Vollstreckungsorgane eines Mitgliedstaates für die Pfändung aller in der Union unterhaltenen Konten eines Schuldners zuständig sind. Dies sollte sich am Sitz des Schuldners orientieren. Grund dafür ist, dass sich letztlich die Regelungen zum Schutz des Schuldners nach dem Recht dieses Staates richten müssen. Andernfalls käme man zu Ergebnissen, die mit dem Sinn und Zweck der Schuldnerschutzvorschriften – insbesondere vor dem Hintergrund der unterschiedlichen Einkommensverhältnisse und Lebenshaltungskosten in den verschiedenen Mitgliedstaaten der Europäischen Union – nicht zu vereinbaren wären. Gleichermaßen sprechen systematische Erwägungen in Relation zum jeweils einschlägigen Insolvenzrecht für eine solche Beurteilung.

Aufgrund der erheblichen Unterschiede bei der jeweiligen Ausgestaltung des nationalen Zwangsvollstreckungsverfahrens bedarf es tatsächlich Einzelnormen, die andernfalls bestehende Rechtsunsicherheiten und sonstige Unklarheiten überwinden. Hier sind im Rahmen der Kontenpfändungsverordnung ohne Zweifel einige sinnvolle Mindeststandards geschaffen. Als punktuelle Verbesserung sollte die Aufwandsentschädigung für die kontoführenden Banken, die durch den die Pfändung betreibenden Gläubiger zu bezahlen ist, pauschaliert werden. Außerdem sollte die Zustellung des Pfändungsbeschlusses an das Kreditinstitut effektuiert werden: Hier wäre gleichzeitig ein Modellverfahren zur elektronischen Zustellung des Beschlusses zu implementieren.

Denn der weitere Ausbau der Möglichkeit einer elektronischen Zustellung erscheint zukunftsträchtig: Gerade bei den Kreditinstituten dürfte ein nicht unerhebliches Eigeninteresse bestehen, diesen Kommunikationsweg für das Verfahren nutzbar zu machen. Denn es ermöglicht bankintern die Zustellung unmittelbar an die zuständige Stelle zu gewährleisten, wodurch die Abläufe vereinfacht werden können. Dies senkt den Organisationsaufwand und reduziert die Fehleranfälligkeit und damit mögliche Haftungsfälle für die Banken.

Auch wenn an dieser Stelle ausdrücklich und ausschließlich befürwortet wird, die vorläufige Kontenpfändung zum gegenwärtigen Zeitpunkt erst nach einer Entscheidung in der Hauptsache zu ermöglichen, ist das langfristige Ziel, den Rechtsschutz derart zu effektuieren, bereits zuvor unter bestimmten Voraussetzungen eine Kontenblockade zu ermöglichen, zweifellos erstrebenswert. Dieser Schritt kommt allerdings aktuell zu früh. Auf mittlerer Sicht ist er gleichwohl anzustreben. Dazu bedarf es jedoch – in den Fällen, in denen es notwendig ist –

eines in sich stimmigen Verfahrens des vorläufigen Rechtsschutzes, das eine ausgewogene Vorabentscheidung in der Hauptsache ermöglicht.

In diesem Zusammenhang stellt sich erneut die wichtige Frage der Zuständigkeit, die – (nicht nur) aus verfahrensökonomischen Gründen – ausschließlich mit dem für eine Entscheidung in der Hauptsache berufenen Gericht beantwortet werden sollte. Es ist ferner abschließend zu klären, wie der Konflikt aus fehlender Anerkennung von ex parte-Entscheidungen und dem für den vorläufigen Rechtsschutz so wichtigen Überraschungseffekt aufzulösen ist. Zweifelsfrei gilt es hier ein Verfahren zu schaffen, das dem Antragsgegner umfassende Rechtsschutzmöglichkeiten eröffnet, ohne dass er zwingend vor der vorläufigen Entscheidung gehört werden musste.

Mittelfristig ist darüber hinaus zu fragen, ob sich ein solch abgestimmtes europäisches Verfahren, das letztlich lediglich eine koordinierende Funktion einnimmt, nicht auf die Forderungspfändung im Allgemeinen übertragen lässt. Dieser Schritt dürfte zweifelsfrei ein weitaus schwieriger als der zu einer grenzüberschreitenden Kontenpfändung sein, denn viele Drittschuldner scheinen bereits dann überfordert, wenn ihnen nach jeweils nationalem Recht ein Pfändungsbeschluss zugestellt wird. Kommen nun Beschlüsse aus anderen EU-Mitgliedstaaten hinzu, dürfte das vielen Arbeitgebern, Auftraggebern, Kunden und sonstigen Drittschuldnern den wirtschaftlichen Alltag jedenfalls nicht erleichtern. Hier bedarf es eines Höchstmaßes an Standardisierung und transparenter, nachvollziehbarer Verfahrenswege.

Abschließend lässt sich somit festhalten, dass ein eigenständiges Verfahren zur vorläufigen Kontenpfändung in Europa durchaus naheliegend erscheint und insofern die (Grund-)Richtung stimmt. Im Ergebnis wäre es allerdings besser gewesen, zunächst einen ersten kleinen Schritt, der sich auf die vorläufige Kontenpfändung nach einer Entscheidung in der Hauptsache beschränkt, zu gehen und den weitergehenden, ambitionierteren Weg hin zu vorläufigen Sicherungsmitteln, die schon vor einer Entscheidung in der Hauptsache gewährt werden, erst im Rahmen einer gesonderten, intensiven Auseinandersetzung um den vorläufigen Rechtsschutz in Europa und dessen wechselseitige Anerkennung einzuschlagen.

Literaturverzeichnis

Assies, Paul/Beule, Dirk/Heise, Julia/Strube, Hartmut (Hrsg.) Handbuch des Fachanwalts Bank- und Kapitalmarktrecht, 2. Auflage, Köln 2010

Barton, Sean Study JAI/A3/2002/02 – Länderbericht Irland, abrufbar unter http://www2.ipr.uni-heidelberg.de/studie/National%20Reports/Ireland/Report%20Ireland.pdf

Baumbach, Adolf/Lauterbach, Wolfgang/Albers, Jan/Hartmann, Peter Zivilprozessordnung, 70. Auflage, München 2012

Baur, Fritz/Stürner, Rolf/Bruns, Alexander Zwangsvollstreckungsrecht, 13. Auflage, Heidelberg 2006

Beaumont, Paul/Johnston, Emma Abolition of the Exequatur in Brussels I: Is a Public Policy Defence Necessary for the Protection of Human Rights?, IPRax 2010, 105

Berglund, Michael Study JAI/A3/2002/02 – Länderbericht Schweden, abrufbar unter http://www.ipr.uni-heidelberg.de/studie/nationalrep.htm

Bernstorff, Christoph Graf von Einstweiliger Rechtsschutz in England mit Hilfe der Mareva-Injunction, RIW 1983, 160

Bernstorff, Christoph Graf von/Reinecker, Heinrich Zivilgerichtsbarkeit, Zwangsvollstreckung und Konkurs in europäischen Ländern – Teil 1: England, Frankreich und Schweiz, Stuttgart 1983

Bismarck, Kolja von/Schümann-Kleber, Kirsten Insolvenz eines ausländischen Sicherungsgebers, NZI 2005, 147

Bitter, Georg Das Pfändungsschutzkonto – Ein untaugliches Konstrukt, WM 2008, 141

Bitter, Georg Pfändung des Dispositionskredites?, WM 2001, 889

Bitter, Georg Pfändungsschutzkonto und Girokonto für Jedermann, Bankrechtliches Praktikerseminar, Universität Bonn, 24.04.2008, abrufbar unter https://www.jura.uni-mannheim.de/media/Lehrstuehle/jura/Bitter/Dateien/Vortraege/5/bankrecht_bonn_2008.pdf

Bohata, Petr Die Vollstreckung von Gerichtsurteilen in den Nachfolgestaaten der Tschechoslowakei unter besonderer Berücksichtigung der Vollstreckung ausländischer Urteile, forost Arbeitspapier Nr. 30 (2005)

Bormann, Axel Die Vollstreckung von Gerichtsurteilen in Rumänien – Unter besonderer Berücksichtigung der Vollstreckung ausländischer Urteile, forost Arbeitspapier Nr. 39, München 2007

Brandi-Dohrn, Michael Anmerkung zum BGH-Urteil v. 29.03.2001 – IX ZR 34/00, BB 2001, 1115

Braun, Eberhard (Hrsg.) Insolvenzordnung (InsO) – Kommentar, 4. Auflage, München 2010 351

Brehm, Wolfgang/Kleinheisterkamp, Thomas Anmerkung zum BGH-Urteil v. 18.05.1999 – XI ZR 219/98, JZ 2000, 59

Brox, Hans/Walker, Wolf-Dietrich Zwangsvollstreckungsrecht, 11. Auflage, Köln/München 2018

Bruns, Alexander Das Grünbuch Effiziente Vollstreckung gerichtlicher Entscheidungen in der Europäischen Union – empfehlenswerte Erleichterungen des Zwangsvollstreckungszugriffs durch Transparenz des Schuldnervermögens, ZEuP 2010, 809

Bruschke, Gerhard Pfändung eines Geschäftskontos – ermessensgerecht? BB 1999, 2167

Bundesrechtsanwaltskammer (zitiert: BRAK) Stellungnahme der Bundesrechtsanwaltskammer zum Grünbuch zur effizienten Vollstreckung von Urteilen in der Europäischen Union: Vorläufige Kontenpfändung (KOM (2006) 618 endgültig), abrufbar unter: http://www.brak.de/w/files/stellungnahmen/Stn16-2007.pdf

Bundesverband Deutscher Inkasso-Unternehmen e.V. Stellungnahme des Bundesverbands Deutscher Inkasso-Unternehmen e.V. zum Grünbuch Effiziente Vollstreckung gerichtlicher Entscheidungen in der Europäischen Union: Transparenz des Schuldnervermögens, (KOM (2008) 128 endgültig) vom 06.03.2008, abrufbar unter: http://ec.europa.eu/justice/news/consulting_public/debtor_assets/contributions/civil_society/bundesverband_deutscher_inkasso_unternehmen_ev_de.pdf

Bundesverband Deutscher Inkasso-Unternehmen e.V. Stellungnahme zum Grünbuch zur effizienten Vollstreckung von Urteilen in der Europäischen Union: Vorläufige Kontenpfändung (KOM (2006) 618 endgültig)

Bunge, Jürgen Zivilprozess und Zwangsvollstreckung in England und Schottland, 2. Auflage, Berlin 2005

Burchard, Johann Friedrich § 720a ZPO und die „Waffengleichheit“, NJW 2002, 2219

Canaris, Claus-Wilhelm Bankvertragsrecht (Band 1), 3. Auflage, Berlin/New York 1988

Canaris, Claus-Wilhelm Inhaberschaft und Verfügungsbefugnis bei Bankkonten, NJW 1973, 825

Centre for Strategy & Evaluation Services (CSES) Study for an impact assessment on a draft legislative proposal on the attachment of bank accounts –

final report, Brüssel 2011, abrufbar unter: https://publications.europa.eu/en/publication-detail/-/publication/b4325c5f-1a4f-492e-8f7c-9790fec23518/language-en

Couchez, Gerard Voies d'exécution, 7. Auflage, Paris 2004

Council of Bars and Law Societies of Europe Response on the Green Paper on improving the efficiency of the enforcement of judgements in the European Union: The attachment of bank accounts, Brüssel 2007, abrufbar unter: http://ec.europa.eu/justice/news/consulting_public/judgements/contributions/others/council_of_bars_and_law_societies_of_europe_en.pdf und Anwaltschaft? NJW 2008, 1473

Derleder, Peter/Knops, Kai-Oliver/Bamberger, Heinz Georg Handbuch zum deutschen und europäischen Bankrecht, Heidelberg 2004

Deutscher Anwaltverein Stellungnahme des Deutschen Anwaltvereins durch den Zivilverfahrensausschuss zum Grünbuch der Kommission der Europäischen Gemeinschaften zur effizienten Vollstreckung von Urteilen in der Europäischen Union: Transparenz des Schuldnervermögens, KOM (2008) 128 endg., abrufbar unter: http://ec.europa.eu/justice/news/consulting_public/judgements/contributions/others/deutscher_anwaltverein_de.pdf

Deutscher Anwaltverein Stellungnahme des Deutschen Anwaltvereins durch den Zivilverfahrensausschuss zum Grünbuch der Kommission der Europäischen Gemeinschaften zur effizienten Vollstreckung von Urteilen in der Europäischen Union: Vorläufige Kontenpfändung (KOM (2006) 618 endgültig), Stellungnahme Nr. 9/07, Berlin 2007, abrufbar unter: http://ec.europa.eu/justice/news/consulting_public/judgements/contributions/others/deutscher_anwaltverein_de.pdf

Deutscher Bundesrat Beschluss des Bundesrates zum Grünbuch der Kommission der Europäischen Gemeinschaften: Transparenz des Schuldnervermögens, KOM (2008) 128 endg., Drucksache des Bundesrates 166/08, abrufbar unter: http://www.umwelt-online.de/PDFBR/2008/0166_2D08B.pdf

Deutscher Bundesrat Beschluss des Bundesrates zum Grünbuch der Kommission der Europäischen Gemeinschaften zur Überprüfung der Verordnung (EG) Nr. 44/2001 des Rates über die gerichtliche Zuständigkeit und die Anerkennung und Vollstreckung von Entscheidungen in Zivil- und Handelssachen, KOM (2009) 175 endg., BR-Drucks. 440/09, vormals abrufbar unter: http://www.bundesrat.de/nn_1934482/SharedDocs/Drucksachen/2009/0401-500/440-09_28B_29,templateId=raw,property=publicationFile.pdf/440-09%28B%29.pdf

Deutscher Richterbund (zitiert: DRB) Stellungnahme des DRB zum Grünbuch der Kommission der Europäischen Gemeinschaften zur effizienten Vollstreckung gerichtlicher Entscheidungen in der EU – Transparenz des

Schuldnervermögens (KOM [2008] 128 endg.), abrufbar unter: http://www.drb.de/positionen/stellungnahmen/stellungnahme/news/2108/

Deutscher Richterbund (zitiert: DRB) Stellungnahme des DRB zum Grünbuch der Kommission der Europäischen Gemeinschaften zur effizienten Vollstreckung von Urteilen in der Europäischen Union: Vorläufige Kontenpfändung, Dezember 2006, abrufbar unter: http://www.drb.de/positionen/stellungnahmen/stellungnahme/news/1906/

Deutscher Richterbund (zitiert: DRB) Stellungnahme des DRB zum Grünbuch der Kommission zur Überprüfung der Verordnung (EG) Nr. 44/2001 des Rates über die gerichtliche Zuständigkeit und die Anerkennung und Vollstreckung von Entscheidungen in Zivil- und Handelssachen, Stellungnahme Nr. 8/09, abrufbar unter: http://www.drb.de/positionen/stellungnahmen/stellungnahme/news/809/

Dohmann, Barbara/Briggs, Adrian "Worldwide Mareva" Injunction and the enforcement of foreign judgements in England, in: P. Schlosser (Hrsg.): Materielles Recht und Prozessrecht und die Auswirkungen der Unterscheidung im Recht der internationalen Zwangsvollstreckung, S. 157 ff., Bielefeld 1992

Domej, Tanja Ein wackeliger Balanceakt – Die geplante Verordnung über die Europäische vorläufige Kontenpfändung, ZEuP 2013, 496

Domej, Tanja EuGVVO-Reform: Die angekündigte Revolution, ecolex 2011, 124

Domej, Tanja Europäische vorläufige Kontenpfändung: der erste Schritt einer langen Reise, GPR 2017, 84

Domej, Tanja Internationale Zwangsvollstreckung und Haftungswirklichkeit, Tübingen 2016

Duursma-Kepplinger, Henriette/Duursma, Dieter/Chalupsky, Ernst Europäische Insolvenzverordnung, Wien (u. a.) 2002

Dyckmans, Mechthild Stellungnahme von Mechthild Dyckmans, Mitglied des Deutschen Bundestages und Justizpolitische Sprecherin der FDP-Bundestagsfraktion, zum Grünbuch „Effiziente Vollstreckung gerichtlicher Entscheidungen in der Europäischen Union: Transparenz des Schuldnervermögens", KOM (2008) 128 endg., 30. September 2008, vormals abrufbar unter: http://www.dyckmans.de/files/6104/KOM_2008_128_schuldnervermoegen_gruenbuch_dyckmans.pdf

Eggert, Jörn Die Kontenpfändung, der vergleichsbereite Sozialleistungsempfänger und das Jedermann-Konto, NJ 2008, 58

Eggert, Jörn Die Reform des Kontenpfändungsschutzes, ZRP 2008, 66

Europäische Bausparkassenvereinigung Stellungnahme der Europäischen Bausparkassenvereinigung zum Grünbuch „zur effizienteren Vollstreckung von Urteilen in der Europäischen Union: Vorläufige Kontenpfändung", Brüssel

2007, vormals abrufbar unter: http://www.efbs.org/fileadmin/Positionen/Positionen_Archiv/Pos_Versch_dt_20070330.pdf

Europäische Union Summary of replies to the Green Paper on improving the efficiency of the enforcement of judgements in the European Union: The attachment of bank accounts, abrufbar unter: http://ec.europa.eu/civiljustice/news/docs/summary_answers_com_2006_618_en.pdf

Europäischer Wirtschafts- und Sozialausschuss Stellungnahme des Europäischen Wirtschafts- und Sozialausschusses zu dem „Grünbuch – Effiziente Vollstreckung gerichtlicher Entscheidungen in der Europäischen Union: Transparenz des Schuldnervermögens“, KOM (2008) 128 endg., abrufbar unter: https://eur-lex.europa.eu/legal-content/DE/TXT/?uri=CELEX%3A52008AE1905

Europäischer Wirtschafts- und Sozialausschuss Stellungnahme des Europäischen Wirtschafts- und Sozialausschusses zum „Grünbuch zur effizienteren Vollstreckung von Urteilen in der Europäischen Union: Vorläufige Kontenpfändung“, abrufbar unter: https://eur-lex.europa.eu/legal-content/DE/TXT/?uri=CELEX%3A52007AE1237

Europäisches Justizielles Netz Vollstreckung von Gerichtsentscheidungen – Belgien, abrufbar unter: http://ec.europa.eu/civiljustice/enforce_judgement/enforce_judgement_bel_de.htm

Europäisches Justizielles Netz Vollstreckung von Gerichtsentscheidungen – Dänemark, abrufbar unter: http://ec.europa.eu/civiljustice/enforce_judgement/enforce_judgement_den_de.htm

Europäisches Justizielles Netz Vollstreckung von Gerichtsentscheidungen – England und Wales, abrufbar unter: http://ec.europa.eu/civiljustice/enforce_judgement/enforce_judgement_eng_de.htm

Europäisches Justizielles Netz Vollstreckung von Gerichtsentscheidungen – Finnland, abrufbar unter: http://ec.europa.eu/civiljustice/enforce_judgement/enforce_judgement_fin_de.htm

Europäisches Justizielles Netz Vollstreckung von Gerichtsentscheidungen – Litauen, abrufbar unter: http://ec.europa.eu/civiljustice/enforce_judgement/enforce_judgement_lit_de.htm

Europäisches Justizielles Netz Vollstreckung von Gerichtsentscheidungen – Niederlande, abrufbar unter: http://ec.europa.eu/civiljustice/enforce_judgement/enforce_judgement_net_de.htm

Europäisches Justizielles Netz Vollstreckung von Gerichtsentscheidungen – Österreich, abrufbar unter: http://ec.europa.eu/civiljustice/enforce_judgement/enforce_judgement_aus_de.htm

Europäisches Justizielles Netz Vollstreckung von Gerichtsentscheidungen – Polen, abrufbar unter: http://ec.europa.eu/civiljustice/enforce_judgement/enforce_judgement_pol_de.htm

Europäisches Justizielles Netz Vollstreckung von Gerichtsentscheidungen – Rumänien, abrufbar unter: http://ec.europa.eu/civiljustice/enforce_judgement/enforce_judgement_rom_de.htm

Europäisches Justizielles Netz Vollstreckung von Gerichtsentscheidungen – Schweden, abrufbar unter: http://ec.europa.eu/civiljustice/enforce_judgement/enforce_judgement_swe_de.htm

Europäisches Justizielles Netz Vollstreckung von Gerichtsentscheidungen – Spanien, abrufbar unter: http://ec.europa.eu/civiljustice/enforce_judgement/enforce_judgement_spa_de.htm

Europäisches Justizielles Netz Vollstreckung von Gerichtsentscheidungen – Ungarn, abrufbar unter: http://ec.europa.eu/civiljustice/enforce_judgement/enforce_judgement_hun_de.htm

Europäisches Parlament Bericht über das Grünbuch zur effizienteren Vollstreckung von Urteilen in der Europäischen Union: Vorläufige Kontenpfändung, 2007, abrufbar unter: http://www.europarl.europa.eu/sides/getDoc.do?pubRef=-//EP//NONSGML+REPORT+A6-2007-0371+0+DOC+PDF+V0//DE

Fédération Bancaire Francaise Response to the European Commission's Consultation "on Improving the Efficiency of the Enforcement of Judgments in the European Union: the Attachment of Bank Accounts", ECFR 2007, 244.

Felke, Klaus Die Pfändung der „offenen Kreditlinie“ im System der Zwangsvollstreckung, WM 2002, 1632

Fischer, Nikolaj Die Reform der Sachaufklärung im Lichte der Vollstreckungsmodernisierung, DGVZ 2010, 113

Fischer, Reinfrid Pfändbarkeit von Dispositionskrediten, DZWiR 2002, 143

Flessner, Axel Internationales Insolvenzrecht in Deutschland nach der Reform, IPRax 1997, 1

Foerste, Ulrich Insolvenzrecht, 4. Auflage, München 2008

Fölsch, Peter/Janca, Marcus Die Reform des Kontopfändungsschutzes auf der Grundlage des Regierungsentwurfs, ZRP 2007, 253

Freitag, Robert/Leible, Stefan Erleichterung der grenzüberschreitenden Forderungsbeitreibung in Europa: Das europäische Verfahren für geringfügige Forderungen, BB 2009, 2

Freudenthal, Mirjam Study JAI/A3/2002/02 – Länderbericht Niederlande, abrufbar unter http://www.ipr.uni-heidelberg.de/studie/nationalrep.htm

Friedemann Fritz, Daniel/Bähr, Rainer M. Die Europäische Verordnung über Insolvenzverfahren, DZWIR 2001, 221

Fritzsche, Jörg Die Pfändbarkeit offener Kreditlinien DStR 2002, 265

Gaul, Hans Friedhelm Grundüberlegungen zur Neukonzipierung und Verbesserung der Sachaufklärung in der Zwangsvollstreckung, ZZP 108 (1995), 3

Gebauer, Katharina

Der Europäische Vollstreckungstitel für unbestrittene Forderungen, NJ 2006, 103

Geiger, Rudolf/ Khan, Daniel-Erasmus/ Kotzur, Markus EUV/AEUV, 5. Auflage, München 2010

Geimer, Reinhold Exequaturverfahren, in: Michael Stathopoulus/Kostas Beys/ Philippos Doris/Ioannis Karakostas (Hrsg.): Festschrift für Apostolos Georgiades zum 70. Geburtstag, Athen/München/Bern 2006

Geimer, Reinhold Internationales Zivilprozessrecht, 6. Auflage, Köln 2009

Geimer, Reinhold Zulässigkeit einer Klage nach rechtskräftigem Urteil in einem Vertragsstaat des ZustZHÜbk, NJW 1980, 1234

Geimer, Reinhold/Schütze, Rolf A. Europäisches Zivilverfahrensrecht, 3. Auflage, München 2010

Georges, Frédéric Study JAI/A3/2002/02 – Länderbericht Belgien, abrufbar unter http://www.ipr.uni-heidelberg.de/studie/nationalrep.htm

Gerling, Sarah Die Gleichstellung ausländischer mit inländischen Vollstreckungstiteln durch die Verordnung zur Einführung eines Europäischen Vollstreckungstitels für unbestrittene Forderungen (Diss.), Frankfurt am Main 2006

Giovannopoulos, Rigas Neue Entwicklungen auf dem Gebiet des griechischen Bankgeheimnisses, RIW 2002, 509

Goebel, Frank-Michael Reform des Kontopfändungsschutzes, ZVI 2007, 294

Gottwald, Peter (Hrsg.) Insolvenzrechtshandbuch, 3. Auflage, München 2006

Gottwald, Peter Prozessuale Zweifelsfragen der geplanten EU-Verordnung in Unterhaltssachen, in: Hau, Wolfgang/Schmidt, Hubert (Hrsg.): Festschrift für Walter F. Lindacher, Köln 2007, S. 13 ff.

Griedl, Florian/Mack, C. Anmerkung zum Beschluss des Insolvenzgerichts Deggendorf v. 14.02. und 08.03.2007, ZInsO 2007, 558

Grote, Reiner/Marauhn, Thilo EMRK/GG – Konkordanzkommentar zum europäischen und deutschen Grundrechtsschutz, Tübingen 2006

Grunert, Jens Die „world-wide" Mareva Injunction – Eine Zwischenbilanz (Diss.), Hannover 1997

Guinchard, Serge Droit et pratique des voies d'exécution, 2. Auflage, Paris 2000

Haas, Ulrich Die Verwertung der im Ausland belegenen Insolvenzmasse durch den Insolvenzverwalter im Anwendungsbereich der EuInsVO, S. 319–340, in: Schilken, Eberhard (u. a. Hrsg.) Festschrift für Walter Gerhardt zum 70. Geburtstag am 18. Oktober 2004, 1. Auflage, Köln 2004

Häcker, Birke Die geplante EU-Verordnung zur grenzüberschreitenden vorläufigen Kontopfändung, WM 2012, 2180

Haß, Detlef/Huber, Peter/Heiderhoff, Bettina/Gruber, Urs (Hrsg.)

EU-Insolvenzverordnung, Kommentar, München 2005

Hau, Wolfgang Zur Entwicklung des Internationalen Zivilverfahrensrechts in der Europäischen Union seit 2008, GPR 2010, 246

Häuser, Franz Ist der Anspruch eines Kontoinhabers auf Besorgung einer Giroüberweisung pfändbar? WM 1990, 129

Haut, Silke Praktische Hinweise und Tipps aus der Studie für eine effiziente Zwangsvollstreckung in der EU, InsBüro 2010, 100

Hein, Jan von British, French and German Reactions towards the Commission`s Plans to Europeanize the Attachment of Bank Accounts – A Tentative Synopsis, ECFR 2007, 301

Heinze, Christian A. Choice of Court Agreement, Coordination of Proceedings and Provisional Measures in the Reform of the Brüssels I Regulation, RabelsZ 75 (2011), 581

Heinze, Christian A. Einstweiliger Rechtsschutz im europäischen Immaterialgüterrecht (Diss.), Tübingen 2007

Heinze, Christian A. Europäisches Primärrecht und Zivilprozess, EuR 2008, 654

Heinze, Christian A. Europäische Urteilsfreizügigkeit von Entscheidungen ohne vorheriges rechtliches Gehör, ZZP 120 (2007), 303

Heinze, Christian A. Grenzüberschreitende Vollstreckung englischer freezing injunctions, IPRax 2007, 343

Heinze, Christian A. Internationaler einstweiliger Rechtsschutz, RIW 2003, 922

Hergenröder, Curt Wolfgang Entschuldung durch Restschuldbefreiungstourismus? Voraussetzungen, Grenzen und Verfahrensfragen der Anerkennung einer ausländischen Restschuldbefreiung im Inland nach der EuInsVO. DZWIR, 2009, 309

Herring, Richard/Kübler, Friedrich Grenzüberschreitende Bankgeschäfte im Zielfeld politischer Intervention, ZBB 1995, 113 (Teil 1); ZBB 1995, 213 (Teil 2)

Hess, Burkhard Aktuelle Perspektiven der europäischen Prozessrechtsangleichung, JZ 2001, 573

Hess, Burkhard Die europäische Kontenpfändung aus der Perspektive eines Europäischen Vollstreckungsrechts, in: Baetge, Dietmar/Hein, Jan von/Hinden, Michael von (Hrsg.), Festschrift für Jan Kropholler zum 70. Geburtstag, Tübingen 2008, S. 795

Hess, Burkhard Die Reform der EuGVVO und die Zukunft des Europäischen Zivilprozessrechts, IPRax 2011, 125

Hess, Burkhard Effektuierung der Forderungspfändung: Der BGH erleichtert „Verdachtspfändungen", NJW 2004, 2350

Hess, Burkhard Europäisches Zivilprozessrecht, Heidelberg 2010

Hess, Burkhard Rechtspolitische Perspektiven der Zwangsvollstreckung, JZ 2009, 662

Hess, Burkhard Stellungnahme zum Grünbuch KOM (2009) 175 endg. über die Reform der VO Brüssel I – Anhörung im Europaparlament am 5.10.2009, abrufbar unter: http://www.europarl.europa.eu/document/activities/cont/200910/20091009ATT62257/20091009ATT62257DE.pdf

Hess, Burkhard Study JLS/C4/2005/03 – Report on the Application of Regulation Brussels I in the Member States, abrufbar unter: http://ec.europa.eu/civiljustice/news/docs/study_application_brussels_1_en.pdf

Hess, Burkhard Study No. JAI/A3/2002/02 on making more efficient the enforcement of judicial decisions within the European Union: Transparency of a Debtor's Assets, Provisional Enforcement and Protective Measures, Attachment of Bank Accounts (General Report), 2004, abrufbar unter: http://www2.ipr.uni-heidelberg.de/studie/General%20Report%20Version%20of%2018%20Feb%202004.pdf

Hess, Burkhard/Bittmann, David Die Effektuierung des Exequaturverfahrens nach der Europäischen Gerichtsstands- und Vollstreckungsverordnung, IPRax 2007, 277

Hess, Burkhard/Hub, Thorsten Die vorläufige Vollstreckbarkeit ausländischer Urteile im Binnenmarktprozess, IPRax 2003, 93

Hess, Burkhard/Raffelsieper, Katharina Die Europäische Kontenpfändungsverordnung: Eine überfällige Reform zur Effektuierung grenzüberschreitender Vollstreckung im Europäischen Justizraum, IPRax 2015, 46

Hess, Burkhard/Vollkommer, Gregor Die begrenzte Freizügigkeit einstweiliger Maßnahmen nach Art. 24 EuGVÜ, IPRax 1999, 220

Hess, Burkhard/Vollkommer, Gregor Die Reform der Sachaufklärung im deutschen Zwangsvollstreckungsrecht, in: Greger, Reinhard/Gleußner, Irmgard/Heinemann, Jörn (Hrsg.), Festschrift für Max Vollkommer, Köln 2006, S. 349 ff.

Hintzen, Udo Forderungspfändung, 3. Auflage, München 2008

Hoffmann, Bernd von/Thorn, Karsten Internationales Privatrecht, 9. Auflage, München 2007

Hök, Götz-Sebastian Die grenzüberschreitende Forderungs- und Kontopfändung, MDR 2005, 306

Hök, Götz-Sebastian Neues europäisches Internationales Baurecht, ZfBR 2008, 741

Holzapfl, Carolin Sachaufklärung und Zwangsvollstreckung in Europa, Baden-Baden 2009

Honsell, Heinrich Anmerkung zum BGH-Urteil v. 29.03.2001 – IX ZR 34/00, JZ 2001, 1143

Hoscheit, Thierry/Kinsch, Patrick Study JAI/A3/2002/02 – Länderbericht Luxemburg, abrufbar unter http://www.ipr.uni-heidelberg.de/studie/nationalrep.htm

Huken, Friedrich Ist die Angabe der Konto-Nr. oder der Zweigstelle bei der Pfändung in ein von einer Sparkasse geführtes Kontokorrentkonto notwendig? KKZ 1986, 171

Ivanova, Stela Die Vollstreckung von Gerichtsurteilen in Bulgarien – unter besonderer Berücksichtigung der Vollstreckung ausländischer Urteile, forost Arbeitspapier Nr. 33, München 2005

Jäger, Ulrich Der Regierungsentwurf eines Gesetzes zur Reform des Kontopfändungsrechts – der Blick in nur eine Richtung, ZVI 2007, 544

Jestaedt, Egbert Internationale Zuständigkeit eines deutschen Vollstreckungsgerichts bei alleinigem Wohnsitz des Drittschuldners im Inland?, IPRax 2001, 438

Johansson, Sirpa Study JAI/A3/2002/02 – Länderbericht Finnland, abrufbar unter http://www.ipr.uni-heidelberg.de/studie/nationalrep.htm

Jungmann, Carsten Neue Wege zum Pfändungsschutzkonto, ZVI 2009, 1

Kegel, Gerhard/Schurig, Klaus Internationales Privatrecht, 8. Auflage, München 2000

Kengyel, Miklós Die Entwicklung des ungarischen Zivilprozessrechts nach dem Beitritt zur Europäischen Union, ZZPInt 10 (2005), 243

Kengyel, Miklós Die Harmonisierung des Zwangsvollstreckungsrechts in Ungarn – in einem ehemaligen sozialistischen Land, in Marcel Storme (ed.): Procedural Laws in Europe. Towards harmonisation. Antwerp-Apeldoorn 2003, S. 113

Kengyel, Miklos/Harsági, Viktória (Hrsg.) Grenzüberschreitende Vollstreckung in der Europäischen Union, München 2011

Kennett, Wendy A. Enforcement of judgments in Europe, Oxford 2000

Kerameus, Konstantin/Koussoulis, Stelios Study JAI/A3/2002/02 – Länderbericht Griechenland, abrufbar unter http://www.ipr.uni-heidelberg.de/studie/nationalrep.htm

Kindler, Peter Einführung in das italienische Recht, 2. Auflage, München 2008

Kirchhof, Hans-Peter (u. a., Hrsg.) Münchner Kommentar zur Insolvenzordnung, 2. Auflage, München 2008

Klose, Bernhard Dispositionskredit – Zulässigkeit der Pfändung des Darlehensanspruchs, MDR 2002, 186

Knobloch, Michael Die Reform der Kontopfändung – Gesetzentwurf und Stand des Gesetzgebungsverfahrens, VuR 2008, 364

Knof, Bela Europäisches Insolvenzrecht und Schuldbefreiungs-Tourismus, ZInsO 2005, 1017

Koch, Harald/Magnus, Ulrich/Winkler von Mohrenfels, Peter Internationales Privatrecht und Rechtsvergleichung, Ein Studien- und Übungsbuch zum Internationalen Privat- und Zivilverfahrensrecht und zur Rechtsvergleichung, 4. Auflage, München 2010

Kodek, Georg E. Zwischen Subsidiaritätsprinzip und europäischer Rechtsidee: Gedanken zur Vereinheitlichung des Inkassoverfahrens, in Marcel Storme (ed.): Procedural Laws in Europe. Towards harmonisation. Antwerp-Apeldoorn 2003, S. 349

König, Bernhard Einstweilige Verfügungen im Zivilverfahren, 4. Auflage, Wien 2012

Kormann, Johannes Maximilian Das neue Europäische Mahnverfahren im Vergleich zu den Mahnverfahren in Deutschland und Österreich (Diss.), Jena 2007

Kothe, Wolfhard/Busch, Dörte Anspruch auf Erteilung von Kontoauszügen aus Girovertrag wird von Kontenpfändung nicht als Nebenanspruch erfasst, VuR 2006, 66

Kothe, Wolfhard Europäische Kontenpfändung – nicht ohne effektiven Pfändungsschutz!, VuR 2011, 361

Kothe, Wolfhard Gutachten für Verbraucherzentrale zum effektiven Schuldnerschutz und rechtssichere Verfahrensgestaltung bei der Kontenpfändung – rechtssystematische, rechtsvergleichende und rechtspolitische Analysen und Vorschläge, abrufbar unter http://www.vzbv.de/mediapics/kontopfaendung_gutachten_kohte_2004.pdf

Kothe, Wolfhard/Busch, Dörte Kontenpfändungsschutz in der Insolvenz, ZVI 2006, 142

Kothe, Wolfhard Vortrag im Rahmen des 7. Deutschen Insolvenzrechtstags, Berlin, 17.-19.03.2010 (ausschließlich als Tagungsunterlage veröffentlicht)

Kotrschal, Hanna/Stalberg, Niels Die grenzüberschreitende Vollstreckung von Pfändungs- und Überweisungsbeschlüssen in Geldforderungen ausländischer Drittschuldner, insbesondere in ausländische Bankguthaben, BKR 2009, 38

Kreft, Gerhart (Hrsg.) Insolvenzordnung – Heidelberger Kommentar, 5. Auflage, Heidelberg 2008

Kropholler, Jan/Hein, Jan von Europäisches Zivilprozessrecht – Kommentar zu EuGVO, Lugano-Übereinkommen 2007, EuVTVO, EuMVVO und EuGFVO, 9. Auflage, Frankfurt am Main 2011

Kropholler, Jan Internationales Privatrecht, 6. Auflage, Tübingen 2006

Kuck, Sebastian Study JAI/A3/2002/02 – Länderbericht England, abrufbar unter http://www.ipr.uni-heidelberg.de/studie/nationalrep.htm

Küpper, Herbert Die Vollstreckung von Gerichtsurteilen in Ungarn, forost Arbeitspapier Nr. 28, München 2005

Kurtz, Constantin Grenzüberschreitender einstweiliger Rechtsschutz im Immaterialgüterrecht (Diss.), Göttingen 2004

Lambsdorff, Hans Georg von Die Problematik der Sicherungsvollstreckung, NJW 2002, 1303

Lange, Jérôme Internationale Rechts- und Forderungspfändung, Berlin 2004

Leible, Stefan/Freitag, Robert Forderungsbeitreibung in der EU, München 2008

Lenz, Carl Otto/Borchardt, Klaus-Dieter (Hrsg.) EU-Verträge Kommentar, 6. Auflage, Köln 2012

Liebscher, Marc/Zoll, Fryderyk Einführung in das polnische Recht, München 2005

Lubiński, Kazimierz Arbeiten an der Änderung des Gesetzes über Gerichtsvollzieher und Zwangsvollstreckung in Polen, DGVZ 2000, 145

Lubiński, Kazimierz Organe der Gerichtszwangsvollstreckung und ihre Zuständigkeit in Zivilsachen in Polen, DGVZ 2003, 50

Mack, Marcus Internationale Zuständigkeit englischer Gerichte bei grenzüberschreitenden Forderungspfändungen, IPRax 2005, 553

Mack, Marcus Study JAI/A3/2002/02 – Länderbericht Deutschland, abrufbar unter http://www.ipr.uni-heidelberg.de/studie/nationalrep.htm

Mankowski, Peter Bestimmung der Insolvenzmasse und Pfändungsschutz unter der EuInsVO, NZI 2009, 785

Mankowski, Peter Die Brüssel I-Verordnung vor der Reform, in: Verschragen, Bea (Hrsg.), Interdisziplinäre Studien zur Komparatistik und zum Kollisionsrecht (Band 1), Wien 2010, S. 31 – 79

Mankowski, Peter Grenzüberschreitender Umzug und das center of main interests im europäischen Internationalen Insolvenzrecht, NZI 2005, 368

Marly, Jochen Kostenerstattung und Tätigkeitsvergütung für Auskünfte des Drittschuldners bei Pfändungs- und Überweisungsbeschlüssen, BB 1999, 1990

Mauch, Christian Die Sicherungsvollstreckung gem. Art. 47 EuGVVO, Art. 39 EuGVÜ und Art. 39 Luganer Übereinkommen, Bielefeld 2005

Max-Planck-Working-Group Comments on the European Commission's Green Paper on improving the efficiency of the enforcement of judgements in the European Union: The attachment of bank accounts, abrufbar unter: http://ec.europa.eu/justice/news/consulting_public/judgements/contributions/academics/max_planck_working_group_en.pdf

Mayer, Hans-Peter/Lindemann, Julia/Haibach, Georg Small Claims Verordnung – Klage, Urteil, Anerkennung und Vollstreckung geringfügiger Forderungen in Europa, München 2009

Meyer-Ladewig, Jens Handkommentar zur Europäischen Menschenrechtskonvention, 2. Auflage, Baden-Baden 2006

Micklitz, Hans-W./Rott, Peter Vergemeinschaftung des EuGVÜ in der Verordnung (EG) Nr. 44/2001, EuZW 2002, 15

Mössle, Karen Ilka Internationale Forderungspfändung, Berlin 1991

Müller, Achim Study JAI/A3/2002/02 – Länderbericht Dänemark, abrufbar unter http://www.ipr.uni-heidelberg.de/studie/nationalrep.htm

Müller, Brigitta Die worldwide Mareva injunction – Entwicklung, internationale Zuständigkeit und Vollstreckung in Deutschland (Diss.), Münster 2001

Musielak, Hans-Joachim (Hrsg.) Kommentar zur Zivilprozessordnung, 9. Auflage München 2012

Musielak, Hans-Joachim/Voit, Wolfgang (Hrsg.) Kommentar zur Zivilprozessordnung, 14. Auflage München 2017

Nagel, Heinrich (Begr.)/Gottwald, Peter Internationales Zivilprozessrecht, 7. Auflage, Köln 2013

Nowak, Carsten Europarecht nach Lissabon, Baden-Baden 2011

Oberhammer, Paul Study JAI/A3/2002/02 – Länderbericht Österreich, abrufbar unter http://www.ipr.uni-heidelberg.de/studie/nationalrep.htm

O'Hare, John/Browne, Kevin Civil Litigation, 14. Auflage, London 2009

Österreichische Notariatskammer Stellungnahme zum Grünbuch Überprüfung der Verordnung (EG) Nr. 44/2001 des Rates über die gerichtliche Zuständigkeit und die Anerkennung und Vollstreckung von Entscheidungen in Zivil- und Handelssachen, KOM (2009) 175 endgültig, Brüssel 2009, abrufbar unter: http://ec.europa.eu/justice/news/consulting_public/0002/contributions/civ il_society_ngo_academics_others/osterreichische_notariatskammer_de.pdf

Ough, Richard N./Flensley, William The Mareva injunction and Anton Piller Order, 2. Auflage, London 1993

Palandt, Otto (Begr.) Bürgerliches Gesetzbuch, 69. Auflage, München 2010

Paulus, Christoph G. Die europäische Insolvenzordnung und der deutsche Insolvenzverwalter, NZI 2001, 505

Pauly, Heike Einstweilige Maßnahmen im Lichte der Verordnung (EG) Nr. 2201/2003: eine Darstellung der Verordnung (EG) Nr. 2201/2003 unter besonderer Berücksichtigung der Bestimmungen zu einstweiligen Maßnahmen, Berlin 2009

Pirrung, Jörg Die XV. Tagung der Haager Konferenz für IPR-Trustübereinkommen vom 1. 7. 1985, IPRax 1987, 52 1999, 780

Prütting, Hanns/Gehrlein, Markus (Hrsg.) ZPO Kommentar, 8. Auflage, Köln 2016

Rauscher, Thomas (Hrsg.) Europäisches Zivilprozess- und Kollisionsrecht – EuZPR/EuIPR (Band I und Band II), 4. Auflage, München 2015 (II) und 2016 (I)

Rauscher, Thomas Internationales Privatrecht, Mit internationalem und europäischem Verfahrensrecht, 3. Auflage, Heidelberg 2009

Rauscher, Thomas/Wax, Peter/Wenzel, Joachim (Hrsg.) Münchener Kommentar zur Zivilprozessordnung, 3. Auflage, München 2008

Rechberger, Walter H./Oberhammer, Paul Exekutionsrecht, 5. Auflage, Wien 2009

Regierung der BRD Stellungnahme des Regierung der Bundesrepublik Deutschland zum Grünbuch der Kommission der Europäischen Gemeinschaften zur effizienten Vollstreckung von Urteilen in der Europäischen Union: Vorläufige Kontenpfändung, abrufbar unter: http://ec.europa.eu/justice/news/consulting_public/judgements/contributions/national_governments/german y_de.pdf

Rehm, Gebhard/v. Hein, Jan/u. a. (Max Planck Working Group) Comments on the European Commission's Green Paper on Improving the Efficiency of the Enforcement of Judgments in the European Union: The Attachment of Bank Accounts, ECFR 4 (2007), 252–300 389

Remmert, Andreas Der neue Kontopfändungsschutz, NZI 2008, 70

Republik Österreich – Bundesministerium der Justiz Grünbuch zur effizienteren Vollstreckung von Urteilen in der Europäischen Union: vorläufige Kontenpfändung (KOM (2006) 618 endgültig); Stellungnahme des österreichischen Bundesministerium der Justiz, abrufbar unter: http://ec.europa.eu/justice/news/consulting_public/judgements/contributions/national_governments/austria_de.pdf

Riebold, Julia Die Europäische Kontenpfändung, Tübingen 2014

Rives-Lange, Jean-Louis/Contamine-Raynand, Monique Droit bancaire, 6. Auflage, Paris 1995

Rusque, Emmanuel des Mesures conservatoires, Dispositions communes, Juris-Classeur de Procédure Civil, Fascicule 2420, Paris 1998

Satta, Salvatore/Punzi, Carmine Diritto Processuale Civile, 11. Auflage, Padova 1993

Schack, Haimo Aktuelle Entwicklung und Probleme des europäischen Internationalen Zivilverfahrensrechts, RLR 2009, 111

Schack, Haimo Internationales Zivilverfahrensrecht, 7. Auflage, München 2017

Schack, Haimo Wechselwirkungen zwischen europäischem und nationalem Zivilprozessrecht, ZZP 107 (1994), 279

Schilken, Eberhard Zur Reform der Sachaufklärung in der Zwangsvollstreckung, Rpfleger 2006, 629

Schlichte, Johannes Die Grundlage der Zwangsvollstreckung im polnischen Recht (Diss.), Tübingen 2005

Schlosser, Peter Anerkennung und Vollstreckbarerklärung englischer freezing injunctions, IPRax 2006, 300

Schlosser, Peter Balance zwischen Effizienz und Schuldnerschutz in der Zwangsvollstreckung aus Titeln anderer EG-Mitgliedsstaaten, IPRax 2007, 239

Schlosser, Peter Der Überraschungseffekt der Zwangsvollstreckung – national und international, RIW 2002, 809

Schlosser, Peter Die europäische justizielle Infrastruktur ohne Diskriminierungen, ZEuP 1995, 250

Schlosser, Peter EuGVVO und einstweiliger Rechtsschutz betreffend schiedsbefangene Ansprüche, IPRax 2009, 416

Schlosser, Peter EU-Zivilprozessrecht – EuGVVO, MahnVO, BagatellVO, EUZVO, EUBVO (Kommentar), 3. Auflage, München 2009

Schlosser, Peter/Hess, Burkhard EU-Zivilprozessrecht mit EuGVVO, EuMahnVO, EuBagVO, EuZVO, EuBVO (Kommentar), 4. Auflage, München 2015

Schmidt, Andreas (Hrsg.) Hamburger Kommentar zum Insolvenzrecht, 3. Auflage, Münster 2009

Scholl, Bernd Die Pfändung des Kontokorrentkredits, DZWIR 2005, 353

Schulz, Andrea Einstweilige Maßnahmen nach dem Brüsseler Gerichtsstands- und Vollstreckungsübereinkommen in der Rechtsprechung des Gerichtshofs der Europäischen Gemeinschaften (EuGH), ZEuP 2001, 805

Schumacher, Silvia Der Regierungsentwurf eines Gesetzes zur Reform des Kontopfändungsschutzes, ZVI 2007, 455

Schuschke, Wilfried Die Pfändung der offenen Kreditlinie, ZIP 2001, 1084

Schwintowski, Hans-Peter/Schäfer, Frank A. Bankrecht, Commercial Banking – Investment Banking, 2. Auflage, Köln 2004

Seggewiße, Oliver Die Vollstreckung deutscher Titel in den Niederlanden, NJW 2008, 2156

Siehr, Kurt Internationales Privatrecht, Deutsches und europäisches Kollisionsrecht für Studium und Praxis, Heidelberg 2001

Sonnabend, Lucie Der Einziehungsprozess nach Forderungspfändung im internationalen Rechtsverkehr (Diss.), Jena 2007

Sousa, Teixeira de Study JAI/A3/2002/02 – Länderbericht Portugal, abrufbar unter http://www.ipr.uni-heidelberg.de/studie/nationalrep.htm

Stadler, Astrid Das Europäische Zivilprozessrecht – Wie viel Beschleunigung verträgt Europa? IPRax 2004, 2

Stadler, Astrid Erlass und Freizügigkeit einstweiliger Maßnahmen im Anwendungsbereich des EuGVÜ, JZ 1999, 1089

Stadler, Astrid Kritische Anmerkungen zum Europäischen Vollstreckungstitel, RIW 2004, 801

Stadler, Astrid Neues europäisches Zustellungsrecht, IPRax 2001, 514

Stamm, Jürgen Die Prinzipien und Grundstrukturen des Zwangsvollstreckungsrechts, Tübingen 2007

Stamm, Jürgen Plädoyer für einen Verzicht auf den Europäischen Beschluss zur vorläufigen Kontenpfändung – Zehn gute Gründe gegen dessen Einführung, IPRax, 2014, 124

Stehle, Stefan Die Auslandsvollstreckung – ein Mittel zur Flucht aus dem deutschen Insolvenzrecht, DZWIR 2008, 53

Stehle, Stefan Die Stellung des Vollstreckungsgläubigers bei grenzüberschreitenden Insolvenzen in der EU. Dargestellt am Beispiel England – Deutschland (Diss.), Konstanz 2006

Stein, Friedrich/Jonas, Martin Kommentar zur Zivilprozessordnung, 22. Auflage, Tübingen 2002–2011

Stöber, Kurt Forderungspfändung, 14. Auflage, Bielefeld 2005

Stoimenov, Dimitar/Ivanov, Boris Die Durchsetzung von Forderungen in der Zwangsvollstreckung und Insolvenz in Bulgarien, Sofia 2009

Strasser, Christian Praxisprobleme bei der Zwangsvollstreckung aus einem Europäischen Vollstreckungstitel, Rpfleger 2007, 249

Streinz, Rudolf/Ohler, Christoph/Herrmann, Christoph Der Vertrag von Lissabon zur Reform der EU, 3. Auflage, München 2010

Strunk, Frank Rainer Kontopfändung im Umbruch – Änderungsvorschlag zum Kontenpfändungsrecht, ZVI 2006, 494

Stürner, Rolf Einstweiliger Rechtsschutz – General Bericht, in Marcel Storme (ed.): Procedural Laws in Europe. Towards harmonisation. Antwerp-Apeldoorn 2003, S. 143

Stürner, Rolf/Kawano, Masanori (Hrsg.) Comparative Studies on Enforcement and Provisional Measures, Tübingen 2011

Sujecki, Bartosz Die reformierte Zustellungsverordnung, NJW 2008, 1628

Sujecki, Bartosz Europäisches Mahnverfahren, ZEuP 2006, 124

Sujecki, Bartosz Europäisches Mahnverfahren nach dem Verordnungsvorschlag der Europäischen Kommission, EuZW 2005, 45

Sujecki, Bartosz Grenzüberschreitende Kontenpfändung in der EU, EWS 2011, 414

Tarzia, Giuseppe/Merlin, Elena/Danovi, Filippo/Giorgetti, Mariacarla Study JAI/A3/2002/02 – Länderbericht Italien, abrufbar unter http://www.ipr.uni-heidelberg.de/studie/nationalrep.htm

The Civil Justice Council Response to Commission of European Communitiess Green Paper on improving the efficiency of the enforcement of judgements in the European Union: The attachment of bank accounts, Brüssel 2007, abrufbar unter: http://ec.europa.eu/justice/news/consulting_public/judgements/contributions/other_authorities/civil_justice_council_en.pdf

The Law Society (UK) Green Paper on improving the efficiency of the enforcement of judgements in the European Union: The attachment of bank accounts – The Law Society's response, London 2007, abrufbar unter: http://ec.europa.eu/justice/news/consulting_public/judgements/contributions/others/the_law_society_en.pdf

Thomas, Heinz/Putzo, Hans (Begr.) Zivilprozessordnung, 38. Auflage, München 2017

Traichel, Christian Die Reform des französischen Zwangsvollstreckungsrechts, Bielefeld 1995

Treder, Jan Zwangsvollstreckung in Bankkonten, in: Lubińskiego, Kazimierza – Egzekucja Sadowa Świadczeń Pieniężnych w Polsce, S. 166–197, Sopot 2002

Verbraucherzentrale Bundesverband (zitiert: vzbv)

Stellungnahme des Verbraucherzentrale Bundesverbandes zum Grünbuch der Kommission der Europäischen Gemeinschaft zur effizienten Vollstreckung gerichtlicher Entscheidungen in der Europäischen Union: Transparenz des Schuldnervermögens, KOM (2008) 128, abrufbar unter: http://ec.europa.eu/justice/news/consulting_public/debtor_assets/contributions/civil_society/federation_of_german_consumer_associations_de.pdf

Verbraucherzentrale Bundesverband (zitiert: vzbv) Stellungnahme des Verbraucherzentrale Bundesverbandes zum Grünbuch zur effizienten Vollstreckung von Urteilen in der Europäischen Union: Vorläufige Kontenpfändung (KOM (2006) 618 endgültig), Berlin 2007, abrufbar unter: http://ec.europa.eu/justice/news/consulting_public/judgements/contributions/others/verbraucherzentrale_bundesverband_de.pdf

Vincent, Jean/Prévault, Jacques Voies d'exécution, 8. Auflage, Paris 1993

Wagner, Eberhard Pfändung der Deckungsgrundlage – ungeklärte Fragen bei der Zwangsvollstreckung in Girokonten, ZIP 1985, 849

Wannenmacher, Kathrin Einstweilige Maßnahmen im Anwendungsbereich von Art. 31 EuGVVO in Frankreich und Deutschland: Eine Betrachtung ausgesuchter Verfahren des einstweiligen Rechtsschutzes im internationalen Zivilverfahrensrecht – gerichtliche Zuständigkeit, Anerkennung und Vollstreckung (Diss.), Frankfurt am Main 2007

Weber, Johannes Universal Jurisdiction and Third States in the Reform of the Brussels I Regulation, RabelsZ 75 (2011), 619

Weinert, Mirko Vollstreckungsbegleitender einstweiliger Rechtsschutz (Diss.), Tübingen 2007

Weller, Matthias Völkerrechtliche Grenzen der Zwangsvollstreckung – vom Botschaftskonto zur Kunstleihgabe – , Rpfleger 2006, 364

Welter, Reinhard Zwangsvollstreckungsrecht und Arrest in Forderungen – insbesondere Kontenpfändungen – in Fällen mit Auslandsbezug, Frankfurt am Main 1988

White, Steven James Freezing Injunctions – A procedural overview and practical guide, vormals abrufbar unter: http://www.parkcourtchambers.co.uk/seminar-handouts/16.11.05%20Commercial-Chancery%20_S%20White_.pdf

Willeitner, Volker Vermögensgerichtsstand und einstweiliger Rechtsschutz im deutschen, niederländischen und europäischen Internationalen Zivilverfahrensrecht (Diss.), Frankfurt am Main 2003

Wimmer, Klaus Die EU-Verordnung zur Regelung grenzüberschreitender Insolvenzverfahren, NJW 2002, 2427

Wirtschaftskammer Österreich Stellungnahme zum Grünbuch Überprüfung der Verordnung (EG) Nr. 44/2001 des Rates über die gerichtliche Zuständigkeit und die Anerkennung und Vollstreckung von Entscheidungen in Zivil- und Handelssachen, abrufbar unter: http://ec.europa.eu/justice/news/consulting_public/0002/contributions/civil_society_ngo_academics_others/wirtschaftskammer_osterreich_de.pdf

Wolber, Johannes Schuldnerschutz im Europäischen Zwangsvollstreckungsrecht, Tübingen 2015

Woopen, Herbert Zwangsvollstreckung und Arrest in Forderungen nach französischem Recht unter besonderer Berücksichtigung der Vollstreckung in Bankkonten, Köln 1989

Zeller, Ulrich Die Vollstreckung in offene Kreditlinien, Hamburg 2006

Zentraler Kreditausschuss Stellungnahme des Zentralen Kreditausschusses zum Grünbuch der Europäischen Kommission „zur effizienteren Vollstreckung von Urteilen in der Europäischen Union: Vorläufige Kontenpfändung", KOM (2006) 618 endgültig, abrufbar unter: http://ec.europa.eu/justice/news/consulting_public/judgements/contributions/others/zentraler_kreditausschuss_de.pdf

Zimmermann, Dieter/Zipf, Thomas Reformvorschlag für einen einheitlichen Kontenpfändungsschutz, ZVI 2006, 275

Zöller, Richard (Hrsg.) Zivilprozessordnung, 31. Auflage, Köln 2016

Schriften zum internationalen Privat- und Verfahrensrecht

Herausgegeben von Rainer Hausmann, Astrid Stadler
und Michael Stürner

Band 1 Frederike Schwenke: Factoring im deutsch-französischen Rechtsverkehr. 2006.

Band 2 Sinja Rüberg: Auf dem Weg zu einem europäischen Scheidungskollisionsrecht. 2006.

Band 3 Hava Erdem: Ehescheidung im deutsch-türkischen Rechtsverkehr. 2007.

Band 4 Nadja Probst: Die internationale Zuständigkeit zur Eröffnung von Insolvenzverfahren im europäischen Insolvenzrecht. Autonome Bestimmung der Eröffnungszuständigkeit, insbesondere für Konzerninsolvenzen, und Anforderungen für die gemeinschaftsweite Anerkennung grenzüberschreitender Insolvenzen nach der EuInsVO. 2008.

Band 5 Maximiliane-Stephanie Wild: Die anwaltliche Verschwiegenheitspflicht in Deutschland und Frankreich. Unter besonderer Beachtung der sich aus dem grenzüberschreitenden Rechtsverkehr ergebenden Kollisionsfälle. 2008.

Band 6 Catharina Klumpp: Die Zustellungsformen der Verordnung (EG) Nr. 805/2004 zur Einführung eines Europäischen Vollstreckungstitels. Vergleich mit den Zustellungsordnungen Deutschlands und Frankreichs. 2009.

Band 7 Daniel Wied: Zivilprozessuale Qualifikationsprobleme im Spannungsfeld von Vertrag und Delikt. Ein Beitrag zur Auslegung nationalen Zivilprozessrechts in europäischer Perspektive. 2010.

Band 8 Gerald Gräfe: Gläubigerschutz bei der englischen Limited mit Verwaltungssitz in Deutschland. Eine europarechtliche Untersuchung. 2010.

Band 9 Martin Bläsi: Das Haager Übereinkommen über Gerichtsstandsvereinbarungen. Unter besonderer Berücksichtigung seiner zu erwartenden Auswirkungen auf den deutsch-amerikanischen Rechtsverkehr. 2010.

Band 10 Christian Groß: Die internationale Durchsetzung wettbewerbsrechtlicher Unterlassungsansprüche im Wege des vorläufigen Rechtsschutzes. Vor dem Hintergrund der EuGVO und des Lugano-Übereinkommens. Unter Berücksichtigung der Rechtslage in der Bundesrepublik Deutschland, Österreich und der Schweiz. 2010.

Band 11 Daniel Schäuble: Die Einweisung der Erben in die Erbschaft nach österreichischem Recht durch deutsche Nachlassgerichte. Eine Untersuchung auf Grundlage des FamFG und der Erbrechtsverordnung. 2011.

Band 12 Lara Puñal García: Eigentumsvorbehalt und reserva de dominio als Sicherungsmittel im deutsch-spanischen Warenverkehr. 2012.

Band 13 Monika König: Die Anwendbarkeit des *forum non conveniens* im deutschen und europäischen Zivilverfahrensrecht. 2012.

Band 14 Alexander Baumann: Die *hypothèque rechargeable* – eine wiederaufladbare Hypothek als Grundschuld *à la française*? Eine Analyse der französischen *hypothèque rechargeable* durch Vergleich mit den deutschen Grundpfandrechten. 2012.

Band 15 Marian Majer: Die Praxis der Anerkennung und Vollstreckung ausländischer Schiedssprüche nach dem New Yorker Abkommen vom 10. Juni 1958 in der Republik Singapur. Eine rechtsvergleichende Analyse gegenüber der international herrschenden Auslegung des Abkommens. 2013.

Band 16 Daniela Bidell: Die Erstreckung der Zuständigkeiten der EuGVO auf Drittstaatensachverhalte. Unter besonderer Berücksichtigung des Kommissionsvorschlags KOM (2010) 748 endg. 2014.

Band 17 Marion Greeske: Die Kollisionsnormen der neuen EU-Erbrechtsverordnung. 2014.

Band 18 Kerstin Kern: Ausschließliche Patentlizenzen im Europäischen Insolvenzrecht. Die Einordnung der ausschließlichen Patentlizenz unter die Europäische Insolvenzverordnung auf der Basis des französischen und deutschen Patent- und Insolvenzrechts. 2014.

Band 19 Julia Eppler: Grenzüberschreitende Kindesentführung. Zum Zusammenspiel des Haager Kindesentführungsübereinkommens mit der Verordnung (EG) Nr. 2201/2003 und dem Haager Kinderschutzübereinkommen. 2015.

Band 20 Jochen Glöckner/Reinhard Singer/Astrid Stadler/Xujun Gao (Hrsg.): Rechtliche Funktionsbedingungen von Märkten und Formen der Konfliktbeilegung in China und Europa. 2017.

Band 21 Jongduk Lee: Anwendungsvoraussetzungen und -bereich des Common European Sales Law. Im Vergleich mit dem UN-Kaufrecht und den Principles of Asian Contract Law. 2017.

Band 22 Nico Ritz: Vorläufige Kontenpfändung in Europa. 2019.

www.peterlang.com

www.ingramcontent.com/pod-product-compliance
Ingram Content Group UK Ltd.
Pitfield, Milton Keynes, MK11 3LW, UK
UKHW021852290926
8980IPUK00005B/800